# 学习华为
# 建设变革能力

吴晓荣　陈振翌 ◎ 编著

人民邮电出版社

北　京

**图书在版编目（CIP）数据**

学习华为建设变革能力 / 吴晓荣，陈振翌编著.
北京 ： 人民邮电出版社，2025. -- ISBN 978-7-115
-67848-5

Ⅰ. F279.23

中国国家版本馆CIP数据核字第2025ZD9064号

## 内 容 提 要

本书不仅研究了华为的成功经验，还追本溯源，研究了华为管理体系形成的关键因素——华为的"老师们"（如 IBM、埃森哲）的相关知识体系，最后再结合作者自身丰富的管理咨询实践经验，为读者复刻了一套适配当今形势、企业普遍情况，且功能非常接近华为类似机制的"企业持续变革与进化的管理机制"。

本书基于企业生命周期为企业提供了变革和进化的规划指导，包括股东会/董事会改革、科学激励、研发管理、数智化转型、战略管理与投资、全球化布局与跨国企业治理等，并针对每一步变革展示了具体执行层面的策略和方法。此外，本书还通过丰富的案例帮助读者加深理解。例如，业财融合落地、数智化在精益生产和内控中的应用，以及企业如何构建全球 CoE 大运营体系和科技领先优势。

◆ 编　　著　吴晓荣　陈振翌
　　责任编辑　孙燕燕
　　责任印制　彭志环
◆ 人民邮电出版社出版发行　　北京市丰台区成寿寺路 11 号
　　邮编　100164　　电子邮件　315@ptpress.com.cn
　　网址　https://www.ptpress.com.cn
　　三河市中晟雅豪印务有限公司印刷
◆ 开本：720×960　1/16
　　印张：18.25　　　　　　　　2025 年 9 月第 1 版
　　字数：294 千字　　　　　　 2025 年 9 月河北第 1 次印刷

定价：69.80 元

**读者服务热线：(010)81055296　印装质量热线：(010)81055316**
**反盗版热线：(010)81055315**

# 本书相关课题研究小组

组长：陈振翌　吴晓荣

**参与专家（按姓氏拼音排序）：**

曹丽梅　邓庆旭　贾　虎　李民峰　孙玉杰

王先杰　肖　锋　曾燕琼　张玉冰　周　勇

邹　新

**感谢名单（按姓氏拼音排序）：**

陈丽茹　洪艺精　黄浩民　黄泽维　李福林

刘　航　刘明泽　刘　念　王彦哲　巫慧欣

吴家任　姚镁婷　周璐桦

# 前　言

从 2018 年遭受打压，到 2025 年，仅仅过去了 6 年多，华为便"王者归来"：2024 年实现全球销售收入 8 621 亿元人民币，同比增长 22.4%；实现净利润 626 亿元人民币，同比减少 28%；2024 年研发投入达到 1 797 亿元人民币，约占全年销售收入的 20.8%。

华为在重压下能够取得这样的成绩，我们认为有两个关键原因：一是国家的鼎力支持；二是华为自身强大的企业抗风险及跨界竞争能力。当华为的两大支柱性业务遭到西方世界的疯狂绞杀时，华为的第 $N$ 增长曲线必须要挑起大梁，延缓企业的衰退速度，为主营业务的技术攻关和重新崛起争取时间。这需要华为在短期内迅速把第 $N$ 增长曲线做到行业龙头——市场占有率足够、营收和利润足够。这种紧急开启的大型跨界竞争需要多个条件在短时间内达标，难度非常高。

（1）技术上要做到追平甚至超过主要竞争对手。这需要企业能够非常高效地汇聚和利用内部及社会上的顶尖资源，进行科技攻关；需要权益分配、合作机制、管理、资金投入等全面及时协同并完成好。

（2）企业不仅要在技术和产品方面快速胜出，营销服（市场营销、销售、售后服务）、生产和供应链等方面也都要迅速跟上，尤其是营销服。因此，快速打造一个超越竞争对手的营销服组织和创新模式，难度也是非常高的。

（3）"不熟不做"，企业的高层和核心骨干必须快速学习准备跨界竞争的目标行业，并且尽快成为这些目标行业的专家，然后以企业家的视角来组建并带领团队开启跨界竞争。这需要企业有非常强的能力及不辞辛劳的高层和核心骨干，这些人必须大部分是企业自己培养出来的。

是什么管理体系可以让华为这家"巨无霸"企业，一次次地迅速完成高层和核心骨干的成长、内外部资源集结，然后开启跨界竞争并取得好成绩呢？

我们知道，一家企业要跨界竞争，并不是招聘了大量的目标行业的各种顶尖人才就可以百战百胜的。就像一支军队，不是迅速把大量顶尖士兵集结在一起就可以打胜仗的。士兵们需要经过磨合、试炼，才能培养默契与提高战斗力。企业也是如此，各种顶尖人才需要相互磨合、适应，并在日常生产活动中历练成长，这样才能形成一个专业的团队。尤其是作为指挥官的企业高层和核心骨干，不可能通过招聘的方式空降（空降的方式，失败的概率非常高）。因此，只有庞大的资本并不一定能够催生优秀的企业，一定要配合强大的管理机制和人才升级转化机制才能完成此事。我们觉得，这就是华为最值得中国企业深究和学习的关键能力。

华为管理没有秘密，因为中国企业学习了这么多年的华为，基本相当于把华为进行"切片研究"了，该了解的、能了解到的都烂熟于心。

但是华为管理又有秘密，因为大家学习和借鉴了华为管理的各种内容，却很少有企业具备华为的这种强大的抗击风险和跨界竞争的能力，问题出在哪里？其问题就是普通企业难以构建持续变革能力。

时至今日，我们认为中国仍然是世界制造业的中心，大量中国企业仍然以外贸代工制造为主。但是以美国为首的西方国家（包括日本、韩国）从打压华为开始，一直在推动"东西方脱钩"（西方社会媒体称之为"新冷战"）。这一方面是为了切断中国高端制造企业的先进核心零部件供应，削弱它们的产品竞争力，并阻止它们的产品进入以美国为首的西方国家市场；另一方面是为了阻止其他中国外贸代工企业获得赖以生存的订单。这种逆全球化的行为严重影响了双方的正常经贸，让大量的中国企业的生存发展面临巨大挑战。

（1）西方正在中国以外的国家/地区寻找可以替代中国的世界制造中心，诱使大量外企和中国企业彻底搬离中国，加入西方供应链。企业扎根中国，外贸出口或者单纯海外组装等传统模式不再被西方市场所接受，企业面临两难选择：搬离中国，没有配套基础设施、政策和产业优势，在西方市场中竞争力不足，祸福难料；不搬离中国，就会失去大量的西方订单。

（2）随着西方的贸易保护和全球购买力的下降，中国企业获得的海外生产订单变少了，部分产品规格要求也降低了。这会让企业的产能（或者高端产能）相对过剩，生存压力骤然变大。

（3）对以华为为代表的中国高端制造企业进行核心零部件的制裁，让这些企业失去重要的海外市场和产品竞争力，并且让其中国国内的竞争对手获得这些核心零部件，从而增强竞争对手的竞争力以便削弱或灭杀这些企业。

企业作为一个国家经济和社会生产的基础构成单元，其生存与发展质量直接关系到国家的实力和可持续性发展。面对挑战，中国企业急需适应新环境、新变化，创造性地寻找发展之路。

我们认为，这条发展之路应该是学习华为，通过持续变革管理提升现有业务能力并培养跨界业务能力。也就是说，中国企业一方面不应仅限于做中间配套环节，而应将主营业务向下游进军，打造最终产品和品牌竞争力，直接和过去的西方代工客户竞争国内外市场，从全球市场存量博弈中淘汰大量竞争对手，获得保证自身生存的足够市场和利润；另一方面应积极提升顶尖科研能力，进入国产替代前景广阔的各种朝阳领域，快速壮大第二增长曲线。

华为是中国企业的先进代表，它实现了主营业务的全链条覆盖和多极增长。但是，仍然有大量中国企业在困境中步履维艰，其主要困难就是它们没有华为这样的持续变革能力，无法培养好的、新的业务能力，主要原因如下。

### 1. 企业依靠自身培养先进管理及持续变革能力的难度和成本在增加

很多中国企业的顶层权力行使机制和企业管理模式仍然是制造业企业的模式。长期以来，制造业的思维模式影响了中国管理人才的培养。高校教育教授给管理人才的是"螺丝钉型岗位设计""人岗匹配""树状组织架构""分工协作"等传统理念，这些理念源于西方的管理理论，与工业革命契合，适合制造业企业的模式。

然而，到了 21 世纪，西方企业纷纷转型为创新型的科技企业，并迈向信息化、数字化和智能化。随着这些改变，西方管理理论和知识体系也在不断创新。其中，以数智科技为基础的管理持续创新和企业变革能力尤为关键。这使得某些西方企业能够持续获得强大的机制和方法论，不断引入和培养新型人才，做好资源聚合及科技研发。反观中国企业，市面上传统的管理经验、理论，几乎都是脱胎于 10 多年前外企带入中国的那些适配制造业企业的经典内容，并没有得到大的发展和创新，于是许多中国企业不能及时获得先进的机制和方法论去变革和进化。

随着西方管理与数智化科技融合得更加紧密，当中国企业意识到需要学习新的机制和方法论时，非常多的管理知识与经验已经被落实到了各种科技工具当中，由各种西方超级科技企业（如埃森哲、思爱普、微软、甲骨文、达索等）掌控，中国企业想要拥有它们的成本变得很高。与此同时，这些西方超级企业、学术界迫于美国政府的压力，限制将最先进的知识输出到中国企业中，中国企业能够从西方企业、网络及书籍上学习到的先进管理知识和经验变得越来越少。

### 2. 中国社会中能够帮助企业获得完整的先进管理机制及持续变革能力的人才不多

过去，中国未能培养出足够的跨领域人才，特别是那些精通管理、科技和业务的复合型人才。这导致企业难以培养先进的人才持续创新管理机制以支持自身发展，于是，拥有华为等名企工作经历的人才变得炙手可热。然而，即使引入了名企人才，许多企业仍难以取得显著成效。因为名企人才带不来名企完整的先进管理机制和持续变革能力，更不能使名企的先进管理机制和持续变革能力适配企业自身情况。那为何名企人才来了却带不来名企完整的机制和能力呢？有两个原因。

（1）华为等名企的机制和能力的细节太多，规模又庞大，人人都是"螺丝钉"定位，个人难以窥探全貌。所以，名企少数人才难以完整复刻出其全部机制和能力，更难以使其适配名企以外的企业。企业如果想要完整复刻并适配名企的这些机制和能力，需要招聘完整机制的名企团队（因为只找到几位名企高管是无法完成这项艰巨任务的）。这对于企业来说成本太高，也不利于内部的长治久安。

（2）华为等名企会做好自我保护。自己成功的关键因素岂能随随便便就被员工学走，然后在别的企业发扬光大，为其培育未来的竞争对手呢？所以，名企会做好信息安全保护工作，尤其是其大量的优秀管理思维和经验已经变成体系化的参数与数据，留存在其庞大的 IT 系统中，要想完整复刻，谈何容易。

为了解决以上困难，本书作者协同参与本书课题研究的多位企业管理不同领域的专家，依靠自身在中西方名企的职业经历和近些年积累的丰富管理咨询实践经验，通过研究华为的公开创新管理实践和突围努力，结合曾经帮助过华为的西方咨询公司（IBM、埃森哲）的知识体系，追本溯源，为读者复刻了一套和华为完整机制功能接近的"企业持续变革与进化的管理机制"。有了这套机制，再依据机制当中的人才培养与资源聚合办法，就能让企业具备自我"造血"能力，自己培养复合型人才,逐步具备持续变革能力。这种能力就是企业能够像华为一样常变常青的关键。

本书将这套机制的内容及企业运用其产生的变革能力不断进化,映射进企业生命周期来进行展示(见图0-1),让读者可以通过企业发展逻辑来理解该机制如何发挥作用,其产生的能力如何解决难题(如外部资源聚合、内部活力激活、跨界竞争、全球化、企业数智化转型),同时也方便不同企业根据生命周期进行对照,从中找到能够解决自身问题的办法。

当年,华为不惜重金从西方引进类似的机制,获得了变革能力,不断追赶西方先进企业,更是无惧打压,顽强突围成功。

今天,其他中国企业也要适应新环境,培养自己的变革能力。尽管学习和落实这套机制,培养自己的变革能力,最终运用这种能力使企业实现破局腾飞是一个漫长而艰难的过程,会像华为一样经历思想冲击、权力和利益重构、团队更迭等挑战;但是,中国企业不乏变革的勇气。我们期待每家中国企业都能像华为一样顽强,在全球化竞争中求生存、求发展。

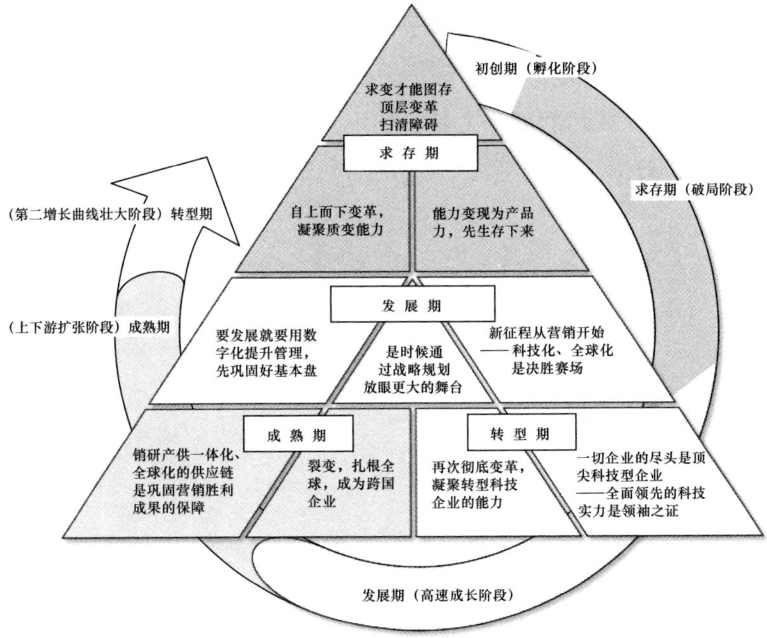

图 0-1 贯穿企业生命周期的 10 步变革

## ⚙ 本书特点

### 1. 实操性强

这是一本有关企业管理优化与变革的工具书，宗旨是帮助企业成功落地"学习华为"。本书重点讲述企业应学习华为建设变革能力，并阐述具体机制，以及该机制如何在企业生命周期各阶段演进并发挥重要作用，帮助企业突破每个阶段的困难。

### 2. 知识全面

本书纵向（$Y$轴）覆盖企业从上到下（从股东会到执行层）的管理与变革，横向（$X$轴）覆盖企业市场营销、客服交付、研发、生产及供应链等全领域的管理与变革，竖向（$Z$轴）覆盖企业全生命周期的管理与变革，为读者全方位展示如何因地制宜地模仿与落地"华为优秀管理与变革实践"。

### 3. 讲述清晰

本书使用了大量的图片以配合文字，条理清晰地陈述了复杂逻辑与理论，让读者始终围绕主线架构吸收知识：变革的必要性→先植入先进机制变革企业运转模式→"以战养战"式培育变革力量→利用变革力量变革业务获得竞争力→最后像华为一样形成循环，越变越强。

编　者

2025 年 5 月

# 目 录

## 第2章　第一步：变革顶层架构，植入先进机制 / 28

# 第 **1** 章
# 中国企业面临的新情况

　　如前言中所述，过去的几年，以美国为首的西方国家发起的针对中国企业的"脱钩"行动和贸易制裁已经对全球化秩序造成非常严重的破坏。我们必须清醒地认识到，世界经济可能再也无法回到过去的全球化自由贸易时代了。中国企业需要知道这一点，重新调整自己，并做出长远部署。

## 1.1　中西方经济新格局

企业了解全球政治经济形势对于制定合理的战略规划、抓住市场机遇、优化资源配置、提升创新能力、应对国际风险以及适应全球经济变化都具有重要意义。

### 1.1.1　西方尝试构建没有中国企业的全球供应链

近年来，受到以美国为首的西方国家"脱钩"中国的政策影响，很多西方企业在给中国企业下订单时，往往都有附加条件——要求中国企业在中国境外设立工厂；更多的西方企业把订单给了中国以外的国家/地区的企业，或者大幅调低给中国企业的订单比例。

中国融入西方国家主导的全球供应链已经超过 20 年，中国产品的质量、功能和性价比在当前仍然具有明显优势，以美国为首的西方国家要想完全"脱钩"中国也是困难重重。尽管他们认识到这一举措耗时漫长且充满挑战，其社会上的很多有识之士和企业家也都在劝阻和反对"脱钩"政策，但几个关键趋势促使他们使用这种无赖做法，破坏全球供应链，阻止中国企业继续获得大量海外订单，延缓其发展速度。

（1）中国制造业日益强大，西方近年来不断加码对中国实施科学技术、管理知识、教育等领域的封锁，但仍然无法阻止其快速发展，只能转而从扼杀其市场方面进行打压。

（2）许多中国优秀企业正雄心勃勃地向产业链上下游拓展，如果任由其发展下去，很快这些企业就能像华为一样超越所在行业的老牌西方企业。

（3）随着 AI（人工智能）、机器人技术和先进环保技术（如新能源）的发展，制造业回流到西方成为可能，西方企业需要大量订单来推动自己快速应用这些技术，所以这些订单不能再给中国企业。

我们认为，美国能够对中国推行"脱钩"政策，还源自其主导的全球供应链的特殊性。

它在构建全球供应链初期，势力范围已经覆盖了全球大多数地区，尤其是自然资源丰富的地区，如"五眼联盟"（美国、英国、澳大利亚、新西兰、加拿大）。但是，当时的自然资源勘探和开采技术不够先进，其势力范围内预测的自然资源可利用存量并不是太富余。他构建全球供应链的目的，是优先消耗资源丰富的第三世界国家的自然资源、利用第三世界国家的廉价劳动力和减少对本国环境的破坏。

到了今天，随着自然资源勘探和开采技术的长足进步，自然资源已不再是美国发展的瓶颈。我们认为，美国一方面拒绝向第三世界国家出售自己的自然资源，另一方面争夺和控制第三世界国家的自然资源，主要是为了继续遏制包括中国在内的第三世界国家的发展。此外，随着 AI、机器人和环保技术的发展和应用越来越广泛，第三世界国家的廉价劳动力、自然资源与环境等优势在不久的将来可能不复存在，这是美国完全可以将中国排除在其主导的全球供应链之外的重要前提。当然，以美国为首的许多西方国家仍然缺乏自然资源，并且高端制造业落后于中国，但是在美国的胁迫下不得不跟随其一起对中国实施"脱钩"，然后高价购买美国输送给它们的自然资源和科技产品，从而继续被美国从政治、军事、经济、资源和科技上控制。

鉴于以上关键趋势和特殊原因，在以美国为首的西方国家全球化供应链体系中，中国企业未来处境会很尴尬。一方面，中国企业知道自己被美国越来越针对的前景；另一方面，为了以美国为首的西方国家的市场，中国企业还需要继续与它们进行贸易往来。

我们知道，一个国家如果要构建全球供应链体系，必须掌握由顶尖的科技、强大的军事力量及由强大的制造能力背书的强势货币，三者缺一不可。当下，中国已具备这三个方面的条件。既然以美国为首的西方国家希望构建一条没有中国企业的全球供应链，那么中国是否能够为了中国企业另外构建一条开放、公平的全球供应链呢？

其实，中国的全球供应链体系已经存在很长一段时间，随着中国的顶尖科技进步、军事力量增强、人民币国际化进程加快，中国的全球供应链体系的影响力正变得越来越强。

随着中国经济的高速发展，中国自然资源出现了相对匮乏状况。中国缺乏的资源，需要用高性价比的产品或先进技术与资源丰富的国家（包括西方国家、其他第三世界国家）进行贸易，以保障资源供应。因此，中国无法将自然资源丰富的国家排除在自己的全球供应链之外，同时必须不断发展科技，以科技产品作为筹码和自然资源丰富的国家进行贸易。先进强大的科技与制造能力是中国向贸易国家交付科技产品的保障，也是中国建设强大军事力量的保障，而强大的军事力量和强势货币则是保证参与中国全球供应链体系的企业甚至国家正当权益和贸易正常进行的重要工具。因此，中国具有坚定维护该体系正常运转的理由，而在中国的全球供应链体系中开展国际贸易的中国企业也扮演着重要角色，不会被替代或排除。

未来，这两个巨大的全球供应链体系会继续共存和竞争，不断演化与过渡。以美国为首的西方国家主导的全球供应链体系会不断培养替代中国企业的能力，中国主导的全球供应链体系则会不断扩大体量以容纳更多的中国企业。两大全球供应链体系中的企业生产的最终产品，除了服务各自占领的市场外，还会因不断想要渗透对方占领的市场而导致剧烈的贸易摩擦，双方企业也会在第三世界国家展开激烈竞争。中国企业需要非常清醒地认识这个大趋势和格局，提前做好战略定位与规划。

### 1.1.2　西方贸易保护主义抬头，想保护自己的高端制造业

高端制造业是一个国家的核心产业，它关系到国家的长远发展和国际竞争力。我们通过改革开放的关键机遇期孵化出了这一核心产业。今天，中国的许多高端制造企业已经有可以和西方高端制造企业同台竞争的实力，这是以美国为首的西方国家所惧怕的。

于是，以美国为首的西方国家主导的全球供应链体系，首先会在它们的高端制造业领域市场排挤中国的高端制造企业，以保护自己的高端制造企业。这样的排他性保护措施就是贸易保护主义手段。

2024 年 3 月 27 日，美国财政部长耶伦在访问佐治亚州的一家光伏电池工厂时，指责中国新能源产业存在"产能过剩"问题，称这扰乱了全球价格和生产模式，损害了美国企业和工人的利益。在 2024 年 4 月 4 日至 9 日访华期间，耶伦多次表达了对中国某些行业产能情况及其对美国劳动者和企业可能产生的影响的关切。她表示，美国政府将实施推动中国改变对美国就业构成威胁的产业政策。

2024 年 5 月 14 日，美国白宫声明，拜登政府将继续保留特朗普政府实施的关税政策，并加征对其他中国产品的关税，包括电动汽车、钢铁和铝材、医疗用品、半导体、电池、关键矿物、太阳能电池和起重机等。可以看到，中国外贸"新三样"（新能源汽车、锂电池、光伏产品）均在此次美国提高关税的产品清单上。其中，针对中国新能源汽车整车的关税税率将从 25% 提升至 100%，针对中国车用锂电池的关税税率 2025 年将从 7.5% 提高到 25%。

2024 年 10 月 29 日，欧盟委员会正式公布了针对中国电动汽车的反补贴调查的最终裁决文件，决定对从中国进口的电动汽车征收为期 5 年的最终反补贴税，其中对比亚迪加征 17% 的反补贴税，对吉利加征 18.8% 的反补贴税，对上汽集团加征 35.3% 的反补贴税。在提出个别审查要求后，特斯拉在中国生产的汽车最终被加征 7.8% 的反补贴税，后续其他合作品牌将被加征 20.7% 的反补贴税，而其他不合作的品牌将被加征 35.3% 的反补贴税。除了以上提到的品牌之外，自主及合资车企如爱驰汽车、江淮汽车、华晨宝马、一汽集团、长安汽车、东风集团、长城汽车、零跑、小鹏、蔚来等，均适用于 20.7% 的额外征收反补贴税比例。值得注意的是，本次反补贴税征收是在原有 10% 的反补贴税税率基础上进行的，这意味着中国电动汽车出口欧盟时，最高关税税率将达到惊人的 45.3%。

美国更大的贸易保护主义关税措施，是 2025 年 4 月 2 日美国总统特朗普在白宫宣布的对贸易伙伴征收所谓"对等关税"措施。在该措施中，美国对中国再次实施 34% 的加征关税，至此美国对中国的有效关税率达到了前所未有的64.7%。

面对这样严峻的贸易保护主义形势，中国企业该怎么办？

早在 2016 年，美国时任总统特朗普就提出了"脱钩"和"制造业回流美国"的政策，旨在通过创新驱动的全产业链模式重振美国的制造业。这一政策在国际上引起了广泛关注，中国国内舆论也纷纷提出了应对策略，主张扩大内需以抵消外贸损失，尤其是减少对高端制造业的影响。因为一旦外循环受阻，我们的高端制造业就可能面临产能过剩的风险。

为此，中国的高端制造企业需要联合起来，与商会、行业协会等组织和国家各级机关沟通，通过扩大内需来推动高端制造业的持续升级和发展。要扩大内需，我们的社会需要做到以下 3 点。

（1）不断推进尖端领域的技术进步，开发和推广新技术，将新技术应用在军工、航天、新型基础设施、新能源、智能网联、AI 算力和应用、生命科学等领域。

（2）不断提升各行业的技术标准和准入门槛，推动技术整体更新换代，避免劣质产品驱逐优质产品。

（3）减少对国外高端制造业产品（如通信设备、芯片、精密工业母机、自动化生产线及控制系统、软件、民航客机、油漆涂料等）的采购量，转而大力扶持本土企业，实现国产产品替代。

目前中国正在推动以上 3 点实现，中国企业需要把握好方向，抓住这些趋势下的机遇。

### 1.1.3 人民币结算将成为中国企业外贸避险的重要手段

随着全球两大新供应链阵营的共存和竞争，高端制造业产品和先进技术作为强势产品，成为阵营主导国信用和实力的锚定物；而作为阵营主导国利益保障的国际结算货币——人民币与美元也迎来了双强时代。两大供应链阵营内部流转或者向对方阵营的成员、第三方国家或地区输出高端制造业产品和先进技术时，都倾向于使用自身阵营的主导货币进行结算。

非主导国企业使用特定供应链阵营货币进行结算，不仅是一种对主导国企业的贸易利益的保护行为，更是一种想要与该阵营建立长期合作关系的表现。反之，如果始终拒绝使用特定供应链阵营货币进行结算，可能会导致贸易无法顺利进行或贸易双方无法建立长期信任和合作关系。

下面说一个真实案例。2022 年，一家中国企业在外贸交易中同意了客户的要求，使用美元结算。当该客户完成付款后，SWIFT（环球银行金融电信协会，Society for Worldwide Interbank Financial Telecommunication）在审核交易时要求中国企业必须在美国银行开设账户才能进行资金转移。该中国企业遵循要求开设账户后，资金被转入美国第一共和银行，但随后该银行却以一些不明确的理由冻结了这笔资金，至今未能转回中国。

这一事件凸显了中国企业使用美国主导的供应链阵营的货币进行国际贸易结算可能带来的风险。因此，身处中国主导的供应链阵营的中国企业在进行国际贸易时，应尽量避免使用美国主导的供应链阵营的货币，以减少风险。这无疑提升了中国企业在全球进行自由贸易的难度，因为很多第三方国家、美国主导的供应链阵营的成员国家的外汇储备货币以美元为主，还是希望以美元进行结算。

尽管如此，随着中国产品竞争力的不断增强，中国企业对国际贸易结算货币的主导权在提升。2024 年 3 月 6 日，在十四届全国人大二次会议经济主题记者会上，中国人民银行行长潘功胜指出，中国经济基本面持续回升向好，外汇市场参与主体日益成熟，越来越多的经营主体开始使用汇率避险工具，采用人民币进行跨境结算。2024 年 12 月，人民币的全球支付占比达到 3.75%，成功反超日元的3.50%。这意味着，人民币再次跻身全球第四大支付货币。根据中国证券网所发布的消息，在 2024 年全年时间内，跨境人民币支付业务总额已经达到了惊人的175 万亿元人民币。

## 1.2　未来中国企业面临的机遇

根据以上中西方经济新格局，中国企业继续或者打算深耕以美国为首的西方国家市场的策略面临风险，而且中国企业也应尽量避免继续在对外贸易中使用美元作为结算货币。

除了深耕以美国为首的西方国家市场这个方向，中国企业其实在其他多个发展方向上都存在机遇，所以可以放弃过往的"代工制造"思维，探索更多的发展方向。

### 1.2.1　国内市场最大的"蛋糕"属于中国的高端制造企业

中国至今仍然稳居全球中高端制造业的中心地位，众多杰出的高端制造企业持续为海外企业（尤其是西方企业）提供代工服务、原材料 / 零部件供应及上游服务。然而，随着西方国家利用贸易保护主义封锁其市场空间，培育自己的高端制造业并加速制造业回流，许多优秀的中国高端制造企业可能会失去大量订单，需要转向国内市场。但内需的扩大需要时间，企业产能过剩导致的"内卷"可能是不可避免的，但也只是暂时的。随着国家推进"全国统一大市场"的构建，国内各地的劣质产能会被加速出清，腾出来的内需最终将可以支持那些优秀的高端制造企业做大做强。

中国的高端制造企业大致可分为如下两类。

（1）以华为、小米、比亚迪、宁德时代为代表的超大型民营企业。

（2）以中国一汽、海光信息、中国中车为代表的大型国企和央企。

国家投资建设的重大工程和大部分重要行业的市场份额将主要由这些企业占据。其他企业需要及时调整自己的定位和策略，加入这些企业的供应链或者效仿它们，成为其他行业的头部企业。这条出路的本质是选择加入中国主导的全球供应链阵营，成长为高端制造企业，研发和生产国内市场缺少的国产替代产品，或为这些高端制造企业提供上游生产服务。例如，企业可以到第三世界国家开采自然资源，就近进行上游生产，如赣锋锂业在阿根廷投资盐湖提锂项目，设立工厂生产碳酸锂并返销国内电池制造企业，不过需要注意所在的第三世界国家当前政府对中国的态度是否友好，以避免遭到不必要的损失。

对于坚持深耕以美国为首的西方国家市场的企业，由于其本质是选择加入美国主导的全球供应链阵营，所以可能需要将企业搬迁到西方国家的势力范围内，以避开该阵营国家贸易保护主义政策的打击。

接下来，中国企业还需要关注一个重要的长期趋势：未来，C端（消费者端）的消费能力可能会逐渐减弱，B2C（企业对消费者）经济循环可能会加速萎缩，而B2B（企业对企业）经济循环将占据整个经济循环的很大一部分，这种转变对高端制造企业的发展非常有利。

为什么预测B2C经济循环会加速萎缩呢？主要是因为超大型企业的出现实现了资源集中及数字化、自动化、智能化的广泛应用，这将加快众多领域的无人化速度，大幅降低生产成本、提升生产效率；这也将导致大量小型企业的衰亡，因为数字化、自动化、智能化的自主实施和迭代运维并不容易，小型企业很难做好，最终会与大型企业在这些方面的差距越来越大，从而被大量淘汰。

大量落后的小型企业逐渐被淘汰后，释放的大量社会劳动力将转向服务业和虚拟世界就业（真正的元宇宙产业正蓄势待发）。现实世界的物质生产将由超大型企业保障，社会大众的公共福利也将得到保障，这是一种转移支付（许多过去由个人来支付的中高端消费被转移去由企业或者政府先支付，当个人要使用时才需要临时支付廉价的共享租金，如廉租房和共享汽车），但因此大量财富和物资支配权将不再分散落入广大小企业家手中，这从长期来看会导致个人中高端消费能力持续下降，故而 B2C 经济循环无法持续有力地推动高端制造业产品（如电动汽车、低空飞行器）的应用，因此它未来可能不会成为最大占比的生意模式。

相反，B2B 经济循环会为了维持社会大众的物质需求和公共福利而提升占比（由转移支付导致），可能成为占比最高的生意模式。例如，新基建、自动驾驶的租赁汽车取代私家车、元宇宙共享设备入口与便携式穿戴电子产品入口取代手机作为虚拟世界入口等，这些服务将来可能都会以 B2B 模式进行建设，类似于现在的抖音、微信、百度翻译等服务，不会向个体收费；电力设施升级改造所需的庞大的建设投入也不会摊派给个体。

中国企业需要长期关注这一趋势，并捕捉合适的时机转型。

## 1.2.2　引导产业资本转化为金融资本，加速新产业的崛起

在当前这场全球性的深刻变局中，无数落后企业被淘汰，大型企业积极展开投资并购，中国的金融管理机构也在引导更多的资本和个人投资者成为"耐心资本"，进行价值投资。那么，这些资本就可能会参与中国全球供应链的壮大进程——一个对外大量投资扩张、中国品牌在全球崛起成为必然趋势的进程。这一大趋势不可阻挡，会推动很多闲散产业资本向金融资本转型。

金融资本将通过风险投资、战略投资、资本市场融资等多种方式，持续投资高端制造业和中国全球供应链中的成长型 / 优秀企业。这将使这些企业在短期内迅速获得大量资金，并将其用于研发投入、扩大生产规模、进行并购等活动，从而加快各行业头部企业的形成和崛起。透过美国股市的表现——80% 的市值由10% 的优秀企业贡献（例如，"纳斯达克 100 指数"所包含的企业总市值，占纳斯达克交易所总市值的 80%），我们可以预见中国优秀企业和中国资本市场未来的发展趋势。

另外，在国家政策的引导下，借助庞大的资本力量，新兴产业能够迅速孵化并崛起。例如，在短短 10 年内迅速成长的锂电池、光伏等新能源产业，以及目前仍处于概念孵化阶段的半导体、算力、AI 和元宇宙产业。

一旦形成以上良性循环，"耐心资本"得到妥善利用，将为中国的优秀企业提供持续的支持，使它们在竞争中越来越强大。当然，资本的投入并非成功的唯一因素。管理机制作为另一个至关重要的因素不可忽视，也是本书将要重点阐述的内容。优秀的管理机制将帮助企业获得变革能力，从而使企业更容易和资本结合，也更有效地利用资本，推动创新，优化运营，最终做大做强。

### 1.2.3　创新的"合纵连横"策略可能成为中国企业在国内市场进行存量竞争的突破口

随着资本向头部优秀企业聚集，竞争优势已逐渐集中于这些企业：这些企业拥有巨额资金的支持后全力"发育"，并使市场竞争变得全方位、高压力、持久且规模庞大。华为、比亚迪就是其中的典型代表。

与此同时，这种由头部优秀企业发起的竞争态势极大地提高了被迫参与竞争的企业的决策、管理、执行难度。迫于竞争压力，这些企业深刻地认识到，无论是自身变革蓄力还是纵向整合上下游产业链、横向构建生态系统，都至关重要且迫在眉睫。它们没有头部优秀企业的先发优势，只有采用"合纵连横"策略才能与头部优秀企业抗衡，于是投资并购和战略合作等手段将被空前重视并频繁使用。

但是，传统的投资并购、投后管理和企业间的战略合作模式比较低效和呆板，在新的竞争压力下效果不佳、力不从心。例如，恒大集团在新能源汽车领域的投资尝试表明，仅凭资金优势和传统投资方式不能保证战略意图的实现。我们来看看传统投资方式的问题。

传统投资方式往往面临诸多风险。例如，被投资企业的股东会和董事会机制不健全，企业家限制投资方的知情权和参与权，导致投资方承担高风险；还可能因为投后管理不善扼杀企业活力或在被并购企业的变革重整上耗费大量时间，从而带来风险并拖延整体战略的实施。至于企业间的战略合作模式，由于合作双方在团队内部机制、管理、利益分配和重视程度上的差异，往往合作效率低下，合作甚至无疾而终。所以，企业和资本的结合、企业和企业之间的联合，都需要创新的"合纵连横"策略来加速和确保效果达成。

在国内市场，头部企业间的跨界竞争才刚刚拉开序幕。许多企业已经意识到以上传统投资方式的局限性，开始探索创新或升级的策略，以期获得超越竞争对手的资源聚合能力和发展速度。例如，华为与赛力斯联合生产问界汽车，与奇瑞联合生产智界汽车，这些合作都是企业在存量市场中使用创新的"合纵连横"策略，得到快速渗透和突破的体现。

随着资本的下场、创新的"合纵连横"策略的应用，在存量市场竞争中，"快鱼吃慢鱼"和"大鱼吃小鱼"的现象将愈发明显。本书第 2 章和第 3 章讲解的企业新型顶层架构适合企业发动高效科学的"合纵连横"，为企业提供新的解决办法。

## 1.2.4　"内卷"不可避免，降成本与"价格战"是中国企业的出路

2024 年 6 月 6 日，在"2024 中国汽车重庆论坛"（CACS2024）上，广汽集团党委书记、董事长曾庆洪以坚定的声音回应了广汽集团的未来发展，他在主题为"长期主义与行业的未来"的讨论中引用了长安汽车董事长朱华荣的观点，指出企业追求"内卷"并非长久之计。6 月 7 日，比亚迪董事长王传福在该论坛上谈到"内卷"，他表示"内卷"是一种竞争，企业家要积极拥抱、参与这种"内卷"，在竞争中脱颖而出。

两位汽车行业优秀头部企业的领袖的这番言论引发了互联网上关于"内卷"的热议。当我们从宏观视角转向很多大型企业的具体战略定位时可以发现，中国企业普遍采取的策略是降低成本和"价格战"，这已成为存量竞争的一种常态。然而，本书所倡导的降低成本和"价格战"，并非指无底线地降低产品质量或制造假冒伪劣产品，而是指在保有底线、遵纪守法的同等类型和等级的竞争产品中，谁能提供更高的性价比，谁能降低客户的总体拥有成本，谁就能吸引并留住客户。

企业实施"合纵连横"策略，除了快速获得占领新行业赛道的能力外，还有一个重要目的，那就是进一步降低成本和提升联合创新能力。现代企业采取的许多先进改进措施，如管理优化、数字化、自动化和智能化，其最终效果都体现在降低成本和增强产品力上。

企业一旦在成本与产品力方面取得了优势，如果还能通过资本市场获得资金支持，那么就具备了"以本伤人"的进攻能力——"价格战"。例如，近几年比亚迪汽车的销量遥遥领先于其主要竞争对手，并且推出了低价的全新系列超长续

航 DM-i 车型，将"价格战"推向白热化。

B2B 商业模式的企业在获得了以上优势后可以通过"以本伤人"的方式快速占领市场，提升产能，挤压竞争对手的生存空间，待竞争对手退出市场后再逐步享受市场规模带来的红利。

对于 B2C 商业模式的企业，鉴于 B2C 经济循环的萎缩预期，生产消费者产品的企业虽然暂时仍然只能走"以本伤人"的道路，但是试图扩大 B2C 业务规模、实施像 B2B 商业模式的企业一样以量取胜的战略，我们暂时不看好。而且随着"以本伤人"方式的滥用，企业"内卷"得已经没有什么再降价的空间了，再降价就要突破质量和合法合规的底线了。

我们预期在不久的将来，B2B 经济循环将开始替代 B2C 经济循环萎缩的部分。如果 B2C 商业模式的企业想要在未来获得更高的利润，就必须从现在开始实施 B2B 商业模式，或者瞄准国内富裕人群实施精细化 B2C 服务模式，再或者加入美国主导的全球供应链阵营开拓西方发达国家市场。

通过这样的战略调整和市场定位，企业不仅能够应对当前的竞争压力，还能为未来的市场变化做好准备，实现可持续发展。

## 1.2.5　高性价比的高端稀缺商品／产能可以瞄准发达国家市场

众所周知，西方发达国家的个体消费能力和企业采购能力普遍高于我国的个体消费能力和企业采购能力，这一现象有着深刻的历史背景。第二次世界大战后，西方世界建立了一套新的殖民主义体系，以及与之配套的全球化货币体系。它们依靠强大的军事力量、美元的周期性回流收割机制及强势的高科技产品输出，使得美元购买力在国际上占据优势，中国企业消耗中国资源、组织中国人力研发和生产的大量优质商品就这样被非常不公平地买走。这种不公平的商品和货币定价，只有当中国主导的全球供应链壮大，并且人民币国际化程度很高之后，才能被扭转。

在这种不公平的背景下，我们只能扭曲地接受：美元的强购买力为大量中国企业通过外贸出口产品提供了有利条件，使得产品能够以较高（相较于国内市场）的利润出售。同时，掌握定价权的以美国为首的西方国家还可以精准操控游戏规则，给出口的中国企业留出足够的利润空间。然后，西方社会不断提升行业标准和准入门槛，确保只有高性价比、高端稀缺的中国产品或制造能力才能进入西方市场，从而它们可以不断地坐享中国企业的精华成果。

随着以美国为首的西方世界"脱钩"行动的推进，这个模式被运转得更加极致。中国企业生产的许多产品已无法再进入它们的市场。以美国为首的西方世界也在积极寻找"中国制造"的替代品，目前只有那些它们尚未找到替代品的产品，如近两年外销表现良好的"新三样"（新能源汽车、锂电池和光伏产品）还能继续大量出口。不过，随着欧盟、美国已经把针对"新三样"的有效关税大幅提升，"新三样"产品未来的出口前景也堪忧。

在这种情况下，这些企业可以考虑在当地市场设立分支组织，成为西方市场的替代产能，这未尝不是这些企业的另一种出路。

例如，2024 年 6 月的一则消息显示，戴姆勒卡车宣布，Accelerata by Cummins、戴姆勒卡车和 PACCAR 已完成合资公司的组建。现合资公司名为 Amplify Cell Technologies（以下简称"Amplify"），将在美国本地生产电池，进行电池供应。据了解，该合资公司是亿纬锂能在美的重要布局，由亿纬锂能的孙公司"亿纬美国"负责，剑指美国商用车市场。

协议显示，Amplify 各股东出资上限合计为 26.4 亿美元，其中亿纬美国现金出资上限为 1.5 亿美元，持股比例为 10%；Electrified Power、戴姆勒卡车、PACCAR 现金出资上限均为 8.3 亿美元，各持有 Amplify 30% 的股权。若按出资上限测算，亿纬美国除现金出资外，或将以技术等其他形式入股。亿纬锂能介绍，Amplify 生产的电池主要应用于指定的北美商用车领域，其中合资方 Electrified Power、戴姆勒卡车、PACCAR 将成为主要客户，购买 Amplify 生产的全部或大部分产品。Amplify 的成功组建也标志着亿纬锂能在美布局向前迈进一大步。最新报道显示，Amplify 将在密西西比州马歇尔县建造一座 21GWh 的工厂，生产磷酸铁锂电池，未来根据需求该工厂将进一步扩建，并计划于 2027 年开始生产运营。而密西西比州发展局 2024 年发布的公告显示，该工厂至少需要 19 亿美元（当前约合 137.82 亿元人民币）的投资。行业认为，在美合资建厂可以最大化地与合作方合作，同时也可避免关税等政策影响，是亿纬锂能深化布局的重要"先机"。

综上所述，我们认为，无论如何，中国企业都需要加快转型升级的步伐，提升自主创新能力，增强核心竞争力，哪怕仍然落后于国内的头部优秀企业，但是只要拥有稀缺高端制造能力，还是能够在西方市场找到机遇的。

## 1.2.6 中国企业还可以瞄准发展中国家市场

在深入分析了国内市场和西方发达国家市场之后，我们将目光转向发展中国家（第三世界国家）市场。与国内市场相比，发展中国家的购买力通常更有限。尽管这些国家通过向中国供应自然资源获得了一定的收入，但相对于国家整体的财政支出而言，这些贸易收入仍然是杯水车薪。因此，这些市场更倾向于选择价格低廉的产品／技术，尤其是中国那些技术含量较低、产能过剩的产品／技术，相对而言，其国内的法律法规的要求也会比中国国内低很多。中国这些落后的产品／技术，对于它们的需求来说已经足够了，或者已经很先进了。

鉴于此，中国企业也可以考虑在发展中国家投资设厂，这也不失为一条出路。这样做不仅可以降低运输成本，使产品价格更具竞争力，适应当地消费水平，而且还能够为当地政府增加税收，为居民提供就业机会，实现双赢。

那些有意开拓这些市场的企业，必须进行周密的战略规划，并做好海外布局的准备。本书的第 7 章和第 8 章将专门讨论这一主题，提供参考建议。传音控股在非洲市场的成功扩张和自身规模的壮大，就是这条出路的一个很好的例证。

"宁为鸡头，不为凤尾"，通过在发展中国家投资设厂，中国企业不仅可以更有效地占领这些市场，还可以通过本土化研发更好地满足当地消费者的需求，同时促进当地经济发展，因此为当地政府所欢迎及推崇。过去 50 年，日韩企业在东南亚各国就进行了大量的这样的布局，从而垄断了很多东南亚国家的重要工业和民生设施。以印度尼西亚为例，该国公路上行驶的轿车绝大部分是日系落后产能轿车，大部分主干道路也是由日本企业建设和代运营的。

## 1.2.7 融入中国主导的全球化供应链的上游才是更好的选择

尽管瞄准西方发达国家市场或第三世界国家市场对中国企业来说都是直接且易于实施的生存策略，但从长远来看，融入中国主导的全球化供应链的上游将有更确定和光明的未来。

正如前文所述，中国构建自己主导的全球化供应链的初衷是由于国内自然资源的相对匮乏（随着中国经济的高速发展造成的资源相对匮乏），这一长期趋势预计不会改变。在过去的 10 年中，许多中国企业（如天齐锂业、宁德时代、吉利汽车、中联重科、中粮集团等）已经在东南亚、非洲、南美洲等地成功实施了企业为控制上游资源进行的国际化扩张战略，未来这一战略的实施将迎来新一轮的升级。

这一升级得益于中国在机器人 / 自动化、全球通信、翻译 AI、数字化、新能源和储能等技术领域的重大突破。这些技术突破使以往制约中国企业的外贸营销、当地团队构建和当地本土化团队管理、当地基础设施配套不足等问题有办法解决了。现在，中国企业可以通过短期派遣少量国内人员并借助国家强大的基建力量，快速完成企业海外落地的任务，相关内容在本书第 7 章有具体阐述。

借助这种模式，中国企业可以将需要靠近自然资源源头的工厂以及一些有特殊需要的工厂转移到海外，同时不再需要将大量原材料提前海运至中国港口或工厂进行存储，降低了成本，并可规避国际海运和国际期货市场大幅波动带来的成本变动风险。

虽然这些优势显而易见，但这一模式会导致中国企业在海外的投资增加，所涉及的风险因素也极为复杂。除了明显的"当地团队构建和本土化团队管理"问题外，还需要考虑与当地政府和商界的互动、当地的治理状况、基础设施建设、当地政府外交政策走向等多重因素。

为了顺利迈出这一步并成功实现这种升级，中国企业首先需要进行自我变革，培养强大的海外管理和业务能力，包括全球政治经济形势研究、国际融资策略、战略实施、数字化与 AI 技术的融合、人才培养以及风险控制等。本书第 7 章将详细阐述相关内容。

## 1.3　中国企业出海的主要竞争对手——西方企业

中国企业未来的舞台有一半在海外，因此需要了解自己的海外主要竞争对手——西方企业。西方企业纵横全球已经超过 100 年了，它们在运用国家力量构建商业优势、打击竞争对手、科技创新等领域都有值得中国企业学习的地方。同时，了解西方企业也能做到知己知彼。

### 1.3.1 西方企业短时间内难以构建媲美中国产业链的完美产业链

中国政府在过去几十年间持续努力，使得中国成为世界上唯一拥有全部工业门类的国家，并且这些工业门类都达到了相当高的水平；再加上高素质的劳动力、完善的基础设施和充足的电力供应，这些因素共同构建了一条其他国家或地区难以在短期内复制的产业链。这为西方企业"脱钩"中国产业链后带来了供应配套、成本、质量和效率上的巨大挑战。加之目前机器人、AI、新能源和先进的环保技术尚未发展到能够大规模、高水平应用的阶段，因此西方企业的本土回流不能一蹴而就，以美国为首的西方国家剔除中国企业而构建的产业链仍然缺乏优势。例如，苹果虽然已能在印度组装并生产 iPhone 等产品，但由于在当地难以找到符合标准的零部件供应商，仍需从中国进口大量零部件。

总体来说，并非所有西方企业都愿意在此时与中国"脱钩"。然而，以美国为首的西方国家政府和他们的一些高科技大型企业意识到，如果不对中国的高科技优势加以遏制，他们自身在全球关键市场上可能会遭遇失败。于是它们不顾"脱钩"后遇到的诸多困难，执意为之。

### 1.3.2 西方企业的优势在最终产品环节，但来自中国企业的压迫感越来越强

我们知道，西方企业的优势在于最终产品环节的设计和集成制造。过去西方世界通过其全球化供应链，把非常多上游代工工作给予了中国制造企业，但是今天许多中国制造企业已经逐步开始培养最终产品环节的能力了，这意味着昔日的合作关系变成了直接竞争关系。这是以美国为首的西方国家及其企业打压华为这些中国企业的关键原因。

它们对中国实施的"脱钩"和禁运策略虽然暂时阻碍了这些中国优秀企业的发展步伐，但这种影响并不会持续太久。以华为为例，2024 年，其 5G 手机业务已逐步恢复大规模生产和销售；2024 年第 4 季度，华为的手机激活量突破了 1308.78 万部，市场份额稳居 18.04%，重回中国手机市场销量榜第一；2025 年 1 月 1 日，鸿蒙智行官方发布了 2024 年的成绩单，显示 12 月（华为汽车生态联盟）全系交付新车 49 474 辆，连续 8 个月成为中国车市成交均价 Top 1。这种局面无

疑给苹果公司和以生产高端燃油汽车为主的西方汽车企业带来了巨大压力。

2025 年 1 月 2 日，比亚迪正式对外公布了 2024 年的销量战报。数据显示，2024 年比亚迪累计销售新车 4 272 145 辆，不仅继续成为中国汽车年度销售冠军，还蝉联了全球新能源汽车销售冠军的宝座。面对比亚迪的强劲增长，2024 年 12 月特斯拉中国宣布 Model Y 系列车型降价 1 万元并叠加 0 息贷款。这是其为了应对比亚迪的竞争，于 2024 年内第 5 次降价了。

在办公应用软件市场，WPS Office 在 C 端市场的渗透率持续上升。根据金山办公正式公布的 2024 年年报数据，2024 年金山办公营收与净利润全面增长，报告期内 WPS Office 全球月度活跃设备数已超 6.32 亿台，创历史新高。在 B 端市场，尽管微软 Office 在民营企业中的渗透率据传达到 80% 以上，但是 WPS Office 早在 2020 年公布的数据就显示，其在中国财富 500 强企业中的渗透率超过 50%，在国有企业客户中的渗透率更是超过 85%。此外，国内五大国有商业银行（中国工商银行、中国农业银行、中国银行、中国建设银行、交通银行）均为 WPS Office 的客户。

在云技术领域，赛迪顾问发布的《2023—2024 年中国云计算市场研究年度报告》显示，2023 年用友在中国 SaaS 市场占有率位居第一，这也是用友连续 7 年蝉联中国 SaaS 市场第一。2024 年 12 月 24 日，市场调研机构 Canalys 发布的报告显示，2024 年第 3 季度中国前三大云服务供应商的位置保持不变，阿里云、华为云和腾讯云继续占据领先地位，共同占据 70% 的市场份额。

从目前的态势推测未来，中国和西方世界的强势产品都会首先分别统治性地占领各自的优势市场。以苹果手机为例，iPhone 16 最大的亮点——AI 功能，不能在中国大陆使用，在中国大陆以外的国家 / 地区可以使用；但是华为的新一代手机操作系统 HarmonyOS NEXT 带有强大的 AI 功能，在中国大陆和与中国友好的国家可以使用，但是华为手机在很多国家却被禁售（美国、日本、英国、澳大利亚、印度、新西兰、丹麦、瑞典、爱沙尼亚和拉脱维亚等）。

当中国的强势产品有了中国优势市场作为立足点后，那些开放的、中立的国家 / 地区的市场就会成为双方阵营的企业激烈博弈的战场，这对西方企业来说很有压力。

2023 年，随着中国企业新一轮的出海潮和全球化进程，中国的产品和服务将加速渗透到中国全球化供应链中各成员方的生态企业，逐步压缩西方企业的生存空间。

### 1.3.3 西方世界深厚的软实力是西方企业的最大依仗

综合分析西方企业的发展现状，我们可以看到它们既有面临挑战的方面，也有保持领先的优势。从深层次来看，西方社会环境中的软实力，如金融、管理、法律、高科技和教育体系等，为西方企业提供了强大的后发优势。

首先，让我们聚焦于金融体系。西方的金融体系比较发达和先进，其助力西方企业的长期生存和发展。西方企业极为重视内部管理、科技应用、研发投入等方面。于是，许多大型西方企业甚至会投入大量资源来建立长远的生态系统，如 OpenAI、Apache 软件基金会等开源非营利组织，或直接投资高等教育以培养人才。

西方世界构造的这种模式让很多西方企业寿命很长，也为人类社会贡献了大量的科研成果，还为社会培养了大量的优秀人才。随着人才的流动，这种模式更促进了先进知识的传播以及企业间的相互学习和进步。

在过去 20 年间，中国企业也是这种模式的受益者，从西方先进企业那里学到了管理方法、科技应用乃至科研技术。今天，其他中国企业学习华为、阿里巴巴等优秀企业的管理方法、科技应用，吸引并招聘它们的人才，也是这种模式的延续。

其次，西方世界不同国家之间，甚至同一国家内不同地区之间的法律和税收都存在很大差异，这为不同西方企业提供了多样化的选择，这有利于处于不同生命周期和持有不同经营理念的西方企业蓬勃发展。

综上所述，西方世界深厚的软实力为西方企业的持续发展提供了支撑。中国企业在不断学习和吸收这些优势的同时，也应积极寻求自身的创新和生存环境的突破，以在全球竞争中保持竞争力，并实现可持续发展。

## 1.4　中国企业：新情况催生新要求和新挑战

面对依然强大的西方企业和新的市场形势，中国企业需要继续拼搏奋发。俗话说"行百里者半九十"，中国企业不能松懈但是也不必妄自菲薄，因为已经追赶了"90 里"了，离对手不远了。不过，这最后的"10 里"恰恰是最难追赶的，而克服困难的做法往往也是非常有难度的。目前已经做好的中国企业不多，希望更多的中国企业在未来能够做好。

### 1.4.1　要善于利用资本快速打造强大的产品力、生态力

资本之于企业，犹如血液之于身体，能够迅速为企业注入活力，使企业生机勃勃。对于这一点，所有企业家都心知肚明。然而，并非所有企业家都愿意拥抱资本。在中国，资本往往追求快速获得高额的投资回报，这种追求快速变现的思想和做法让许多企业家难以认同。这种矛盾在中国的优秀企业和资本之间普遍存在，华为便是一个典型的例子。

过去的华为有意抗拒资本的加持，即使不上市也有能力快速成长；今天的华为已经成长为商业巨头，不再需要资本的加持。但是，华为的历程、特殊做法（如全员持股）和特殊待遇（如受到深圳国资委的大力支持），很多中国企业无法复制。所以，资本对于中国企业的生存发展来说还是具有巨大助推效用的。中国企业需要构建更科学开放的新顶层架构和培养支持自身快速发展的变革能力，这样才能既有效利用资本，又确保自身能够稳健应对资本的快速获利及变现退出。

接下来，第 2 章和第 3 章讲述的新顶层架构和企业运转模式能够有效解决企业家、股东们关注的资本介入的核心副作用：各类资本的介入可能会引发企业权力纷争、重大信息泄露，从而威胁到企业的经营安全；以及企业和资本业绩对赌失败；等等。

对于那些有抱负、有决心未来肩负起与西方企业在全球舞台上竞争重任的企业，由于时间紧迫，建议它们勇于植入变革机制，以获得资本的强大加持效果，然后忍受短期的阵痛，建立新型企业运转模式以培养变革能力，最终依靠强大的变革能力驱动企业整体变强，快速提升产品力和生态力，和资本实现双赢。

这里的产品力，我们认为是产品营销、产品研发、产品生产、产品服务等全部领域的能力共同构成了产品的综合竞争力，在第 4 章会讲述如何提升产品力。因为在未来很长一段时间，中国企业面临的主要竞争态势都是存量博弈及科技竞

争，所以中国企业必须借助资本的力量，用更加金融化的思维方式去"以本伤人"式地先扩大市场占领，然后再通过"科技领先"来保障产品质量和客户体验，从而逐步恢复正常定价，最终争取存活下来并成为行业头部力量。

而生态力，我们则认为是指联合众多优秀企业进行产品研发、联合生产、跨国扩张等的能力。获得资本加持的企业要以自我为中心去构建自己的生态力，这不是简单的供给关系、股权关系或者普通的战略合作；另外，需要将生态成员视为自己的外延部分，用制度、流程、数字化和智能化工具、知识甚至人才来促进深度融合，苹果、英特尔和立讯精密的关系就是好的例证。

当前，企业面临全球经济的短暂下行，要有能力"熬"过竞争对手并且积蓄力量，才能在下一个"经济纪元"中先崛起。所以，企业和资本联手是非常有必要的。但是，资本也在精心挑选企业，只有愿意植入变革机制并建立新型企业运转模式的企业才能让资本看到投资成功的希望。

## 1.4.2　要快速持续地突破关键技术

突破关键技术是提升产品力的关键之一，也是保持企业竞争优势的核心。尽管资本投入和并购可以加速这一进程，但它们并不能保证一定可以带来成功。如果关键技术无法持续突破，企业的战略、竞争力乃至经营状况都可能面临风险，甚至可能错失重要机遇，而企业家、股东、资本都会遭受巨大损失。

要想快速持续地突破关键技术，企业在获得资本加持后务必建立强大且科学的研究与开发（R&D）管理机制，如由 IBM 创立并由华为进一步发展的 IPD（Integrated Product Development，集成产品开发）机制，并确保其可以被高效执行。此外，创新的人才激励和培养机制同样不可或缺，以确保企业人才动力充沛，能够持续高效地进行科技攻关。

**首先是人才激励机制。**

研发是 AI 和数字化难以完全替代人类的领域之一。无论是吸引人才还是激发研发人员的主动性，都需要创新的人才激励机制。目前市场上的股权 / 期权激励机制可能只能短期内激励研发人才，随着研发团队的扩大和研发人才质量的提升，股权 / 期权激励机制的效果可能会逐渐减弱，而且早期受益者可能会成为后续权益变革的阻碍。

也许绝大多数企业仍秉持传统管理办法，对研发人才的更迭和利益分配都有着一种"心照不宣"的想法："长江后浪推前浪，前浪死在沙滩上。"意思就是有了更高质量的研发人才了，把早期的几批淘汰即可；或者先"画大饼"，但是各种落实政策和细则拖着不发布。这些做法并不是好的办法，采用这种办法只会增强研发人员的防备心理和降低他们全心全意投入的程度，让企业得不偿失。

所以企业需要用变革力量来创新人才激励机制，而不是沿用旧有的、简陋的、欺骗式的人才激励机制。

**其次是人才培养机制。**

目前，企业的研发人才培养机制主要是学徒制和项目制，这限制了人才培养的速度、规模和积极性。许多人才因培养周期过长，在超过一定岁数后可能面临人力资源政策的限制而要被逐步淘汰，导致企业自行培养研发人才的意愿减弱。为了打破这些限制，企业需要利用变革力量，制定适合自身的双体系轮岗制和内部专利制度，同时放宽对 35 岁以上人才的招募限制，更好地发挥这些状态处于巅峰的人才的能力。

**最后是投资并购。**

虽然通过投资并购快速获取优秀研发团队是一种选择，但并购外部研发团队后并不总能在短期内看到突破关键技术的成效，因为技术攻关团队需要时间来磨合。

此外，投资并购方需要对目标研发团队所在的行业、技术专长和管理团队有深入的了解，才能做出正确的选择，否则，可能会造成金钱和时间的巨大浪费。企业作为投资并购方，如何快速培养强大的识别、选择以及后续管理和指导研发团队的能力，是一个巨大的挑战。只有依靠变革力量，企业才能培养这些新业务能力，本书后续章节将提供相关解决办法以供参考。

## 1.4.3　要学会布局上下游并形成联合研发优势

当关键技术持续获得突破后，企业要想快速量产具有较强竞争力的产品并提升市场占有率，就需要提升产品的性价比。

控制上下游环节、形成完整的产业链对于确保原材料和零部件的稳定供应以及抵御价格波动风险至关重要，同时也能使总体成本下降，更能形成联合研发优势。这一点所有企业家都心知肚明。比如，埃隆·马斯克（Elon Musk）在SpaceX的创建过程中就将这一策略发挥到了极致。

通过利用资本的加持完成投资并购，企业可以迅速实现产业链的布局和整合，但每个环节的市场状况和企业状态都不尽相同，能否让每个环节的企业运营良好并最终形成成本和产品力的综合优势，是一项极具挑战性的任务。这就解释了为何许多企业虽然进行了大量上下游投资，却没有获得预期的优势，结果只是规模庞大而实力不强。因此，华为选择不自行生产手机，而是委托比亚迪代工。

企业在投资并购上下游企业时，往往不能买到最好的企业，只能买到最有改造潜力的企业，那么后续的改造与管理工作就需要企业自己来完成了，此时企业需要注意以下这些方面，才能最终完成对并购企业的改造与管理，取得综合性优势。

投资并购标的企业，企业首先面临的挑战是股东和董事会权力和利益的重新分配。给予它们过多的自治权力和利益，可能不利于标的企业的投后变革和投资成本的回收，因为这些企业往往存在某些问题才未能成为行业领导者并选择售卖自己，如果不进行投后变革并接管标的企业，这些企业可能会停滞不前甚至倒退。相反，如果给予它们的权力和利益太少，可能导致投后人心涣散和人才流失，即使使用一些约束条款，也可能导致员工的积极性大幅降低。这需要企业有很强的顶层融合能力及科学分钱能力，这些能力都需要变革力量去孵化。

其次，企业需要知道如何进行投后管理，发掘并购企业在产品力和成本控制方面的潜力。如前所述，这将涉及管理、人才战略、激励机制、科技应用等多个领域。企业需要先审视自己是否已经做好了准备，否则，如果连自己的环节都管理不善，又如何能够形成最终的完整产业链条，取得成本和产品力的综合优势？

最后，产业链条每个环节的企业都需要制定既紧密关联又具备独立生存能力的战略、生态、营销和研发策略。同时，企业也需要为并购企业制定不同的跨环节综合型人才培养和输送机制，这些都需要变革力量的支持。

综上所述，虽然布局上下游是一种众所周知的手段和策略，但要真正做好并不容易，这是有高门槛的。企业需要精心策划和执行，才能确保产业链的整合带来预期的成本效益和联合研发优势。

### 1.4.4　必须有效融合管理、数字化、智能化、自动化

在管理、数字化、智能化、自动化这些领域，西方企业凭借其开创性和先导性，确立了领先优势，尤其是近年，加速了管理与数字化、智能化、自动化的融合，大量减少对廉价劳动力的依赖并大幅提升生产力。看看 SAP 在其 ERP 软件中融合了大量管理思想、各种行业 / 场景的最佳实践模型和参数，到现在其开始融合自动化生产线提出一体化解决方案，我们就能理解什么是管理、数字化、智能化、自动化的融合。

过去 20 年，许多中国企业（如华为、比亚迪、三一重工等）通过不断学习和自我发展，在这些领域也取得了显著成就。然而，由于国内仍有许多企业在管理、数智化上仍然相对落后，加之许多企业仍处于管理改革、数字化、智能化、自动化的研究和学习阶段，所以还有大量的提升需求和困难。

以企业管理和数字化的融合为例，可以看到很多企业还有大量工作要做。

企业数字化转型不仅仅是对科技的应用，它触及公司核心业务和管理，旨在建立一种新的商业模式，不仅涉及开发数字化技术和培养运维能力，还要求企业对客户体验、营销模式、产品功能、售后模式、生产与供应进行系统性甚至彻底的重新定义，这些改变还会引起组织、流程、作业工具和员工能力等方方面面的调整。

因此我们认为，企业数字化的本质就是建立全新的作业和管理模式。企业数字化转型描述的是企业实现数字化的过程，即企业实现全新作业和管理模式的过程，为此本书用以下几个关键问题的答案来支撑我们的认知。

A．数字化是信息化的高阶模式？

不是。数字化不仅包含信息化的高阶模式，还包括更细致、更人性化、更智能化的 IT 技术，以及配套的管理 / 业务变革。

B．数字化比信息化使用的技术更复杂？

是的。信息化侧重于对现实世界信息的有限人工转化、录入和使用，而数字化追求对信息的无限自动转化、采集和使用，并要求数字世界与现实世界严谨对应，这需要利用强大的管理思想和 AI 技术进行细化设计与管理。

C．数字化转型对企业发展比信息化更有驱动力？

是的。我们认为数字化转型是企业自我变革的最佳实践之路，它能够使企业

从感性认知和人工治理转向理性认知和自动化治理。

D. 数字化是不是 IT 厂商可以随便披上的外衣？

不是。数字化需要融合业务、管理、经济 / 商业、科技等元素才能实现。

因此，企业的数字化转型是一种全新的企业进化模式。IT 技术和 AI 只是生产工具，它们的科学应用是一个系统工程，企业需要建立全新、完整的企业管理体系和组织才能驾驭。如果使用不当，数字化可能只是"工具化 / 进阶的信息化"，并且会束缚企业的业务进化与管理变革。

具体来看一些困境场景。

**1. 基础场景**

企业的流程与 IT 部门往往承担了数字化转型的重任。企业高层下令要求该部门尽快推动数字化转型，该部门于是对外联系各种管理咨询公司、软件公司、IT 基础设施集成服务商等，对内联系相关业务部门让其参与。但是随着事情的推进，整件事情变得不好平衡和把握了。

（1）管理咨询公司提出的方案对业务部门改革力度较大或者考虑不全面（管理咨询公司往往不能对企业进行顶层架构变革，所以不能自上而下通过体系化的办法根治，只能局部治疗），导致业务部门反对或者犹豫，最终业务部门去找公司高层决策，但是高层很可能还是认为稳妥为上，让业务部门自己主导，把波及范围控制在业务部门。

（2）如果让业务部门自己主导，管理咨询公司提出的方案基本就无法对业务部门进行大刀阔斧的重塑了，效用大减。此外，负责建造数字化工具的软件公司的产品到底是应该跟随业务部门的想法来定制，还是根据管理咨询公司的想法来定制？如果根据业务部门的想法来定制，由于业务部门缺乏全局观念和统筹能力，往往产品做好后公司也不满意或者存在需要反复修改的问题，软件公司可能会亏本交付，最终项目烂尾。如果根据管理咨询公司的方案来定制，业务部门往往不喜欢或者没有更大权限去落实，最后只能得到一个被极度阉割的产品。

另外，很多企业要求的功能其实通过管理咨询公司补齐一些配套管理设计或者让集成服务商联通其他系统即可实现，无须向软件公司定制，但是往往因为隐藏利益纠葛，这些工作做不好或者企业内部不愿意这样做，仍然坚持让软件公司定制，导致业务数字化工具交付工期很长而且花费巨大，业务部门的业务能力也会因没有数字化工具而长期得不到提升。

（3）当各方磕磕绊绊地走完弯路，终于建好了初版的数字化转型模型后，传统的做法是流程与 IT 部门需要承担起运维的职责：根据实践情况，不断迭代业务逻辑、流程、组织、软件功能需求等设计，并且使用软件公司的低代码平台来落实这些迭代设计到软件。

但是，这需要流程与 IT 部门有足够的复合型人才（既懂业务或管理，又懂低代码开发）。为了完成这些工作，流程与 IT 部门需要追加预算及承担较大时间压力，因为既要招聘人才，还要完成迭代工作（要按照管理咨询公司和软件公司的水平来完成，企业原有内部人才能力不足），这个过程如果很漫长的话，将无法满足业务部门和企业变革快速发展的需要。

（4）集成服务商需要业务部门、管理咨询公司、软件公司、流程与 IT 部门的配合，才能完成不同系统的联通、数据治理、系统迁移等任务（因为不能对日常生产有很大影响，所以需要做很多考虑和设计），管理咨询公司和软件公司在完成（1）（2）（3）场景后，往往还要加收配合费用才愿意帮助集成服务商完成第（4）场景，而且第（4）场景的落地实践可能会导致第（1）～第（3）场景的工作返工迭代，这可能会使多方费用均严重超标。

**2. 进阶场景**

在以上场景中，企业并没有把管理和数字化融合来建设，因为没有充分意识到数字化的重要性。意识到这点后，在进阶场景中，企业高层开始下场主导了。

当企业高层联合 CIO、流程与 IT 部门、管理咨询公司、软件公司、集成实施服务商等，加大数字化转型的推进力度，该变革的变革、该听取建议的听取建议、该花钱的花钱，流程与 IT 部门也培育出了很强的自开发自运维能力。

5 年间，企业在数字化转型上一共花了几亿元人民币，貌似完成了数字化转型这个伟大的工程。头 3 年效果不错，企业一切经营和生产活动变得井井有条，企业实力越来越强。但是，当各方外部力量撤出后，企业仍然缺乏综合体系和能力去驾驭这个庞大的建设成果，只能运维，无法大刀阔斧地修改。

5 年后，国际政治经济形势和全球市场变化剧烈，企业必须要进行新的业务和管理变革了,当初配套建好的数字化体系肯定也是要大改的。但是企业自身无法完成大改,又很难下定决心再像前面那样花费几亿元人民币再聘请各种外部力量来体系化地快速完成变革。企业变革受到自身能力限制及大量科技"遗产"的绑架,当真是进退维谷。

### 3. 高阶场景

为了破解以上困局,企业要求流程与 IT 部门壮大队伍,自己培育科技力量,解除科技"遗产"绑架。这种单纯把解决科技"遗产"绑架的任务交给流程与 IT 部门的做法又是一条死胡同。

企业的业务非常复杂(例如,众多的产品线/事业部,每个区域的业务策略和管理政策都不同;各子公司和业务部门又时常有交叉竞争等),流程与 IT 部门一直坚持建造统一的数字化体系,因为科技"遗产"就是按照这样的思路建设的,因此代表企业意志的流程与 IT 部门想要保住更多的科技"遗产",争取少花钱少改动;而各业务部门需要的是符合自己业务要求的、定制化的、贴身的企业数字化工具,这样改动肯定不少,花费挺高。这使得各业务部门和流程与 IT 部门之间的矛盾很难调和。

于是流程与 IT 部门建立了新的下级组织 IT BP,这个组织被派到各业务部门协助它们做好需求收集和上下层沟通的工作。但是这样的做法仍然难以协调双方的矛盾,因为企业缺乏整体的管理体系与能力完成这种跨部门的、上下级的协调。

流程与 IT 部门代表企业的管理意愿落地,基层的 IT BP 代表基层的管理意愿落地,当大量有冲突的作业细节/管理细节/软件定制要求出现时,谁也无法做出仲裁,只能统筹规划,尽可能照顾到位。但是如果按照这种方式建造的统一的中央集权的企业数字化体系,会严重增加设计和开发工作量,并且极大地延误软件工具的交付,这是业务部门最难接受的,因为它们有业绩考核要求。

随着业务发展,基层业务部门只能逼迫 IT BP 先私下搭建各种临时的"作业+管理"的科技工具以支撑业务发展,于是导致数据散落各方、"孤岛"工具软件五花八门。时间拖得更久,IT BP 在基层进行的临时搭建工作变得更多,当流程与 IT 部门要求 IT BP 整改并把五花八门的工具软件和企业的整体科技体系联通时，IT BP 和基层业务部门会觉得已经无法完成这个任务了，双方会频繁争吵，各基层业务部门无法忍受整改带来的大动荡，流程与 IT 部门的上下级组织也隐隐有解体的倾向。

于是，一些大型企业最终为了维护流程与 IT 部门的统一，就会把这个部门剥离出来，使其成为一个事业部或者子公司，为各个基层业务部门提供服务，但是这样仍难以解决这些矛盾，因为作为其客户的企业高层、各基层业务部门，在作业细节、管理细节上还是相互不能理解。因此，只有既懂各种作业细节，又能从上到下体系化地设计管理细节、业务细节，还能把这些需求最终落地打造出科技工具的"三栖"能力团队才能最终解决问题，而这样的"三栖"能力团队不是流程与 IT 部门可以培养或者招聘到的。也许，大家这时会想起使用项目制来聚合企业内外部的"三栖"人才来做好这些事情，但是在传统的企业管理模式和组织架构下，项目制很难发挥作用，我们后面的章节会为大家进行分析。

综上所述，无论是哪种场景，企业仍然需要进行变革，才能从根本上改变被动的局面，才能真正自主掌握数字化、智能化、自动化这些先进技术的研发和应用。

# 第2章

# 第一步：变革顶层架构，植入先进机制

　　为了有效应对第 1 章讲述的企业外部环境变化，快速、有效地满足 1.4 节所说的企业面临的新要求，中国企业需要变革。变革从哪里着手？从企业的顶层架构着手。只有在重构的顶层架构中植入先进机制，企业才能拥有新型运转模式，培养更多变革力量，继而把变革推向基层和更多领域。

　　本章为大家介绍新变革的顶层架构有哪些主要功能，以及新顶层架构核心的第一执行体系的落地细节。

## 2.1　增强和外部资源的链接

在洞悉未来宏观趋势、企业发展方向及所面临的挑战后，企业迅速通过变革获得能力来求得生存和发展的愿望变得尤为迫切。但是，企业要想获得变革力量，首先需要改变内部人才旧的权益获取方式和现有的权益格局，让权益分配方式变成"倾向于贡献大的能者"及"不会忘记每个做出贡献的个人"，这就需要变革顶层架构。变革顶层架构的核心目标在于植入先进变革机制，然后甄选、吸引、集合内外部顶尖战力，并将它们改造为变革力量和业务能力。

那么，何为外部顶尖战力？优秀的战略投资资本、大型企业控制的股权投资基金、金融资本、顶尖科学家或研发团队、各类优秀供应商、重要客户等均属于此类力量。

中国改革开放数十年来，企业在招商引资方面积累了宝贵经验。有句经典之言："栽下梧桐树，引得金凤凰。"企业顶层架构变革亦是如此原理，植入先进变革机制后，一个先进、科学、合理的顶层架构无疑能够吸引外部顶尖战力，它们与企业紧密结合能助力企业迅速增强实力。

### 2.1.1　传统的战略投资者引入、战略合作、供应商策略等链接模式的局限性

战略投资者（以下简称战投）是指具有资金、技术、管理、市场、人才优势，能够促进产业结构升级，增强企业核心竞争力和创新能力，拓展企业产品的市场占有率，致力于长期投资合作，谋求获得长期利益回报和企业可持续发展的境内外大企业、大集团。

战投往往谋求长期的共同战略利益，愿意长期持有企业较大比例的股份，有能力并要求委派董事实际参与企业治理甚至要求企业管理进行变革，帮助企业显著提高企业质量和内在价值。

如果企业单纯因缺乏资金而进行扩张扩产，可以通过借贷、金融市场或者集资风投来解决，通常不会引入战投。传统的战投引入往往发生在企业有各种难以

解决的问题的时候，这些问题大致如下。

（1）旨在优化股权结构，防止权力集中并帮助企业变革顶层架构。

（2）希望战投引入先进的技术、管理经验或优质资源。

（3）企业经营出现严重问题，资产负债率过高，偿债压力过大，希望战投"接盘"。

（4）企业不希望在某些长期项目上独自承担高投入的风险，希望战投分担风险。

在这种情况下，企业必须让渡较大的权力和利益给战投。这并不是企业家和股东们愿意的，实属无奈之举。因此，当企业经营状况良好并且如日中天之时，企业家和股东们很少会思考与战投合作。这涉及 1.4.1 节说到的资本介入的核心副作用。

但是，这些核心副作用的存在，主要是因为企业缺乏一种公平合理的抱团机制，而不是因为人性、贪念、意识等。现实中，企业经营健康且没犯错，只是为了快速扩张、做大"蛋糕"而引入战投，所有企业家都有这种意识。不过，战投不是慈善家，其加入之后必然会引发一系列的权力变化和发展分歧。其实有分歧是好的，但是无法判断对错就很麻烦，万一战投的选择会让企业断送现在的好光景而万劫不复呢？在这种二元分治权力结构下面，做出的决策仍然具有很大风险，这才是企业不愿意在顺境中引入战投的根本原因。

还有一个主要的原因是观念问题，企业可能还沿用传统的观念：顺境时先发展，等有了问题再解决。这种观念不能说不对。这里就涉及"快速挣钱"和"建设百年老店"的观念区别："快速挣钱"是指哪怕企业带着问题发展，最后积重难返，但是企业家和股东们在顺境时能够挣到钱即可，企业经营不下去，大不了关闭；"建设百年老店"则是指企业在顺境时边发展边解决问题，夯实每一步发展，具备很强的抗风险能力，哪怕遇到逆境也可以挺过去。

接下来是与顶尖的科学家或者研发团队、各种生态伙伴之间的战略合作。除非是上下游长期紧密合作的关系，或者一方有强烈的合作意愿，否则这种合作最后基本都会不了了之。因为双方合作过程比较长，变现闭环的时间或许更长，本来战略合作双方的积极性也不高，也许只有从战略合作变成交叉持股或者参股才能真正实现战略合作想要的效果。战略合作不了了之的原因可能如下。

（1）战略合作双方基本都是摸着石头过河，合作过程中可能会暴露很多无法解决或者决策的细节和现实问题。

（2）战略合作双方都不是锁定的关系，可能最终双方都发现了新目标。

（3）战略合作双方的团队比较难协同和管理，例如，工作量和贡献度怎么衡量？团队如何组建（兼职还是全职）？考核和激励机制怎么设计（内外部工作量怎么分配，奖金怎么发放）？长期发展前景与收益如何设计？如果这些都没设计好，很可能双方团队就不会用心工作或者不会投入优质人才和资源来合作。

（4）像互联网企业一样开启大量的 BD（Business Development，商务拓展），这使得战略合作实质上无法有效聚焦企业高层的关注和资源。

这种局面的出现还是因为企业缺乏一种公平合理的抱团机制，然而，新变革的顶层架构就可以提供这种机制。

最后是供应商的合作与管理策略，企业往往都使用传统供应链模式来管理和它们的关系，即把这项任务交给采购总监和采购体系去做，并不断压低采购价。但是采购体系是腐败的重灾区，甚至在 IPD 机制下，PDT（Product Development Team，产品开发团队）中的 PROPDT（Procurement PDT Core Team Member，PDT 核心组采购成员）可能会协助供应商"腐蚀"PDT 关键决策成员，最终实现"高纸面要求却低标准验收"；又或者采购总监和采购体系只是机械地完成各种 KPI 指标，没能力或并没有意愿去关注上游供应商的生存状况、行业发展、竞争态势、技术进步等，导致错失很多优秀的供应商。

中国企业可以从西方企业的上下游关系来反省自身传统做法的局限性。例如，苹果对其中国供应商有着众多管理、科技应用、技术方面的要求和指导，因此中国供应商还必须进行大力的投入以配合。即便如此，（抛开政治原因导致的和中国某些供应商切割，如欧菲光）苹果的供应商大多数都能和苹果建立长期稳定的关系，并且能够发展壮大。华为也和其核心供应商软通动力等企业建立了长期及稳定的合作关系，软通动力也在逐步发展壮大。

因此，中国企业需要一种新的、比"IPD+ 传统采购管理"更先进的机制去管理供应商，改变它们的定位和作用——它们是中国企业的生态，也是中国企业抱团的对象。

### 2.1.2　新型顶层架构突破局限性

新变革的顶层架构就是企业需要的先进、公平、合理的机制。什么是新变革的顶层架构？就是重新定义股东会、董事会、业务体系（又称业务执行体系）三者的关系和职责，同时为董事会构建下属的 CoE 大运营体系，让各方都可以没有瓶颈地发挥力量，又可以相互理解、互助、互相监督。

民营企业的股东会是代表企业所有人重要权益的组织，往往运转得过于死板，过于遵循"企业所有权和经营权分离"的设计。其主要问题在于股东只有获得董事会董事席位才能获得参与管理和经营的权力，否则只能获得监理审计权力或者无实际权力，这不利于新股东的引入或者股东中有能力者发挥作用；而且，整个企业体系当中股东数量也非常少，企业组织的长期激励与激活难以实现。

华为的股权结构不存在这样的问题，因为它是全员持股模式，骨干员工基本上都是股东，日常深度参与企业经营或管理，随着地位和贡献提升，就能提升在企业当中的影响力，甚至获得董事席位。但是，大多数中国企业没法学华为这种股权结构，那么就需要用新的办法。新型的企业顶层架构，如图 2-1 所示。

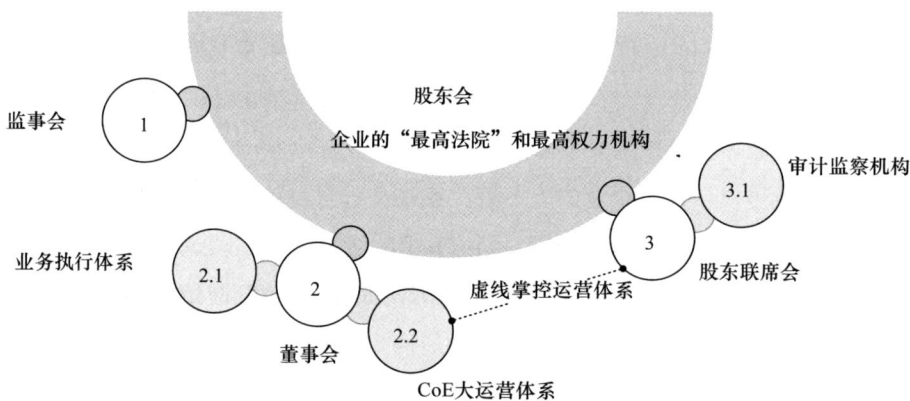

图 2-1 民营企业新型顶层架构

其中，股东会是企业的"最高法院"和最高权力机构，负责仲裁顶层架构当中各权力部门超出规则无法解决的分歧或纠纷，并承担《中华人民共和国公司法》规定的股东会的其他职责。

股东会的下面有 3 个属于顶层架构的权力体系，第一权力体系是监事会，负责考核董事会、股东联席会各成员，督促股东会决议的执行，执行顶层架构管理规定，也担负"地方法院"职责，即解决顶层架构中各权力部门在规则内的分歧或纠纷。

第二权力体系是董事会，作为企业大脑，主要负责重大决策，监督业务执行体系和 CoE 大运营体系的正常运转，考核或改组两个体系的高层班子，成员由股东会任命。董事会下辖两个执行体系，分别是业务执行体系、CoE 大运营体系，业务执行体系是企业的主要价值创造机构，负责执行各种具体作业，由企业原班人马组成，是企业当中人数最多的执行体系；CoE 大运营体系是企业的"参谋部"，主要负责针对业务执行体系大量员工的监察考核、企业管理和重大决策研究，并维持业务执行体系和 CoE 大运营体系的正常运转，领导成员由股东会任命。

第三权力体系是股东联席会，作为企业的常设"检察 & 信访"机构、董事会的对外 BD 及外脑辅助机构，成员由股东会任命。其下辖一个执行体系，审计监察机构，该机构作为"检察机关"具体执行力量，从上到下负责企业审计和内控（重点是针对各级管理层人员）。

这个新型顶层架构让有能力的股东或其授权的人才通过股东联席会及董事会下辖的 CoE 大运营体系发挥 BD 资源、研究公司事务或者技术、参与各种决策或项目成果裁判评定等关键作用，并且可以通过累积贡献与地位进入董事席位候选池（走运营体系正式的升迁董事席位候选池流程），董事会席位定期采用积分排名上位制进行淘汰和补录。

在这些股东或其授权的人才没成长为董事之前，他们并不会直接对现有业务执行体系产生影响和干扰，他们只会因为自身的才干被选拔到股东联席会和 CoE 大运营体系当中。这样的设计可以让持有企业股份数量超过最小额度的内外部人才、在 CoE 大运营体系累积做出足够贡献的人才有权力参与企业的重大事务，并且得到发挥才智、正式培育和历练的机会。这样的设计已经具备了华为全员持股模式的精髓了：保证人才晋升到最顶层的通道，始终让最强大的人才在顶层发挥作用，并且大力培育后备人才，推动晋升和淘汰。这和传统企业顶层架构中始终只能由大股东们、董事们发挥作用的模式有巨大区别，即便传统企业顶层架构中可以由董事长任命少量非股东董事和聘用少量独立董事，但是由于缺乏机制和大量人才梯队储备，很难和具备华为全员持股模式精髓的企业长期抗衡。

代表大股东们利益的股东会也会因为这样的设计使得监管职能通过股东联席

会得到实质性强化（2.5 节会具体讲述）：董事会的各种重要决策都需要有 CoE 大运营体系的完整研究过程和建议背书，才能符合股东联席会的监理要求。

新股东（投资方）进入后，企业就可以给双方一个适应期（可以在投资要约中定义）。例如，新股东先不用实缴很多钱或者购买很多股份，可以先成为小股东并派驻人才进入股东联席会作为观察员及进驻运营体系。当他们了解情况并做出贡献后，股东会根据该新股东派驻的人才的贡献评估其是否能够进入董事会。如果可以，新股东则能够获得决策权力，可以完成实缴或者购买足够股份，否则双方就会重新评估是否还要继续引入 / 加大投资，因为即便加入企业，新股东也暂时不能获得决策权力并且没能力发挥关键作用。

这套顶层架构的设立、变革和执行由股东会来完成。于是，股东会除了《中华人民共和国公司法》定义的权责之外，还多了一项职责——创立和运维好这一套新的顶层架构（实质上基本交由股东联席会来设计和运维，监事会来执行，股东会只做重要决策和仲裁）。

再来看董事会，董事会经过新的机制改组后人才荟萃（因为只有被实践证明具备很强实力的人才才能进入，在第 3 章会具体讲述），大部分董事在运营体系均身居部门主管要职，并和内外部顶尖战力组成的运营体系一起成为董事长的智囊团，剩余董事职位由来自业务执行体系的高管担任。董事会在董事长的带领下通过三大会议来行使权力，这三大会议是战略及创新发展分析会议、日常经营分析会议、企业管理变革分析会议。本书后面章节有详细介绍。

股东联席会、CoE 大运营体系、业务执行体系的各种生产活动都会指向两大目标：齐心协力做好执行工作、竭尽全力开好三大会议。这需要日常做大量的研究、知识积累、精细管理等工作。

而董事长、董事和某些被选出的股东（该股东在股东联席会或 CoE 大运营体系任职），工作重心转向业务执行和对外 BD（寻找更多资源和人际关系、链接更多顶尖战力、学习和了解国内外政治、经济形势甚至参政议政、带头执行企业战略 BD/ 投融资 BD 等）。CoE 大运营体系作为紧随其后的承接组织需要高效做好各种落地工作，包括战略合作等，一些试点业务也可以由其来孵化。

董事会对 CoE 大运营体系的变革和关键职位的任命，必须有 CoE 大运营体系的完整研究过程和建议背书且经过股东会审批才能生效。但是，对业务执行体系的变革和关键任命，只需要 CoE 大运营体系的完整研究过程和建议背书即可生效。例如，业务执行体系是否需要设立 CEO、CMO、CTO 等职位或者轮值 CEO 机制，则可以根据具体业务执行需要由董事会决定（在第 3 章会具体讲述）。股东联席会全程具有知情权和监督权。这样的设计既抑制了董事会由董事长"一言堂"式把持，又可以防止其他顶层成员结党或渎职，最关键的是能够保持 CoE 大运营体系的相对独立性、业务执行体系的高效性。

接下来重点看 CoE 大运营体系，这是一个很多中国企业比较陌生的体系，是在 CoE（Center of Excellence，卓越中心）模式上扩大化发展起来的，华为、IBM 等顶尖优秀企业都有类似的组织。那什么是 CoE 呢？这个模式最早是 IBM 提出并实践的，来看一些关于它的描述：

"针对某焦点领域提供领导力、最佳实践、研究、支持或培训一个团队、共享设施或实体。焦点领域可能是技术（如 Java）、商业概念（如 BPM）、技能（如谈判）或更广泛研究的领域。卓越中心也可能旨在重振停滞不前的举措，它也可以称为能力中心（Center of Competence）。"——维基百科

"我的理解是，卓越中心（CoE）帮助一个实体或虚拟的团队，将技术、人才、设施等资源集中起来，监督企业做正确的事情以加速企业转变或革新，实现 Gartner 所描述的'将现有的专业知识和资源集中在一个学科或能力上，以获得和维持世界级的绩效和价值'。CoE 团队将长期围绕特定领域，把学习和监督结合在一起，以推动企业实现跨多个领域的转变，为企业提供增值价值。"——华为云社区文章

"一个顶级组织，在指定的专业领域内，在技术、业务或政府关系的特定领域内，提供与产品的独特要求和功能一致的出色产品或服务。卓越中心的重要目标是解决效率低下的问题，同时帮助自身提升到成熟度模型的下一个层次。"——卡内基梅隆大学软件工程学院

"CoE（Center of Excellence）中文翻译为'卓越中心'或'专家中心'，是指在一个企业中，某个特定领域的专家集中管理、服务和支持该领域的各个业务部门。CoE 的概念起源于美国，主要应用于大型企业中的战略性业务领域、财务、IT、人力资源等。

CoE 的发展历程可以概括为 3 个阶段。

（1）单一功能型阶段：CoE 仅关注特定功能领域，如人力资源、财务等，其目的是为不同业务部门提供专业支持和服务。

（2）业务整合型阶段：CoE 开始跨越不同的业务领域，将不同的业务功能进行整合和协调，以实现全局战略目标。

（3）价值创造型阶段：CoE 除了协调业务功能外，还将自身定位为业务价值的创造者，通过创新和提高业务价值，为企业带来更大的利益。

CoE 的主要角色包括以下几种。

（1）专家角色：CoE 负责管理和支持特定领域的业务，需要具备广泛的知识和较强的专业技能，为企业提供良好的实践和建议。

（2）协调角色：CoE 需要与各个业务部门进行沟通和协调，确保企业整体战略目标的实现。

（3）创新角色：CoE 需要不断探索新的管理方式和工具，以提高业务效率和创造更多的价值。

CoE 的职责主要包括以下几种。

（1）策略规划：明确战略目标和具体实施计划，支持企业的整体战略目标。

（2）业务开发：根据业务需求，制定和实施相关的业务流程和政策。

（3）绩效管理：对绩效进行管理和评估，确保人力资源的有效性和贡献度。

（4）培训与发展：为企业员工提供培训和发展机会，提高员工的绩效和职业素养。

（5）报告与分析：定期对数据进行收集和分析，评估业务绩效和制定改进措施。

CoE 在企业中的应用可以带来提高效率、降低成本、增强创新能力、提高员工满意度和优化管理决策等优势。"——Kimi（Kimi 是北京月之暗面科技有限公司开发的 AI 助手）

本书提及的 CoE 是类似 Kimi 的回复中提到的价值创造型阶段中的 CoE，这个阶段的 CoE 是一个专门集合顶尖战力解决各种难题的组织。而本章讲述的新的企业顶层架构中的 CoE 大运营体系是基于此 CoE 基础上发育起来的体系，具备更加完善的流程、管理规定、能力／人才培养、考核激励、科技应用，真正具备了一个大型综合部门的能力和规模，甚至在特殊情况下可以暂时顶替部分业务执行体系的职能以应急。

从图 2-2 民营企业 CoE 大运营体系标准参考架构中可以看到，CoE 大运营体系和业务执行体系（也称为业务体系，由 CEO、CMO、CTO 协助董事长管理）是两个相对独立的体系，这两个体系的人才有流通循环机制。

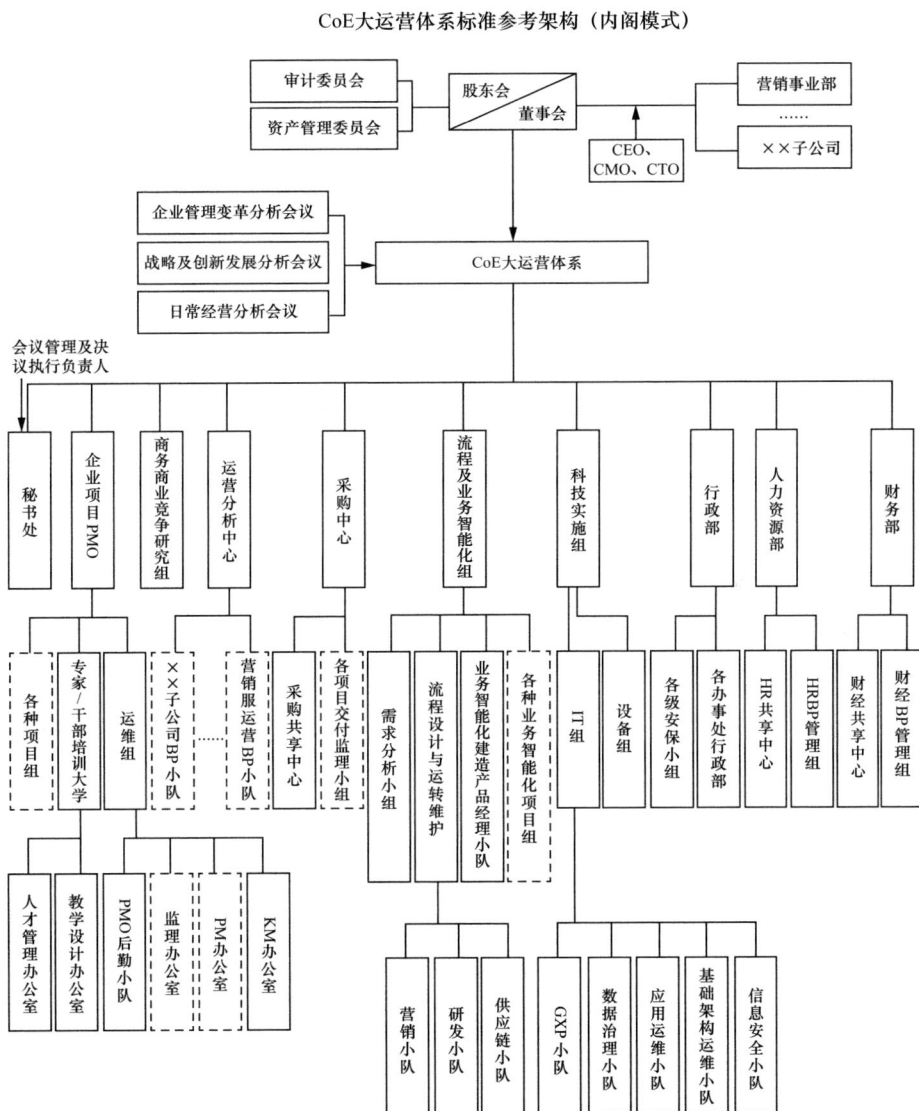

CoE大运营体系标准参考架构（内阁模式）

图 2-2　民营企业 CoE 大运营体系标准参考架构简化图

CoE 大运营体系承担业务竞争和提升研究、管理研究、科技应用、各种非正式研发部门所辖的研究、协助业务执行体系提升业绩等职能，是企业的总参谋部和后勤部门；业务执行体系承担的职能是具体的作业执行，是企业的作战部门。

业务执行体系各部门 / 小组业绩不好会直接影响 CoE 大运营体系对应的管理 / 协助小队的待遇和前途。所以，这两个体系的考核牵引目标是一致的，只是分工不同且彼此更加聚焦自己的职责。

CoE 大运营体系中最重要的组织是"企业项目 PMO"（项目管理办公室，Project Management Office，PMO），其下属的"专家 / 干部培训大学"是一个内外部顶尖战力池，PMO 委员会（PMO 最高权力机构，由内外部顶级专家、PM、监理组成）根据各种需求 / 任务成立项目组来承接执行工作，图 2-2 中拥有虚线外框的小组就是各种示例的项目组，它们都是临时或者周期性组织，并不是常务组织。

这里以采购中心的采购活动为例，看看如何克服前面 2.1.1 节讲到的采购腐败问题。

采购中心启动执行一个采购任务，必须向 PMO 申请成立"执行项目组"。这个小组中会有技术专家、生产专家、行业专家、商务专员（PMO 内部还会安排对口的财务和法务专员协助他们）、采购专员（来自采购中心）。执行项目组需要完成供应商接洽初选、招标准备、招标邀请、招标执行和评审、采购合同签署等一系列操作步骤，并且会承担"终身责任追溯"（全部执行细节都会被 PMO 收录并且事后由审计监察机构来审计）责任。

当中标供应商即将开始交付，PMO 会另外组成"交付监督项目组"，其也会承担"终身责任追溯"来验收和审查，人员不会和执行项目组中的人员重复，可以借调受益业务体系的研发 / 生产技术人员加入项目组，股东联席会的成员甚至可以被选入进行"钓鱼执法"。采购中心和执行项目组也可以根据情况要求 PMO 成立"供应商改造项目组"来帮助供应商提升或改进，然后再交付采购合同。

通过这样的设计，企业可以把很多以往理想化的供应商管理、采购防腐措施落实到位，真正降低采购腐败发生率，和优秀供应商更好地合作。

CoE 大运营体系还有一个特点，就是将 IPD、IPMS（研发领域先进管理机制）、GTM、LTC（市场营销领域先进管理机制）等先进管理机制中的各种评审和绩效统计工作划归了 CoE 大运营体系——相当于将过去业务执行体系中的很多兼职职能取消了，由 CoE 大运营体系中的"运营分析中心"下属对应小队来承担辅助职能（包含研发 PDT 团队的管理和助理工作），而评审职能则由 PMO 根据需要抽调专家组建的项目组承担。

这就使得研发、销售、生产和供应链团队等业务团队都有 CoE 大运营体系的人员深入其中，了解各种真实情况。由于 CoE 大运营体系和业务执行体系之间存在人才流转机制，所以 CoE 大运营体系的人员本来来自业务执行体系，不存在协作过程中无法沟通或者被糊弄的情况。

从上面初步的概述来看，新变革的顶层架构将企业的权力和职责分散给 3 个执行体系（审计监察机构、CoE 大运营体系、业务执行体系），随着本书后续章节继续阐述更多的细节设计，我们可以更清楚它如何让内外部顶尖战力紧密抱团，让企业逐步具备自我变革能力和强大的业务能力。

## 2.2　能激活外部资源的积极性是关键区别

企业变革出创新的顶层架构，除了链接资本、有能力的股东或其授权的人才，另一个重点链接的外部资源就是外部顶尖人才（各领域专业人才、科学家或者研发团队）。

企业常见的链接外部顶尖人才的方式为专职聘请、兼职聘请、聘请为独立董事和其签署战略合作协议、让其成为股东。但是，这些方式不能体系化、大规模地聚集外部顶尖人才，且很难激活外部顶尖人才的积极性。

### 1. 专职聘请

这种方式就是让其成为员工，但其加入企业后可能会因为企业没有变革好，各种现实情况和期望相差太远而离开。例如，企业不会链接资本快速逆势发力、产品力迟迟无法增强、内部管理混乱、不具备超越同行的能力、整体业务能力很弱、对自身未来的规划无法变现……这些都会让外部顶尖人才无心与企业共命运。也有可能是因为企业家发现高薪聘请的少数顶尖人才（由于积极性低，没有全力以赴）仍然没法推动企业发展而最终放弃了他们。尤其当企业还弱小或者处于艰难期的时候，企业没有太多的筹码可以说服外部顶尖人才和自己抱团。而且，企业也不愿意马上付出高昂的代价（例如让他们持股）去换取他们和自己抱团。

### 2. 兼职聘请

这种方式更是让外部顶尖人才和企业若即若离，他们在多数情况下不会全力以赴。

### 3. 聘请为独立董事

企业家们对于这种方式能发挥的有限作用应该都很熟悉了，它比前两种方式的作用还弱，主要因为外部人才的参与程度很弱。

### 4. 与其签署战略合作协议

本书第 1 章中已经分析过了，战略合作协议由于约束性不强，加上双方没有联合机制去保障协议落地，也很难激活外部顶尖人才的积极性。

### 5. 让其成为股东

这是最不好的一种方式。对于外部顶尖人才而言，其能够非常清醒地认识到，作为小股东什么权力都没有，还不能随时变现。而且，股份还会阻碍其获得更多短期利益，因为企业家认为股份非常有价值，已经给了其很高的长期利益，就不会多给短期利益了。这里双方存在一个巨大的分歧：这些外部顶尖人才早期更看重短期利益，所以会认为企业家开出的给股份这种招揽条件太没诚意（除非企业已经非常出名或者成长性已经非常明显，否则企业的股份在非资本的其他人眼里不是太有价值）；对于企业家而言，外部顶尖人才还没有证明自己的价值就获得了企业家自认为最重要的筹码，企业家自然对其"投资回报"的期望很高，而且能够获得股份的外部顶尖人才数量很少（因为企业家愿意或者能够分配的股份并不多），所以企业家更指望着这些数量稀少的人才能挑大梁。但是，现在的时代已经不是企业个人英雄主义的时代了，单靠少数人才是很难达成企业家的高期望的。

但是，2.1.2 节讲述的新变革的顶层架构能够解决以上各种方式的很多内在的核心问题，能成为吸引外部顶尖人才和企业紧密结合的有效工具。

链接外部顶尖人才的理想办法是必须要让外部顶尖人才看到朝气蓬勃、能人辈出的企业组织和机制、有希望获得资本加持踌躇满志的领导层、自己可以获得公平合理的对待又有希望通过努力获得很高的利益。这样外部顶尖人才才愿意尽早进入企业发挥积极作用，可能还生怕贡献不够错过了个人可以获得最大利益的企业早期发展阶段。

除了外部顶尖人才，还有众多的合作伙伴、VIP 客户。下面我们来看一下这个新变革的顶层架构如何满足他们的期望，从而激活他们与企业紧密抱团的积极性。

### 2.2.1　新顶层架构改变外部资源参与及获利方式

外部顶尖战力包括优秀的战投资本、优秀的大企业掌控的股权投资基金、金融资本、顶尖的科学家或者研发团队、优秀的供应商、VIP 客户等，下面将逐一讲解新变革的顶层架构如何推动企业与这些外部顶尖战力合作。

（1）优秀的战投资本在企业顺境时很容易引入。如前所述，双方可以有一个可以互相了解的适应期，而且新的顶层架构让企业权益分配均衡合理，这让比较难实现的谈判变得更容易操作。在战投资本了解完企业整体情况后，对企业下了"重注"，新的顶层架构还可以让它将自身的人才优势、业务能力、业务人际关系资源等有效注入被投企业（主要通过股东联席会和 CoE 大运营体系发挥作用，执行体系仍然可以由原股东们执掌），只要是正确的、科学的、有益的，企业都会很理性地承接，并不担心出现权力和利益纷争，也有能力很好地变现出成果，这会让企业飞速发展起来。企业业绩表现得越好，企业高层权力机构也由于新顶层架构的实施变得越开明务实，这一切让战投资本随时可以变现（例如在 D 轮高溢价退出）或者长线获益巨大（作为优质 IPO 标的上市）。

（2）优秀的大企业掌控的股权投资基金在企业顺境时引入，双方可以签署交叉持股协议，并且在要约中规定类似于引入战投资本时的适应期；或者先启动战略合作（附加一些对赌项），由已经构建了新顶层架构的企业来主导和推动。优秀的大企业派驻人才团队加入股东联席会、董事会和 CoE 大运营体系以推动合作，被投企业也会派驻人才团队加入优秀大企业的股东联席会和 CoE 大运营体系。

当确定双方的合作能取得期望中的成效之后，双方就可以落实交叉持股了。如果不是交叉持股模式，那么可以直接使用引入战投资本时的模式。优秀的大企业可以将自己的许多战略构想、技术优化、科研成果导入企业。只要是正确的、科学的、有益的，企业都会很理性地承接，也有能力很好地实现。这会让企业迅速和优秀大企业完美协同，达到优秀大企业的期望。随着优秀大企业的发展，企业也可以获得很大的进步，甚至有希望逐步成为优秀大企业旗下的核心资产之一，估值大增。

（3）对于金融资本，企业可以邀请其加入股东联席会并临时担任被选择的股东，参与企业的对外 BD——寻找更多人际关系资源、链接更多顶尖战力、学习和了解国内外政治经济形势甚至参政议政、带头策划好企业战略 / 投融资等活动。由于有科学稳固的顶层架构机制保障，只要是正确、科学的、有益的，企业都会很理性地承接，企业的董事会和 CoE 大运营体系会全力配合其落实对接各种人际关系和政策，并驱动业务执行体系快速变现。随着成效的快速增加，双方自然愿意根据之前签署的协议落实其股份占比，并且企业作为优质标的，能够很快实现 IPO，获得大量融资。而且，企业并不是"IPO 即终点"，而是"IPO 即起点"，在获得了大量发展资金后加速做大做强。3 年解禁期过后，企业规模、盈利都大增，股价比发行价还要高许多。这对于金融资本来说是最好的回报。

（4）对于顶尖的科学家或者研发团队，企业需要为他们在 CoE 大运营体系内部建立贡献量化计算机制和专利技术内部交易长尾受益机制，即这些人才进入 CoE 大运营体系专家池，然后和内部人才一起成立项目组攻关技术或者参与 IPD/IPMS 各种评审，CoE 大运营体系专家池通过量化计价方式来计算其贡献和收益。此外，对于他们带进来或者参与开发的专利技术（某些只是企业内部认可的专利），内部后续使用都会给予其收益（直到产品生命周期结束或者新的改进技术才稀释其收益）。多个不同的研发项目组会进行红蓝军对抗，相互评审成果及验证不同技术路线，胜者可以吸收失败方的专利成果。一个积极性被激活的研发组织是非常容易做出成果的，而且成果和这些人才的短中长期利益都挂钩，这就解决了他们的后顾之忧：早期人才不用担心"贡献了青春，老无所依"，大家顾大局、肯奉献，全力工作尽快出成果，自己也不断学习成长，不必担心自己的功劳被人截取或者被不公平记录，也不用担心"成果被企业私吞"或者"成果很快就被企业窃取"。所以，他们和企业内部人才精诚合作，希望尽快获益，不用相互防备。这样的氛围正是科研人才期盼的。

（5）对于优秀的供应商们，可以和他们进行"对赌式联合研发"。从 CoE 大运营体系专家池抽调专家与各供应商团队成立联合项目组；也可以与多个供应商成立一个项目组；成功的话根据供应商的贡献度决定其订单量，失败的话则补偿其部分投入资源的价值；甚至可以由 CoE 大运营体系的专家综合出最佳方案，反过来指导供应商改进，并且根据前期各家的贡献度决定他们的订单量和采购价，保证供应商投入成本回收。这种模式当中，企业必须具备强大的科研能力来牵引供应商们，让他们看到自己很容易成功。第 4 章会具体讲如何基于新的顶层架构保障研发能力和研发进度，只要企业在研发中不断成功，就能给予供应商们信心，他们会更有耐心地跟着企业共同成长，随着企业做大做强，他们的收益和估值也会更高。这种模式是优秀的供应商们比较能接受的一种长期捆绑方式，企业效益越好、品牌影响越强，供应商们越愿意接受。

（6）VIP 客户愿意加入，主要原因可能是他们没有建立新的顶层架构和 CoE 大运营体系，需要借用企业的机制来推动"对赌式联合研发"或战略合作；又或者是 VIP 客户来指导企业改进技术或管理。企业需要建立一些对外提供服务的项目群，对应地专门服务于各 VIP 客户。项目群所有权限和数据均对 VIP 客户 100% 开放，项目群会计算好双方的贡献，也包括客户派遣的工作人员的日常考核，供 VIP 客户参考及作为未来双方谈判落实订单的依据。VIP 客户通过这样的方式很容易和作为其供应商的企业深度对接，见效也很快，这样 VIP 客户获得了很大的助力，而企业也会和他们绑定得更紧密。

## 2.2.2 外部资源的需求与期望

从以上讲述中，我们可以看到新的顶层架构对各种外部资源都有改良的对接措施，可以克服传统的企业对外合作措施中的很多问题。接下来我们再分析这些改良的对接措施是否真的能满足各种外部资源的核心诉求。

**首先是战投资本**，其最希望的是可以找到优质企业，将自身的优势能力、资金等与这些优质企业强强联合，打造出行业内数一数二的企业，然后从资本市场高倍数变现。每一次投资，它都希望可以获得足够的权力以对企业有一定控制权，否则它会认为风险过大。

新顶层架构为其带来了非常好的风险控制方式，它无须对企业有一定控制权也能实现目的，也让它在决策重大投资之前可以充分了解优质企业是否能够与其强强联合。最关键的是，拥有这种新顶层架构的企业成长为优质企业的概率相当高。这样看，改良的对接措施是可以满足其核心诉求的。

**其次是优秀的大企业掌控的股权投资基金，**这是希望为这些优秀大企业投资并购上下游或者获取实施跨界竞争的能力的大型资本力量，其更加注重对处于顺境的优质企业进行布局和掌控，对收益的计算遵循自己的长远曲线逻辑。为何其要对目标企业掌控？因为当掌控目标企业后，优秀大企业的资源就会注入，这能够快速变革和增强目标企业的竞争力、扩大目标企业的规模，使其成为优秀大企业的重要组成板块。这让很多处于顺境的企业难以接受，双方的矛盾点在于：处于顺境的企业的股东们不愿意被掌控，但是优秀大企业担心不能掌控的话，这些企业不愿意完成变革，导致资源无法注入或者注入之后产生不了预期效果。

现在，新顶层架构可以解决双方的矛盾了：由于形成了 3 个执行体系，目标企业顶层权力分布趋于平衡，也没有智慧瓶颈，整个组织的积极性被激活，这些都为优秀大企业的资源注入铺平了道路，双方可以通过适应期逐渐了解情况，然后优秀大企业提出合理的管控目标企业（如派驻人员进驻股东联席会和 CoE 大运营体系某些关键岗位）及资源注入方式，确保自己的风险可控；优秀大企业无须完全控股目标企业就能完成变革和使资源注入产生效果，既减少阻力，达到了目的，也少花了钱，而且还多了一道保险：目标企业原班顶层势力基本保存完好（主要保存在董事会和业务执行体系中），并没有因为优秀大企业的进入而导致积极性大减，反而各方因为优秀大企业的强势加盟而踌躇满志。双方利益和目标均一致，能够持续有力地变革和融合，也保留了足够的能力防止提出错误决策和路线，最终实现双赢。

**至于金融资本，**它喜欢打顺风仗，具有强大的帮助自己、企业家和股东短线收获高收益的能力，通常会在企业经营状况最好的时候进入，然后利用自己的资本力量短期延长或维持这个最好的时候，发动其金融市场人际关系帮助企业快速完成下一轮融资或者 IPO。随着金融市场进入严监管时代，企业"IPO 即终点"

这种现象将被有效遏制，金融资本很难再复制过去的高效率完美操作，可能需要亲自下场"做局"了：再提前一点进入企业，和企业一起制定战略并联络各方力量（可能是各种其他顶尖战力）推动落实企业战略，改善企业质地。

这无疑会增加风险和操作成本，减弱金融资本和企业合作的意愿。新的顶层架构一方面消除了金融资本面临的风险（企业自己就在加速改善自己的质地），另一方面企业可能已经先于金融资本开始和各种其他顶尖战力融合，甚至更容易引入更多顶尖战力（因为这些顶尖战力考察完企业后可能都会产生"奇货可居"的心态），减免了金融资本很多操作成本。这种状况无疑也是金融资本非常乐意接受的。

**接下来是顶尖的科学家或者研发团队，**他们希望可以获得企业资助，实施研发课题的同时能够借助企业变现，还能获得较大的长期收益，毕竟获得好的研究成果实在不容易。与研发实力较弱的企业合作，他们不会太担心企业吸收了他们的科研成果后甩开他们自己完成研发。但是，对于研发实力强的企业，出现这种情况的概率会提高。这里面涉及的可能性很多，不一定是企业高层有这种想法。如果没有严谨的联合研发活动管理和贡献评估，企业课题研发小组领头人如果非常聪慧则可能在联合研发过程中完成开悟，然后甩开外部专家团队独立完成研发。新顶层架构具备严谨的联合研发活动管理和贡献评估体系，也会公平保障外部顶尖人才的利益，正好解决了双方的忧虑。执行这样"讲信用保护外部研发人才利益"的策略，从短期来看似乎没让企业占到便宜，但是从长期来看会让大量社会顶尖研发力量持续与企业紧密合作，从而高速推进研发速度。

**再接下来是优秀的供应商们，**他们最希望可以跟随企业实现两件事情。

（1）企业带领他们持续提升科技门槛，不断脱离"红海"竞争，实现营销规模和利润双增长。前面讲到的西方企业的中国代工供应商过往都获得了这样的好处。

（2）企业可以和他们建立更加紧密的科研和管理关系，让他们可以紧跟企业的步伐发展。当企业变得非常强大时，他们更希望可以成为企业的一部分（被投资或控股）。

现在国内一些大型企业开始使用西方企业这种做法，但是仍然有许多企业没有这样的计划，导致供应商的竞争非常残酷。当然，这也和供应商在顺境时没有及时变革图强有关，导致他们在竞标时没有什么优势，只能通过极限压榨利润来竞争。如果企业建立了新的顶层架构并且链接顶尖战力取得卓越的成效，整治好采购腐败并出手建立供应链生态时，供应商的以上希望就很可能实现。

**最后是 VIP 客户**，他们一方面希望企业多承担研发工作，跟上技术革新脚步或者管理变革脚步，另一方面又希望企业可以不断降价。有了新的顶层架构，前者是容易实现的。至于后者，既然企业自身开启了变革，主动做到了高性价比，VIP 客户自然也会欢迎并愿意加深合作，例如，中国移动、中国电信等企业和华为的关系。

综合以上各种分析，在链接各种外部资源并激活他们的积极性方面，新的企业顶层架构胜于传统企业顶层架构，这为企业引入这些外部资源以培育壮大自己的变革力量和先进业务能力提供了有力保障。

## 2.3 为培养变革人才提供长期有效的精密激励

企业需要的顶尖人才不只来自外部，内部也需要培养大量顶尖人才，而且往后内部培养的科研、管理、科技应用等领域的顶尖人才必须占绝大多数。这是因为随着企业规模越来越大、竞争越来越残酷、复杂管理 / 业务场景越来越难等，迫切需要业务 / 技术、管理、科技应用三者都精通的人才（尤其是中高层人才），这和军队步兵特战化的趋势是类似的。

在现今企业流行的人才策略中，企业通常会给人才两个上升通道：成为业务 / 技术专家，成为管理者。于是，企业未来真实人才需求就和目前的人才策略产生矛盾了，因为通过这两个上升通道最终培养出来的人才都是精通各自通道领域的，不精通另一个通道领域，他们很难深度协同和融合创新，反而会不断内耗及拉低集体智慧，这并不是步兵"特战化"。

### 2.3.1 传统人才成长与激励机制的局限性

即便大家明白各种弊端，但很多企业仍然采用这种人才策略，主要是因为它们没有新的顶层架构来集合各种力量"团战"并抑弊扬利地高效运转，各组织只能靠领导个人能力来决定组织方向和推动组织运行；同时，也因为很多企业一直都定位于制造环节，在日常生产活动中各级领导只需要做相对简单的决策和进行规范化的执行即可，对复合型人才的要求低、需求少，最终导致企业培养不出，也不愿意培养变革性人才和能应对复杂业务的人才。

与很多企业"使干部在同一部门不断晋升的直线型培育方法"不同，华为采用"之"字形模式发展干部：干部需要面对不同的管理场景和业务模式，并且要在不同部门甚至是完全不同的业务方向上进行轮换。

任正非在一次片联（片区联席会议）开工大会上明确提出："片联要担负起历史的重任，加强干部'之'字形培养模式成长制度建设，坚持从成功实践中选拔优秀干部，破除地方主义，破除部门利益……"基于此，片联需要从企业业务需求出发培养作战队伍，并全程关注和管理优秀种子；培训完成后，还负责挑选优秀学员参加项目并开展循环赋能。

华为的这种干部培养思路就是要让横跨多个领域的最强业务／技术专家最终成为管理者，他们就是复合型人才，是新情况下企业迫切需要的人才。因此，企业需要利用新顶层架构中相应的机制对现有人才策略进行变革，培养出强大的复合型人才，完成变革力量建设，再利用变革力量和新的机制培养大量能应对复杂业务的人才，这样才能少犯错、少走弯路。

如果要像华为这样打造赋能型组织，培养变革力量和应对复杂业务的能力，我们首先 就要了解新顶层架构中的相应机制是如何工作的。

现今流行的传统企业组织架构都是树状组织架构，如图 2-3 所示。

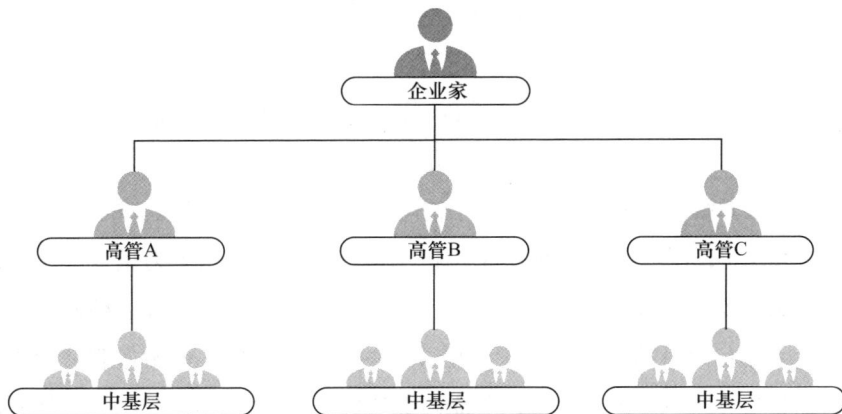

图 2-3　树状组织架构

这种组织架构决定了企业人员都是"一个萝卜一个坑",跨职能、跨专业、跨部门轮岗几乎无法大规模定期进行,即使轮岗了危害也会很大,因此参与轮岗的人基本都不会是原来领域业务能力最强的人,这让培养复合型人才的希望和概率大大降低。

此外,优秀人才只能继续走两个上升通道的职业发展道路,而在这两个通道当中,实际上只有一个通道可以较快地进入企业高层,这就是管理者通道。走业务/技术专家通道进入企业高层,其实是一条难度很高的通道。首先,个人的业务/技术能力提升需要不短的时间,而且需要刻苦努力,尤其是还有35岁这个坎(在一些企业,员工往往35岁还不能走上关键管理岗位,这样就会失去很多干部晋升培养的机会);其次,现代业务和研发生产活动需要团体作战,非常难凸显个人优势,所以在评选业务/技术职级、职称时,个人晋级速度会比较慢。而管理者通道则不同,一旦走上了这个通道,你就不用再费尽心力地去钻研业务和技术了,活也变得少了很多,释放了大量时间和精力去跨职能、跨专业、跨部门地学习和长见识,也可以频繁接触高层。只要可以巧妙利用规则和市场顺境做出成绩,你就能够迈过35岁这个坎,继而不断升职成为高管,获得企业专门为高管设置的福利待遇,甚至可以获得股权激励和加入企业权力中枢,再不济跳槽了也仍然可以担任高管。

于是,大量优秀的业务/技术人才由于优秀而转管理岗位,又由于管理岗位而废弃了原来优秀的业务/技术能力,这使得企业复合型人才非常稀少,强大的业务/技术人才也不多,只有管理岗位的人才较为充足,这让企业逐渐丧失了重要的内部顶尖战力。

这种模式没有问题,只是它更适合制造环节的企业。因为制造环节喜欢使用大量的普通人才工作,只需要管理人才足够优秀即可。

但是,面对第1章所讲的未来复杂情况的企业需要大量的顶尖的复合型人才、业务/技术人才,反而由于新顶层架构机制能够不断产生变革力量且大量应用科技,不怎么需要纯管理人才。此外,由于顶尖战力占比高,所以这种使用了先进机制并产生变革力量的新型企业能使用真正的扁平化结构,而不像制造业管理模式下的企业为了追求"组织扁平化"而内部造假:HR系统里面的组织架构看起来扁平化了,实际上树状组织架构没变,由于各个管理者管理的下属数量有限(例如，一个管理者管理的下属数量最多是 50 人，但是名下却挂着 300 人），只能私下设置很多层级和非正式管理者来辅助自己进行管理，这会使内部混乱的非正式叫法盛行（例如，各种"总""经理""部长"等称呼不绝于耳）和对外名片上胡编乱造的虚拟职位打乱级别（例如，一个普通员工就敢给自己写上部门副总监的职位）。这样的乱象更是让客户、供应商、合作伙伴等外部人员，搞不清企业的决策链条和组织架构。

由变革力量驱动的真正的扁平化的组织架构往往意味着基层会划分成很多特种作战小分队进行更多的自驱自治（但是这些小分队是由机制来管理和驱动，并没有私下任命的管理者），高层也为了避免智慧、精力、能力瓶颈而实现真正的民主集中决策制，所有这些无疑都需要大量复合型人才才能支撑。

接下来，企业内部划分的扁平小分队多了，跨组织协同就需要落实项目制，但是传统的"PM（Project Management，项目管理）+ 人岗绑定考核激励机制"并不适配新型企业。它不仅无法培养复合型人才，还会导致项目制无法推行。我们可以看到，大多数现代企业都会使用项目制来解决很多任务和难题，但是往往都用不好。表面上是项目制，实际还是使用旧的"人岗绑定考核激励机制 + 威权式管理 + 奉献的企业文化"等手段来推动跨组织协同。例如，学华为的高管会、总经办、不让奋斗者吃亏、板凳要坐十年冷……问题是华为真做到了且有回报，可很多企业却没有真正执行。对顶尖人才使用这样的"掩耳盗铃式欺骗方法 + 强权镇压"，只会适得其反。

也许有人会不同意："我做好企业管理财经、做好管报（管理报表）、项目制里面普遍实行的工时填报就能解决问题了，哪有这么困难？"

还真不是这么容易。首先，管理财经和管报是设计容易，推行落地特别困难，核心难点就是数据治理和数据产生、收集、处理自动化，如果数据无标准无质量导致各种管报呈现的最终统计数据自相矛盾、没有可信度，还不是白干了？其次，项目制里如果精确实行工时填报，这会极大降低员工的工作效率和积极性。

企业要想搞好项目制，需要有包含创新的激励机制的新顶层架构。但是，变革出这套机制需要很强的变革力量（需要高管、运营、财务、人力、数字化、业务等顶级战力的合作）。这本身也是一个项目（我们甚至可以称其为"零号项目"），而且还要持续不断地迭代并产生很多分支版本。最关键的是这个变革事关既得利益核心骨干的切身利益（可能还涉及长期激励/股权架构的调整）。

也有很多企业并没有顾虑这些，直接制定了几百页上千页的项目管理制度。那么请问这些复杂的逻辑如何执行？日常行为和数据又如何统计？如果员工利用制度漏洞，逻辑没有被严格执行，统计的行为和数据不严谨甚至造假，那么这些管理制度就形同虚设了。

不需要怀疑项目制是否适合中大型企业，答案是肯定的——项目制是最适合中大型企业的，看看谷歌就明白了。当然，项目制不适合不需要大量创新、跨界竞争的低端制造企业。

综上所述，要想做好跨组织协同，已经不是"如何做好项目制"的简单管理问题了，而涉及变革力量如何形成的问题，没有初始的变革力量，就没法把"零号项目"可靠地、高质量地完成，后续变革就无法开展："零号项目"相关的企业的人才上升通道、组织架构、考核激励等不完成变革，项目制根本推行不了，复合型人才也无法培养。

所以，企业需要变革顶层架构，利用机制产生初始的变革力量，才能制定配套的激励机制，进而获得更多变革力量。

## 2.3.2 新顶层架构中人才成长与激励机制突破局限性

与新顶层架构匹配的人才成长与激励机制大体应该是这样的（具体和企业匹配落地时，需要根据如何产生初始变革力量而有具体区别）。

新顶层架构中划分了 CoE 大运营体系和业务执行体系。在初始状态时，业务执行体系中集合了业务/技术顶尖的专业人才，他们各司其职；CoE 大运营体系集合了少量的内外部复合型人才、管理人才、科技应用人才，他们准备开启各种研究、试点，同时推动企业管理变革、业务升级、科技应用等。这里 CoE 大运营体系当中的少量复合型人才，主要来自股东联席会、董事会、原业务体系抽调的骨干，以及从外部链接到的少量顶尖人才，他们共同完成了 CoE 大运营体系和业务执行体系的搭建。

当 CoE 大运营体系和业务执行体系的第一轮人才流转开启时，业务执行体系中最优秀的部分人才会被抽调到 CoE 大运营体系并进入专家池（关系也被切换到 CoE 大运营体系），被设计好 2～3 年培养计划和轮岗路线，例如先去运营分析中心任职，作为运营 BP 专员被派驻回之前的业务队伍，负责参与落实变革 / 科技应用，并且继续帮助原来所在队伍搞好业绩，培养优秀人才并实现减员增效；然后去 PMO 做某领域项目 PM，进入项目组参与设计变革 / 科技应用，跟随各种内外部顶尖人才学习和共事；再然后任职采购中心某领域采购负责人……

　　这时候的 CoE 大运营体系和华为 2013 年到 2017 年的战略预备队职能是比较相似的，唯一的区别是当时华为的战略预备队成员内部培养计划没这么丰富，而且通常待遇没有业务执行体系的人员好。

　　在本书讲述的 CoE 大运营体系中，优秀的业务体系人才进来后，待遇都会升一级。CoE 大运营体系就像一个军官学院，只有优秀人才才有资格进入，当进入的这些优秀人才培养期满之后，根据个体情况和企业实际需求有以下 3 条出路。

　　（1）被释放回流到业务执行体系去当主管，通常至少会升一级职级 / 职称，但是以后的每一次升职都必须进入 CoE 大运营体系完成一次培养历练。

　　（2）被安排进入 CoE 大运营体系任职，但是以后的每一次升职前必须去业务执行体系任职并能证明自己足够优秀，然后再次回到 CoE 大运营体系。

　　（3）被安排到业务执行体系新的重要岗位，虽然可能不一定是主管，但是岗位的重要性和职责肯定比旧岗位重要，待遇也会获得至少一级提升。

　　优秀人才每完成一轮 CoE 大运营体系的培养历练，都会获得一定的期权激励，它并不会因为人才内部关系切换到不同体系而消失，具备叠加特性，即下一轮完成 CoE 大运营体系的培养历练还会获得期权激励，并且它会和上次叠加。如果最终可以成为 CoE 大运营体系联席会成员或者业务执行体系高管，期权激励可以被转化为股权激励。期权激励和股权激励不和奖金激励重复，而是单独存在的，股东会将根据企业和股东获益定期稀释股东股权，用以奖励为企业做出贡献的人才。如果人才只是从 CoE 大运营体系的培养历练中肄业而非毕业，第一次会被退回原岗位，至少轮空两轮才能获得重新进入 CoE 大运营体系的资格。如果第二次再肄业，则会进入淘汰人才池等待最后的机会，因为企业已经不会再给该人才培训晋升机会了，哪怕他返回原岗位也干不长了。

　　从以上概述可以看出，创新的人才成长与激励机制只会让"身经百战"的复合型人才进入企业管理层（无论是 CoE 大运营体系还是业务执行体系）并成为变革力量，不过这两个体系的人才虽然都是合作共赢，但是在权责上有不同的侧重点，考核激励重点也不同。例如，实现项目制时，项目中承担主要责任的是 CoE 大运营体系人员，项目组理论上不能征调业务执行体系人员，除非牺牲自己的项目激励来给予愿意配合的业务执行体系人员奖励，如果业务执行体系人员仍然拒绝配合，CoE 大运营体系人员只能自行解决（例如，找到该领域的运营 BP 专员，征调其进入项目组）。在推广 CoE 大运营体系的各种成果时，运营 BP 专员和 PMO 具备权威性，业务执行体系各级组织不能质疑，必须配合，如果有疑问或者不良反馈，业务执行体系各级组织可以走正式流程，推动成果升级迭代。

随着新顶层架构和创新的人才成长与激励机制的执行，企业内部复合型人才会越来越多，领导层都是能力最强者，企业就具备了变革力量，能带来持续胜利。企业氛围是公平且追求学习进步的，这会让全员积极性始终保持在高水平，业务能力会不断提升。这个过程可以分为两个阶段。

第一阶段，当管理层复合型人才的数量超过单一型专业人才的数量时，企业的整体氛围、风气、共识、战斗力都会出现前所未有的改变，这个效果最快 5 年内就可达到。

第二阶段，当企业花费 7 ～ 10 年完成将超过八成的员工培养成复合型人才这个目标时，企业的创新能力将会超乎想象，股东会获得巨大收益。同时，企业股权架构也会向着类似华为全员持股的股权架构迈进（由于大部分人员使用的是"虚授享受分红 + 企业代持协助市值管理 + 定期组团减持 / 转让套现"的激励方式，所以企业股权和市值管理风险可控，而且企业股东们的权益不会受到损害）。

## 2.4　为实现管理持续创新

通过前面的讲述，我们已经基本了解了新的顶层架构和人才策略的运转逻辑及其能够带来的好处，接下来我们来了解一下最关键的"变革力量持续发挥作用"——管理持续创新。这是新的顶层架构的一个核心功能。

企业为何需要管理持续创新？因为企业的成长与发展都不是孤立的，外部环境和竞争状况变化太快，企业需要灵活应变，确保始终科学管理与领导。

IBM 和华为这对师徒均做到了"大象跳舞"，即超大型企业可以灵活应变，它们根据情况持续地创新管理，在生命周期的每一个阶段及时应用不同的管理机制和策略来应对。中国很多企业缺乏这种管理持续创新的能力，所以也要培养这种能力，才能做大做强。

新的顶层架构通过既竞争又合作的机制把内外部各方资源调动了起来。首先是大大小小的股东们或者他们的授权人掌控监管审计、企业顶层架构运维权（可以真正监督制衡董事会）和参与对外战略 BD。其次是内外部顶尖战力聚合在 CoE 大运营体系，掌控管理与创新权，分走了业务执行体系的这些权力，对业务执行体系各级组织起到了监督制衡、协同辅助的作用。最后是企业大部分原班人马掌握业务执行权，不需要对企业组织和流程进行大动作的改革，这使得变革阻力小，同时由于权力和职责削减了，业务执行体系内部纷争变少了，员工也更加聚焦业务和业绩了。这样的变革（管理创新）让员工都能很好地找到自己的定位和职位，而且可以根据企业需要和自身能力变化在企业各岗位间流转，持续发光发热。随着整个企业这样高效运转，各部门各层级各模块之间的协同会很精密，平均个体能力也变得很强，大家也就不再惧怕变革带来的临时高难度工作和变动影响，习惯变革（管理创新）。再到最后，在强大机制的支撑下，基层组织就能根据业务和业绩的需要主动、大规模、频繁、持续发起和协同完成变革（管理创新），无须企业高层插手和推动了。

当前很多企业使用树状组织架构，除了大股东，其余股东们手上拥有的权力少得可怜；企业管理岗位也很少，这代表能够推动企业革新、研究对策、做出决定的人很少，大部分人都只能负责执行。与此同时，如果不能走上管理岗位，执行者的待遇很难有质的提升，大量有复合型成长潜力的人才被埋没在基层做着执行的工作，而且他们可能整个职业生涯都只能做着单一领域的工作。这样的企业是无法实现管理持续创新的。

企业内部过少的管理岗位加上一些企业还设定了 35 岁的淘汰和招募标准（即负责执行的人才到了 35 岁如果还不能成为关键管理者，就要被逐步淘汰或者边缘化；新招募的人才也尽量不要超过 35 岁），这样的情况就容易形成只有成为关键管理者才能熬过 35 岁这道坎，这会让内部矛盾激化得非常严重，也让很多执行层人才无法再专注做好工作和深度学习技术技能，人人都在为前途谋划如何成为关键管理者。这种恶性职场氛围一旦形成，久而久之，能够上位的关键管理者的能力素质就会下降严重，企业高层就会由于缺少能力强大的团队和帮手，变得很辛劳，一旦出现决策失误或者市场意外变化，独力难支。

在这里，我们要理性地看待"35岁裁员标准"，据说这种人才策略华为也有，无论真假，即使华为也有这种人才策略，但是华为一直在利用赋能型组织培养人才，其本意可能是如果员工到了35岁都没法被培养成复合型的人才并成为各级管理者的话，就意味着其成长为复合型人才的主观能动性有问题。但是，很多企业没有华为的这种赋能型组织，对人才没有下大力度培养，就简单地把"35岁裁员标准"拿来用了，这样做是很容易导致关键人才流失的。

现实中那些伟大的商业领袖之所以能够成功，是因为他们一手推动了企业持续管理变革，让"能臣猛将"辈出，最终他们、他们的团队和他们的企业都成了传奇。例如，华为的任正非、比亚迪的王传福、IBM的路易斯·郭士纳、微软的比尔·盖茨等。

新的顶层架构中的中央集权则由董事会作为企业决策和执行中枢来实现，其一方面推动CoE大运营体系和业务执行体系的竞争合作，削减业务执行体系管理岗位的重要性却不会削弱企业管理能力（因为成立了更加科学的CoE大运营体系来不断研究创新和落地强化），让业务执行体系更加聚焦业务，运转更加高效；另一方面带领/驱动内外部顶尖战力持续培养业务执行体系应对复杂业务的能力，这里不再靠个人英雄主义，而是靠"海浪的形成原理"（水分子共振，华为称其为赋能型组织）来影响越来越多的业务执行体系人才，让他们变成复合型人才，也更加专注于业务/技术能力的提升。

随着各种能力提升的复合型人才分布在各级，企业又实现了分权执行（高层无须管理过多的细枝末节，因为基层可以很好地完成任务了），企业家终于可以不用孤军奋战了。

## 2.4.1 分权执行——避免高层成为智慧与能力的瓶颈

当前很多企业的管理和决策基本都依赖高层来做，但是高层的时间、精力、能力都是有限的，于是出现两种做法。

第一种是把任务拆解到基层，基层管理者完成后，由高层完善。例如，很多企业的战略设计和解码工作都是这样完成的。如果企业基层管理者的实力不够强，这种做法属于无用功。因为大多数基层管理者不是复合型人才，基本无法独立完成任务，最后还是找到他们管理的基层员工来共同完成，任务层层摊派。这对传统企业来说就是灾难的开始。因为高层智慧出现基层化的趋势，即中高层不掌握和关注细节、不勤加思考，也对企业的未来规划质量不负责任，企业的高层思维和逻辑竟然都靠提取基层的思想而来。有人也许会说："我们高层拿到基层的设计后，再统筹规划，进行完善，不会完全按照基层的设想来的。"这样的想法更加不可取，因为涉及的基层细节和信息量太过庞大，是整个计划的"冰山底座"，这个底座无法更换，高层再怎么修改都不会使其跑得太偏。

第二种是求助外部顶尖战力。但是，如果缺少长期和外部顶尖战力深度合作的机制，往往会由于双方不能深度理解和持续投入导致效果不行而使合作中止。于是，很多变革或者重大举措被拖延，导致后面积重难返或者出现严重问题了才着急。

既不能把工作交给基层来做，又无法让外部力量有效帮助自己，再加上企业中真正当权高层的数量稀少，企业树状组织架构使得企业中几乎各种重大事务都需要他们来思考和处理，于是他们成为智慧与能力的瓶颈。

与之截然不同的是，新顶层架构中实现了分权，股东之中部分有能力者可以通过股东联席会和 CoE 大运营体系发挥作用，另一部分有能力者依托股东会和董事会赋予的权力对外拓展资源和企业生存空间，这均可以帮助高层减轻工作负荷；内外部顶尖战力通过 CoE 大运营体系发挥作用，也可以减轻高层的向下管理工作负荷；业务执行体系和 CoE 大运营体系在中基层的有序合作（有完整机制承载，第 3 章会讲述）也解决了过往大量需要汇报给高层的业务执行质量管理和基层变革问题。

这样的安排部署最终可以减轻企业真正当权高层的工作负荷，使他们有足够的时间和精力来提升能力、思考变革、把握企业机遇。

## 2.4.2 集权管理——避免次核心高层与中基层成为智慧与能力的瓶颈

企业真正当权高层获得了"松绑"，但是这并不意味着其可以无所事事甚至堕落退步拖后腿，因为新的顶层架构还有一个重要功能就是推动企业当权高层优胜劣汰，这个功能企业真正当权高层必须要明白。可能有的企业家或者大股东认为引入这种新的顶层架构对自己不利，那么就没必要引入了。但是从长远来分析，企业如果不跟上时代的趋势追求新质生产力变革，迟早被淘汰。虽然大股东已经财富自由，没什么损失，但是留给社会和自己的仍然是遗憾；不如就引入这种创新的顶层架构，让企业可以延续下去，为社会做贡献，同时自己的收益仍然会被保留，随着企业发展壮大也会获得更大的收益。

带领/驱动内外部顶尖战力发挥变革作用、平衡好 CoE 大运营体系与业务执行体系的竞合—发育业务能力是新顶层架构中企业真正当权高层的核心工作内容。企业真正当权高层必须不断学习进步或者不断选出人才成为新的企业真正当权高层，才能为实行集权管理提供根本保障。那么，新的顶层架构中为什么需要这样的集权管理职责？

（1）次核心高层与中基层帮助当权高层完成了大量的工作，这里面有大量的分歧和矛盾点存在，很多解决办法也缺乏高度与顶尖资源来实现，能处理好和完善这一切的只有当权高层。

此外，也许企业实质的当权高层不一定只有一个人，而且出处也不确定，他们有可能来自大股东、董事长、董事、股东联席会等，因为以往的权力模式得到了改变，这些人才都可能发挥作用并崭露头角，最终形成一个小范围的"虚拟当权高层集团"。他们可以合理利用规则来说服其他人或者关键权力岗位，最终驱动企业真正当权高层同意各种事宜。这是好事，因为他们的责任心和担当让真正当权高层的工作轻松不少，但是真正当权高层必须保持更高水平的认知，才能判断识别风险和更多隐藏的东西，最终还是要以一己之力进行有魄力的重大决策。

（2）许多事情的考量与处理不适合大范围讨论与扩散，当权高层必须能够独立行事，或者小范围快速达成共识，然后统一对外口径，这也需要当权高层水平普遍都很高、配合默契。尤其涉及管理持续变革时，每一次大的变革就是一次内部震动，当权高层需要把核心高层与中基层大量的零散研究成果汇总，自己完成关键部分并进行整合，充分理解好后再说服股东会通过，甚至需要再次依靠股东会、外部顶尖战力等力量进行新一轮的管理持续变革。

企业真正当权高层如此重要，凸显如今传统企业运转模式中高层换届或者换代接班仍然是一个难题，每一次的大动荡都让企业面临危险。因为企业可能无法立刻得到一个经验丰富又稳重的当权高层，甚至很多内外部顶尖战力还会因中高层的换届而流失。

那么，在新的顶层架构中，企业真正当权高层以什么样的路径选拔与培养？在这个过程中，企业最高权责如何得到很好的行使，股东利益又是如何得到保障的？

首先，大股东想推荐一个不合格的人担任董事长的可能性很低，哪怕是强行任命，也会因为董事会的考核而被末位淘汰。但是，让其成为董事的可能性还是存在。因为董事会规定必须至少有一名董事是股东身份（可以多次获得考核赦免权），那股东会直接任命大股东推荐的人进入董事会即可。与此同时，这名大股东推荐人选还可以进入 CoE 大运营体系开始历练。这样的安排可以保证种子选手同时开启高层与中基层的快速学习成长之旅。

其次，由于董事会受到第一执行体系（股东联席会 + 审计监察机构，2.5 节会介绍）的严密监管与压制，并不能肆意使用权力对企业造成破坏，所以在种子选手没有完成成长之前，董事会中的人（包括暂时任命的董事长）并没有危害性，只是可能企业暂时缺乏优秀的当权高层，股东会会暂时偏向保守，降低董事会对一些重大事件的通过概率。不过，如果董事会的人足够优秀，仍然可以逐步积攒威望，形成临时当权高层，合法利用规则驱动企业做大做强。

再次，没有必要为种子选手配备班底来一起成长了。因为新的企业运转模式中，股东联席会和董事会的成员都会接受考核末位淘汰，这个机制会自动遴选出优秀的人才使其成为班底。而且，只要股东联席会属意种子选手，董事会及以下的各种组织在机制和第一执行体系的压制下并不能掣肘种子选手的成长和上位。因此，种子选手一旦完成成长就可以掌权，不需要使用旧的"权力斗争"的思想来形成所谓的班底，具体机制和运转原理在第 3 章会介绍。

人无完人，种子选手不一定什么都擅长。例如，在企业旧的顶层架构中，如果不擅长科研或营销交际等，可能会在特定情形下给企业带来严重后果。毕竟在旧模式里，部分企业十分依赖关键岗位人员具备多方面的突出能力，近乎需要"完美的个人英雄"才能高效驱动企业发展。但是在新的顶层架构中，这些事情在种子选手成长的过程中以及上位之后一直都有股东联席会和董事会的成员去做，很多事情和资源哪怕掌握在非种子选手手中也不会产生危害性。种子选手只要知识和实践经验足够了就可以上位，上位后只需要做好集权管理就可以有效驱动企业前进。

最后，即便大股东推荐的种子选手无法成长起来，也可以使用"职业经理人"模式：选出其他股东或者顶尖战力中的人担任董事长、董事，然后通过加强对第一执行体系和 CoE 大运营体系的控制（例如，股东联席会派出更多种子选手进入其中继续锻炼），限制董事会可能造成的危害。具体做法在第 3 章也会讲述。

### 2.4.3　企业管理持续创新与组织持续变革的实现

通过前面的讲述，我们知道了新顶层架构通过有限分权和集权来科学管理企业，并培养变革力量。那么企业管理持续创新与组织持续变革是怎样实现的？

CoE 大运营体系中，运营联席会有一项很重要的监察职能（华为内部也有类似的职能组织，叫作"变革指导委员会"），就是及时发现企业自身管理创新需求，一旦发现就必须推动 PMO 尽快成立项目组做好预研，研究讨论好预研建议与方案后，向董事会提请召开"企业管理变革分析会议"。如果管理创新的范围仅限于执行体系内部，董事会可以自决；如果预研建议与方案中管理创新的范围涉及 CoE 大运营体系或者企业顶层架构，那董事会可以再开一次闭门会议，形成决议后向股东会汇报，申请通过执行，这一过程中，如果董事会和股东会觉得 CoE 大运营体系需要避嫌，可以让 CoE 大运营体系的 PMO 成立新的以外部顶尖战力、董事和股东为主的项目组重新研究设计。每一个步骤，第一执行体系都会了解和参与旁听，所以董事会无法隔绝股东联席会和股东会知道正在发生的一切，只能照流程来处理。

当管理创新议案被通过了，涉及企业顶层变革的部分由董事长带领项目组来完成；然后重组整个 CoE 大运营体系的核心力量（通常是 PMO 和 CoE 专家池），并使他们成为其余变革部分执行的主力，对 CoE 大运营体系自身中基层和业务执行体系的组织进行变革。

股东联席会和其下属的审计监察机构也会重点监督运营联席会执行好这些职能，这就形成了一个闭环。

至于针对董事会的变革，有两种形式。

第一种是由股东会投票启动弹劾 / 变革程序，这个程序中大股东具备一票否决权，每次否决后在一定时间间隔内不能再发起。在规定时间内，如果股东会成功连续 3 次发起该程序，大股东必须做出选择：要么按照该程序规定条款完成对投票股东的股权收购，让其退出（投赞成变革票的股东必须出让股份，但是一定是大幅溢价出让的）；要么董事会弹劾 / 变革生效，然后由股东会投赞成票的股东组成变革小组临时接管 CoE 大运营体系和业务执行体系。如果大股东并未进行否决，那么整个股东会就会临时接管 CoE 大运营体系和业务执行体系。

第二种是由董事长主动发起并获得股东会批准，董事会、CoE 大运营体系、业务执行体系临时由董事长一人接管。

至此，我们大概了解了民营企业管理持续创新与组织持续变革是如何实现的，企业新顶层架构的这个能力让企业开启后续的进化步骤变得可执行。

## 2.5　顶层架构变革从权益分配的源头开始

了解完新顶层架构的主要功能后，我们接下来了解新顶层架构的落地细节。这些细节落地运转起来，新的企业运转模式就会诞生。

我们先从股东联席会、监事会入手，因为它们是企业最顶层的组织，也是企业拥有者们的权益所在，其中有最关心企业、最负责任的一群人。我们通过引入淘汰机制、人才补充办法并授予他们更多的权力，提升他们的能力、激发他们的积极性、释放他们的力量，对公司形成初始的变革力量非常重要。

### 2.5.1　股东联席会与股东的新职权

股东会的关键职责是做好审计与监察（主要确保公司活动合法合规、符合股东利益，并考核管理董事会）。如果公司规模比较大，为了更好地履行其关键职责，虽然股东会大部分的职权定义仍然遵循《中华人民共和国公司法》，但是公司可以在股东会之下和监事会的设置上做以下调整。

（1）无论实际持股多少，规定参与公司事务的股东和还没参与公司事务，但是有意愿参与公司事务的股东成立股东联席会（还没参与公司事务但是有意愿参与公司事务的股东通常不会超过 1/3 的席位），作为第一执行体系中的股东联席会运转。该股东联席会是常设机构，受监事会考核，但是由真正的股东会来管理和变革。股东联席会中参与公司事务的股东人数必须超过一半，因此公司必须多让股东参与事务（可以非本人参与）。例如，派人到 CoE 大运营体系去任职，但是这个人要凭自己的能力入选和发展。各位股东可以分出少量股份给子女亲朋，让他们获得试炼资格。股东联席会成员由股东会遴选和任命。

（2）股东还可以通过签署全权委托协议，让其能力更强的直系亲属代替其进入股东联席会。股东和该被委托亲属也可以同时进入股东联席会，但是两人只能算 1 票，产生分歧时以股东意见为准。

（3）股东联席会侧重于领导审计监察、对外资源 BD，对除了股东会、董事会和监事会以外的各种公司机构进行审计监察，有权申请召开股东会进行重大决策，并对审计体系进行建立和实线管理。股东联席会还负责对 CoE 大运营体系进行虚线管理，CoE 大运营体系必须全力配合其审计工作。CoE 大运营体系的最高权力机构——运营联席会受到双线领导，其中董事会进行实线领导，股东联席会进行虚线领导。股东联席会每个月召开一次例行会议，会议要用到的辅助决策数据由审计监察组织负责审计发布，CoE 大运营体系辅助准备和整理。

（4）股东联席会的主席采用轮值制度（每半年或一年轮值一次），只有主持引导权、督导权和向监事会弹劾股东联席会成员的权力。股东联席会对下属审计体系的正式指令、运营体系的建议指令以及向股东会提交的报告 / 建议，都需要共同投票后才能生效，每个席位只有 1 票，主席没有否决权。

（5）董事会成员原则上不能加入股东联席会（反之股东联席会成员原则上也不能加入董事会），即使在特殊情况下加入股东联席会，但是总席位不能超过股东联席会席位的 1/3。

（6）定义和新股东的"恋爱"模式，即签署附带终止和扩大投资权力的投资协议，允许新股东在"试探性投资阶段"（可以暂时购买很少的股份）享受特殊的"同股不同权"待遇，为外部顶尖战力的加入奠定基础。新股东在"恋爱"期间不能获得董事会和股东联席会席位，但是可以成为股东联席会的观察员，可以选择加入股东会或者监事会（根据情况设定席位限制），也可派人进入运营体系的项目管理办公室专家池参与项目（只能作为项目组成员）。

（7）董事会变为常设机构并精简人员，其成员要面临考核并进行末位淘汰

（考核由监事会完成，每年启动一次末位淘汰，如果全部成员的考核结果良好也可以不进行末位淘汰）。董事会每个月 / 每两周召开一次会议，主要召开是三大会议之一的"日常经营分析会议"，其余两大会议按需要召开，会议数据、报告和议题由运营联席会准备，监事会旗下的秘书处负责督导考核。这样设置后，董事长的众多权力被董事会承接，董事长不能再代表董事会单独决策公司的各种日常事务。

（8）规定监事会职工代表优先由企业内持股（或虚拟持股）超过一定比例的在职员工（也可能是大股东）担任。如果持股职工数量不足可选择优秀职工补足，但是数量不能超过规定人数的 1/3。监事会成员必须选择股东、企业职工代表、外部顶级战力当中能力最强者，且他们和股东联席会、董事会之间有人才流转机制。对股东会、股东联席会和董事会的监察与考核由监事会负责，对股东的考核会定期在股东会公布，达到条件会触发股东弹劾程序（如果企业愿意设置的话）。加入股东联席会的股东或其授权直系亲属、董事会成员不能进入监事会，但持股比例最高的两位大股东除外。股东会原则上必须根据监事会的考核来进行股东联席会和董事会成员的任免。

（9）监事会正常情况下每两个月举行一次听证会，解决股东联席会和董事会之间的分歧。股东联席会和董事会之间设有正常协作流程，只有分歧难以调和且监事会无法做出裁决时才会由监事会组织内外部顶尖战力举行听证会（特殊情况下可紧急召开，并连续举行多次来解决急迫分歧）来收集完整材料并形成报告上交股东会最后裁决。

（10）股东会负责定义董事长 / 董事会的弹劾 / 变革程序。具体的程序内容在3.1 节会有介绍。

（11）股东会、股东联席会、监事会、董事会成员都必须遵守最高等级信息安全管理规定，明确民事甚至刑事行为追责程序。具体负责人是最大股东，执行机构是监事会。

## 2.5.2　第一执行体系的职权

第一执行体系由股东联席会和审计监察机构组成，如图 2-4 所示，监事会不属于第一执行体系。

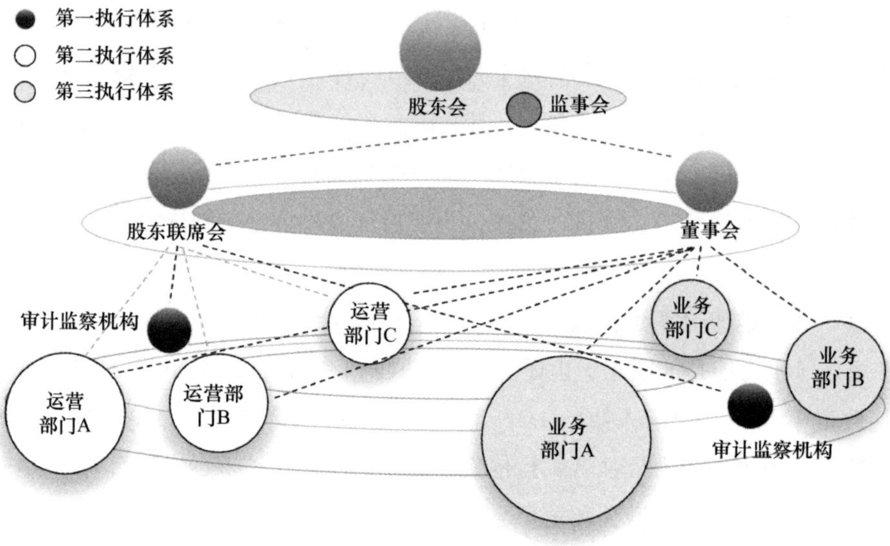

图 2-4　三大执行体系架构图

第一执行体系的主要作用如下。

（1）激发股东（无论持股多少）的积极性，以他们为核心构建初始的变革力量。

（2）监察 CoE 大运营体系和业务执行体系（第二、第三执行体系）的具体工作。

（3）加入 CoE 大运营体系，通过 CoE 大运营体系输出更多的成果，发挥更大的作用。

其工作原理主要是在股东会之下设立一个常设组织——股东联席会，由其领导一个审计监察机构来深入了解企业的各种具体的生产活动，及时对董事会进行"辅政"，同时也能帮助董事会发现更多 CoE 大运营体系和业务执行体系中的基层问题。

股东联席会和董事会同属股东会管理，但是又各自作为相对独立的体系存在，就好比红军、蓝军。同时，股东联席会还担任推动股东进入 CoE 大运营体系"参政"后的"信访机构"和企业"检察官"多种角色（监事会担任顶层架构"检察官"），充分让股东接地气并与董事会一起调集资源快速、闭环地解决问题。

股东联席会下属的审计监察机构（早期甚至可以把股东联席会和审计监察

机构合并成一个执行机构，股东平时就是审计监察员，召开股东联席会时才会以股东身份出席），重点入驻 CoE 大运营体系的"流程及业务智能化组"，第一时间为数字化、自动化、智能化等科技应用输入审计监察需求（在管报、管理财经范围内，但是要求建立数据仓库并且数据可向下钻取进行追溯）；还有一个常驻的地方是 CoE 大运营体系的"运营分析中心"，在这里可以收集到企业的整体业务运转实际情况与细节的数据。如果企业已经实现很好的业财融合，那么企业的整体业务运转数据与报告中就会包含财务数据，无须财务部门协助；如果还没实现很好的业财融合，那么审计监察人员会在需要的时候征调财务部门人员协助制表。

当发现企业问题之后，股东联席会经过决议会将完整报告（含调查过程与证据）走正式流程递送董事会，然后双方协商并且股东联席会全程监督问题解决的过程。如果双方有无法协调的分歧且监事会无法裁决时，则可以申请监事会介入。

当股东联席会有建议或者资源给董事会时，会正式递送意见函给董事会，然后双方在 CoE 大运营体系主办的日常经营分析会议上协商。董事会采纳则完成闭环，资源则会通过 CoE 大运营体系的专家池（培训大学）注入企业或者由董事会向股东会提起引入准新股东申请（例如引入战投等），又或者企业下令 PMO 组建项目组对接。如果董事会要拒绝股东联席会的意见函，必须给出正式回复，股东联席会如果坚持己见，可以申请股东会裁决，甚至监事会介入。

股东会、股东联席会、监事会、董事会成员以外的企业人员的信息安全纠察，以及企业全部数据归档的管理，均由股东联席会和其下属的审计监察机构负责。

公司出现重大问题、事故或者重大经营损失时，监事会除了追究董事会的责任，还会启动对股东联席会轮值主席们的追责程序，因为他们监察失职，这是终身有效的责任追溯。一旦启动追责程序，监事会会临时接管股东联席会和其下属的审计监察机构，然后开始调查，追溯相关轮值主席任期内发生的失察责任和股东联席会及其下属组织的失职责任。股东联席会轮值主席（原则上被股东授权的直系亲属不能担任，必须是持股比例超过 5% 的股东本人才能担任）最严重的处罚是终身不得参与除了股东会之外的任何企业部门 / 组织，甚至被强行收购股份和追讨一定赔偿（具体可以在轮值主席任职承诺书中规定）。

## 2.6 央国企新型顶层架构

虽然功能和效用相似，但央国企的新型顶层架构和民营企业的新型顶层架构差异非常大，所以我们专门在本节对其进行介绍。

常见的央国企顶层架构如图 2-5 所示，在这个顶层架构当中，上市主体内部的设计有限公司、财务有限公司、数字科技有限公司等都是采用类似平安集团的共享平台模式，为各子公司提供服务。但是国际有限公司可能是唯一一个不使用共享平台模式的子公司，因为国际上的标准、资料、财务规定、IT 技术应用都和国内不同。

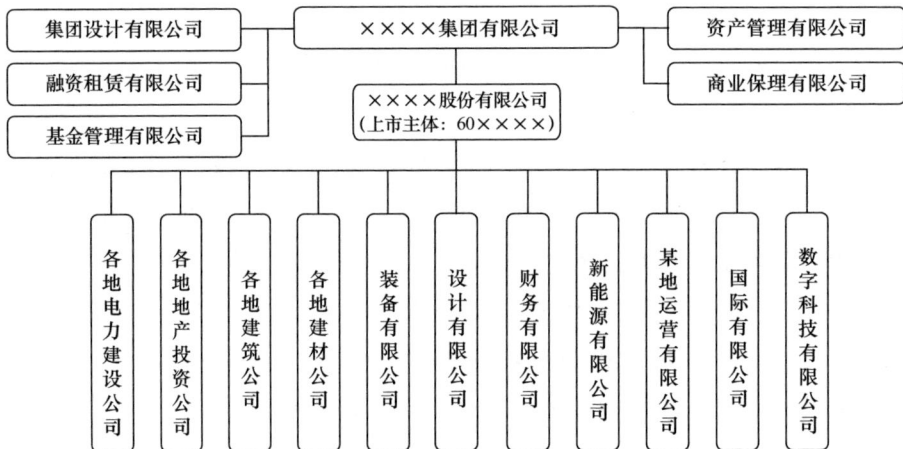

图 2-5 常见的央国企顶层架构

在这种顶层架构下，上市主体总部和各子公司之间是松散的放权关系。总部主要靠对各共享平台子公司（如图 2-5 中的数字科技有限公司、财务有限公司、设计有限公司）实施直接管控，让各共享平台子公司制定统一标准并复制能力到其他各子公司。其余的事情基本就由各子公司自行决策和发育，各子公司内部均采用传统的树状组织架构运转。

从图 2-6 展示的央国企常见总部组织来看，其已经具备了 CoE 大运营体系的雏形。只是其运转方式是各自为政模式，即总部财务部门指导子公司财务部门（子公司财务部门类似于财务 BP 的角色），总部 HR 部门指导子公司 HR 部门（子公司 HR 部门类似于 HRBP 的角色），IT 和采购部门也是一样的……这是纵向割裂孤岛模式，而 CoE 大运营体系是横向贯通后再分级，每级都是横向贯通的。

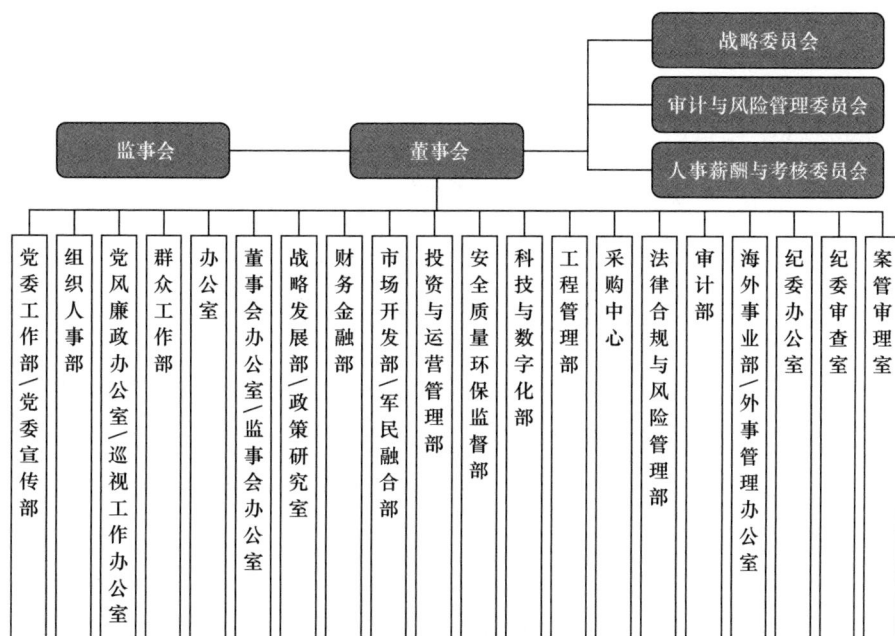

图 2-6　央国企常见总部组织

此外，大型国企的总部承担的职责是监管审计，把握大方向、大目标，具体管理和业务执行均放权给下级部门或者子公司。但是 IBM 和华为这对师徒追求的是"大象跳舞"，即中央集权管理并深度辅助基层业务执行。集团总部直线管理各级 CoE 大运营体系组织，而且各级 CoE 大运营体系组织人员上下流动，这被证明了是更高效的方式。

最后，图 2-6 中总部的人员可能都是偏专业领域的管理型人才、学者型人才，并不是复合型人才，又或者总部的复合型人才长期脱离了基层业务，所以实战能力没有中基层的复合型人才强。但是由于没有 CoE 大运营体系，也就只能采用晋升模式来持续补充总部的复合型人才，这样做效率太低，各子公司的复合型人才很难大规模地升上来，于是升到总部的人才势单力薄，无法高效成事。

央国企需要做出一些改变，央国企的新型顶层架构如图 2-7 所示。

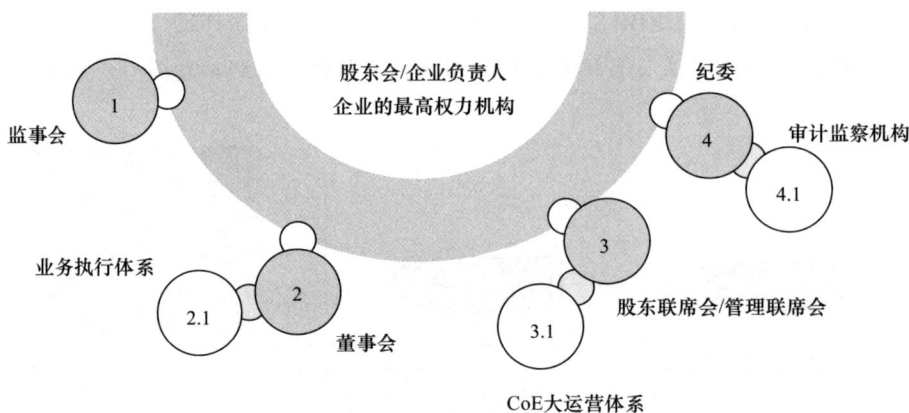

图 2-7 央国企的新型顶层架构

从图 2-7 中，我们会发现央国企的新型顶层架构与民营企业的新型顶层架构有非常大的区别。在没变革之前，经过混合股权改革的央国企有股东会，国资委控股的公司是其最大股东；没有经过混合股权改革的央国企没有股东会，董事会就是最高权力机构。

央国企需要实现的顶层架构变革，是新产生直接隶属于股东会或者政府任命的企业负责人的股东联席会 / 管理联席会，由其和 CoE 大运营体系组成第二执行体系；董事会的作用会降级，和业务执行体系组成第三执行体系；而纪委和审计监察机构则组成第一执行体系。监事会，则负责考核董事会、股东联席会 / 管理联席会各成员，督促股东会 / 企业负责人决议的执行，执行顶层架构管理规定。由股东代表和优秀员工组成。

从这个顶层架构当中，我们发现股东联席会 / 管理联席会具有很大的权力，因为 CoE 大运营体系直接隶属于它。但是股东联席会 / 管理联席会只对真正的股东会 / 企业负责人负责，可以被两者随时变革和解散，这并不会影响两者执行应有的权力。股东联席会 / 管理联席会相当于股东会 / 企业负责人的助理兼智囊团，于是第二执行体系相当于强化的"政府秘书机构"。

原来的央国企只有第一和第三执行体系，那么为什么要多设立一个第二执行体系？主要是为了避免央国企管理变革走向多个极端。

第一个极端：央国企的经营和管理完全由董事会领导班子负责，第一执行体系都是事后审计和问责，出了问题才推动新一轮的人员变更，反应时间太长了。

第二个极端：第一执行体系被增强，对第三执行体系进行严格审计和稽查，让第三执行体系陷入"合规优先"，放不开手脚开展业务或者导致组织活力下降。

第三个极端：只有第三执行体系有安置人才和让人才发挥作用的位置，但是央国企里面人才济济，如果都被束缚在这个多层级组织当中，无法发挥聚合力量。

第四个极端：避免央国企裁员导致关键人才流失。把央国企的人才流转到第二执行体系，就可以通过事实来分辨了，而且第二执行体系隶属于总部，相当于央国企最高组织来分辨人才的工作水平，公平公正，大家也不会有什么怨气了。

有了第二执行体系，央国企的第三执行体系（董事会＋业务执行体系）工作过程进一步透明化。第二执行体系随时监管/微变革和支援，企业高层管理反应时间变短；第二执行体系还会建立支撑业财融合实现的企业"管理＋数智化"体系，灵活经营企业（让企业"大象跳舞"），无须把这些平台组织变成内部独立子公司来实现内部交易平衡，也无须通过极端严格的审计监察才能了解企业经营情况及控制企业风险。

通常，央国企变革的艰难之处是"牵一发而动全身"，即变革引发人才流失、业务下滑等严重后果，谁也无法承担责任。图 2-7 所示的新型顶层架构中完美地保留了"董事会＋业务执行体系"这个央国企变革前完整的组织，为央国企变革保留了完美的退路，我们从图 2-8 当中可以了解得更加清楚。

**# 关键组织——第二执行体系的指挥中心**

**股东联席会/管理联席会**

**用来弥补董事会能力/精力不足的一个关键组织**

股东会/国资委聚合了一群经验丰富、能力强大的人才（可以从企业内外部挖掘）来组成**股东联席会/管理联席会**，这个组织还有强大的下属机构——CoE 大运营体系，这是一个聚集了企业内部拥有顶尖能力的骨干人才的组织。

股东联席会/管理联席会和 CoE 大运营体系可以采用较为激进的奖惩和薪酬福利，承担企业最重的职责和难度最大的挑战性工作（甚至包括关键研发攻关）。

**股东会/企业负责人无须再依赖董事会和其下属的各部门来完成这些难度最大的挑战性工作，也就自然不会受到他们的掣肘或抵抗。**

**先另起炉灶，再斗争融合，最后走向统一**

**剥离管理变革权，**

**但保留董事会和现有组织体系**

完整地保留现有组织体制、规则流程等，让变革不会影响到企业正常运转。

通过 CoE 大运营体系和业务执行体系基层各组织碎片化的"赛马"方式，实事求是地检验变革的效果，胜了然后再替代，败了则证明变革没有现有的组织架构和流程好，继续维持现有的组织架构和流程。

变革不一定是要什么都彻底推翻、彻底否定，逐步改变某些落后/不合适的东西，所以以来这种新旧机制长期混合的模式可能是常态化的。

图 2-8　为央国企的变革留下完整的退路

"董事会＋业务执行体系"的第三执行体系就是央国企保存完好的组织体系，那么变革和孵化会在第二执行体系进行，具体如下。

（1）在第二执行体系当中建立新的管理体系。例如，业财融合、新的分配和激励机制、LTC（Leads To Cash，从线索到现金的企业运营管理思想）、ISC（Integrated Supply Chain，集成供应链）等，以及数智化等支撑体系和新的骨干班组（这是以"储备人才"的名义新招的人员，也可以从原有体系中抽调），先从一块小的业务或者特殊轮班开始试行。

（2）第二执行体系的骨干班组（或变革团队）跑出主数据、跑通流程、跑出经验、迭代到可推行了，就可以开始逐个和第三执行体系的各种生产班组/业务团队（可以是区域团队、工序团队、轮班班组、产品线、研发项目组等）去比赛，赢了就"吞并"该生产班组/业务团队，然后培养它们掌握新的生产作业方式。这里的"吞并"并不是指人员关系切换到了第二执行体系，而是考评权力被接管。对于无法适应的淘汰人员会被送回第三执行体系进行妥善安置（第三执行体系会安排他们新岗位的去处）。第二执行体系输了的骨干班组就回去继续改进，但是每个骨干班组只有两次比试机会。第二次还赢不了就裁撤第二执行体系中对应的骨干班组。

（3）每一次变革推行（比赛），股东联席会/管理联席会均会和董事会磋商研究执行方案，无论有没有分歧，都需要提报真正的股东会/企业负责人审批。

（4）当被"吞并"的生产班组/业务团队适应了新的支撑体系和作业方式，可以独立上岗了，第二执行体系对应的骨干班组的人员会被分流到3个方向：A.加入生产班组/业务团队，填补缺额，关系切到第三执行体系；B.成为对应的运营BP小组，关系仍然留在第二执行体系；C.留在第二执行体系，继续加入新组建的骨干班组，准备和第三执行体系的下一场比赛——去挑战第三执行体系的下一个生产班组/业务团队。

图2-9展示了第二执行体系的更多细节，总部和子公司之间通过多级CoE大运营体系拉通，关系变得紧密。总部CoE大运营中心通过对子公司运营体系的5个核心组织（商业成功中心、子PMO、子人力资源部门、子流程及业务智能化组织、子科技实施组织）进行直线实权管理，拓展了子公司的日常业务和管理，并让集团的能力和意志透传给子公司；子公司的执行官团队同时掌管业务执行体

系、CoE 大运营中心，可以根据具体业务和一线情况调整运营中心工作内容使其更加贴合业务情况，并且随时通过子公司运营中心向总部求助（即通过驱动运营中心 5 个核心组织来提供帮助，当子公司运营中心的这 5 个核心组织发现自己没有能力提供服务时，会向总部运营中心求助）。

为了让第二执行体系这条"鲇鱼"具备更强的活力，可以给第二执行体系的某些人员设定一些特殊的薪酬待遇，例如，高基本工资的编外身份（可以通过总部成立子公司，向一系列下属企业进行第三方劳务输出达成）、高激励 / 高奖金机制以及让成绩突出者快升职加薪等。

第二执行体系的人员从何而来呢？主要是 3 个来源：由企业真正的股东会 /企业负责人选派、从企业第三执行体系中抽调（建议自愿原则）、外部招聘。其中，从企业第三执行体系中抽调的人员和外部招聘人员尽量不设年龄限制，事实上，第二执行体系的人员更倾向于 35 岁以上的内外部人才，他们能力强，经验丰富。

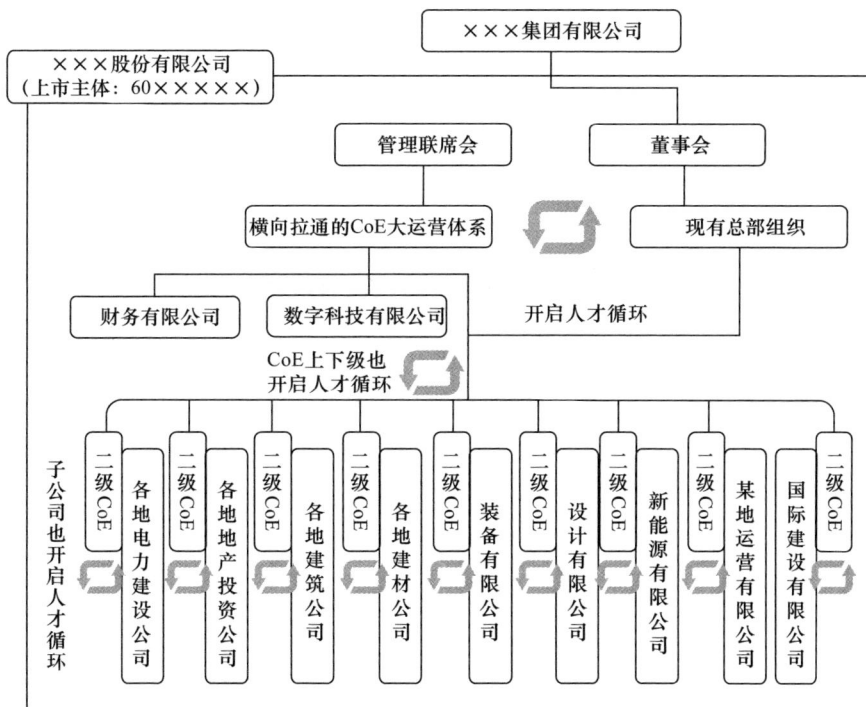

图 2-9　第二执行体系和第三、第一执行体系完美共存

央国企多级CoE体系架构简化图

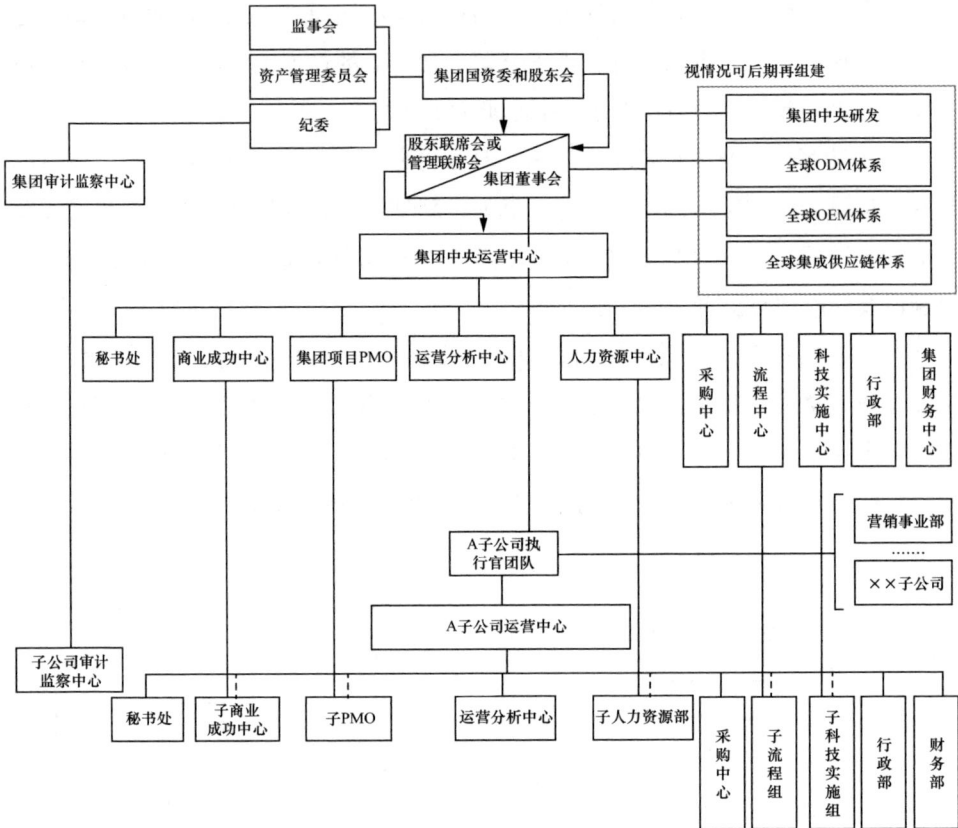

图2-9 第二执行体系和第三、第一执行体系完美共存（续）

央国企完成变革和孵化的过程不一定要快，稳健是最重要的。随着各种内外部环境发生变化，变革的效果也会发生变化，所以只进行让企业有获利的变革，最终，多种不同的管理形式会长期并存于央国企诸多子公司当中，只要适合，并能够助力企业继续发展壮大即可，无须追求极致，久久为功即可。

# 第3章

# 第二步：建立新型企业运转模式，孵化变革力量

本章介绍剩余两大执行体系的落地细节及建成后的新型企业运转模式。还是先以民营企业为例，3.3 节再介绍国有企业比较特殊的三大执行体系的细节。

## 3.1 企业建设科学的第二执行体系

第二执行体系，由董事会和 CoE 大运营体系组成，是企业的权力中枢（大脑 +
神经系统）。其职责是研究并制定正确的企业战略、管理机制和科技工具等，确保它
们被正确执行及产生效果；公平公正统计考核企业全员（不包括股东会、监事会、股
东联席会、董事会等顶层人员）并给予奖惩。这个体系集合了企业内外部能够集结
的最精锐的变革力量，对企业的生死存亡负责，能够将一切计划变为现实，并在这
个过程中不断孵化出更多的变革力量，这些新生力量是企业能够持续变革的关键。

### 3.1.1 董事会的新变革

通常企业的董事会召开的频率比较低，日常工作都由董事长一人来承担，董
事长身边聚集多名 C 级高管（C-Level Board Directors），这个团队成为整个企业
的权力中枢。这种传统的企业组织架构没有问题，但是到了今天，面对新的国际
和市场情况，如果想要尝试让企业走出一条新的路径或者加速"超车"，肯定要
升级这种企业的运转模式。

先要将企业"大脑"进行新机制植入——董事会要成为常设组织，取代"董
事长 + 多名 C 级高管"的团队，成为企业"大脑"的关键决策部分；企业"大脑"
的运算和"神经系统"则由新成立的 CoE 大运营体系来扮演。传统企业组织架
构中的一部分 C 级高管（如 CFO、COO、CDO）和众多内外部人才被改组进入
CoE 大运营体系，成为强大的运算和神经系统，剩余的部分 C 级高管（如 CEO、
CMO、CTO）进入第三执行体系去驱动业务执行。

变革后，新的董事会仍然由董事长领导，董事长具备一票否决权和一票通过
权。其中一票通过权受到使用限制和终身追溯——一旦监事会和第一执行体系经
过调查，确认了第一次责任追溯有效（造成严重影响的，董事长可能还会被弹劾
并被处罚），那么该任董事长再次使用此权力需要获得股东会批准，下一任董事
长上任时该权力会被重新解封。除了董事长，新的董事会中必须至少有一名股东
或股东委托人，部分成员必须来自 CoE 大运营体系，还有部分成员必须来自业务

执行体系。这些人员由董事长和股东联席会联合提名，股东会任命。董事长的职责主要是带领秘书处运维好频繁召开的董事会和 CoE 大运营体系筹办的三大会议、管理好 CoE 大运营体系，以及和其他被选出来的股东一起做好外部资源的 BD 及企业形象的维护。

所有董事会成员（除了独立董事之外）必须在 CoE 大运营体系和业务执行体系当中担任各自领域最高的实权职位（如财务总监、CMO 等），不是只担任运营委员会（运营联席会）成员即可。一旦董事会成员失去了最高的实权职位，其马上会失去董事会成员的身份；但是失去董事会成员的身份（如被董事会淘汰）并不会导致其失去最高实权职位。

董事会成员接受双身份考核：第一考核是实权职位的考核，由董事长带领 CoE 大运营体系完成，第一执行体系监察；第二考核是董事身份的考核，由监事会带领第一执行体系完成。

每次召开董事会，监事会和第一执行体系都需要派人列席旁听记录并有权提出质疑，但董事会可以不予理会。会议采用决议制，每席一票（列席旁听人员无投票权），可以根据需要召开多日 / 多次会议，直到有成熟的决议输出。CoE 大运营体系负责全权筹备会议，具体带头执行的组织是秘书处，执行组织是 CoE 大运营体系。会议召开前一周必须向与会成员推送完整会议资料，开会前所有与会成员必须充分理解会议资料，一旦被发现"无脑参会"，将会被警告和记录，超过多次就会被严厉惩处。第一执行体系全程严谨监察（如收集完整的流程执行证据和数据）。

董事会的开会内容主要就是三大会议。

（1）日常经营分析会议。每两周或者每个月召开一次，研讨各种任务执行过程中的成果、细节、困难和下一步动作，拉通信息并微调任务。采用宣导方式（以数据分析和任务当场分解为主），有困难或者要拉通，与会成员自己当场走 CoE 大运营体系内部各种流程或立项解决。更多细节和内容设计会有配套的具体流程图与会议规定。

（2）战略及创新发展分析会议。每季度或者半年召开一次（相关项目组还可以根据情况申请召开），审视研究成果、执行进展，根据实际效果调整策略并更新相应的配套细节（如任务分解、预算、组织和人才、考核激励等）。采用"宣导 + 红蓝方对抗"为主的会议方式（蓝方不能只说不练，必须提前研究和准备，用成果与数据来作战。一旦蓝方挑战获胜可以接管项目转变成红方，具体规则后面第 6 章有阐述）。更多细节和内容设计会有配套的具体流程图与会议规定。

（3）企业管理变革分析会议。这个会议是按需召开的。通常是运营常委会和 PMO 经过预研后，针对 CoE 大运营体系或业务执行体系需要进行的管理变革给出提案，然后董事会、股东联席会与提案小组通过闭门会议（2～5 天）研究出关键细节和后续分工，然后批准立项实施。更多细节和内容设计会有配套的具体流程图与会议规定。

### 3.1.2　创新的 CoE 大运营体系

在升级了企业"大脑"（董事会）的机制之后，接下来要构建企业的"神经系统"（CoE 大运营体系）了。

新成立的 CoE 大运营体系，经过前面章节的讲述，相信大家已经知道其职能和重要性，接下来我们深入了解其各种构造逻辑和细节。

CoE 大运营体系的最高权力机构是"运营委员会"（运营联席会），成员是 CoE 大运营体系中的各部门主管和一些从 PMO 专家池选出的内外部专家。该委员会通常每季度或半年召开会议，内容主要包括审批研讨 CoE 大运营体系整体规划、公司战略设计改进草稿和执行效果（为三大会议中的战略及创新发展分析会议的召开做准备）、自身选举、上一个季度 / 半年度考核激励（CoE 大运营体系运转效果良好后，可以作为利润中心进行内部资源 / 服务买卖）、下一个季度 / 半年度任务分解等。

CoE 常务委员会负责主持 CoE 大运营体系的日常工作，其有三大主要职责：抓好三大会议的召开、管理好 CoE 大运营体系、辅助董事会决策。董事长或董事会成员作为常委会主席（由董事长任命，也可以采用轮值制），具有一票否决权和一票通过权（每次使用需要董事会授权）。成员可以是内外部人才，从运营委员会中选出，董事会成员与该常委会成员重叠身份人数不能超过 50%。CoE 常务委员会是董事会成员主要候补池。

秘书处是负责追踪指令执行的机构，其人员必须是 PMO 中的优秀 PM，因为需要熟练使用各种管理软件及和各部门主管频繁沟通。

CoE 大运营体系的构造逻辑大体分为 3 个部分。

**第一部分是细化及落实新顶层架构推行的业务 / 管理变革和创新。**

这是 CoE 大运营体系最核心的职能，就是要为企业的发展破除一切阻力。承接这个核心职能的组织必须具备科研与教学一体的特征，其内部是虚实结合的，也是用科学和先进的办法进行管理的，可凝聚和有效应用强大的内部外部能力。

在华为，是由华为大学及战略预备队来共同承担这部分职责的。华为大学专注员工能力提升，主要负责公司通用知识与技能、企业文化、管理技能、新员工入职引导等培训。

战略预备队是华为的"能力交付平台"，负责人才与成果输出。如果说华为大学重在"教"，那么战略预备队则重在"用"。华为通过建设战略预备队实现3个目标：一是让员工转化成"将军"或专家；二是在关键环节建立人才循环流动机制，实现人才在不同模块之间合理流动，避免因"地方主义"而使人才板结；三是外部高端管理干部引入后，需先到战略预备队参加"作战"，在"战斗"中实现团队和文化融入，提高人才的存活率。此外，战略预备队还需在训战过程中总结案例，输出培训教材。

**第二部分是运维这些变革与创新。**

重大的变革和创新完成后，企业需要在实践中不断进行迭代改进，才能持续有效。但是迭代改进已经不需要再集合非常强大的内外部力量了，所以会由专门的运维组织来承接。运维组织和集合非常强大的内部外部力量的核心组织 PMO 同在 CoE 大运营体系之内，随时相互配合。在华为，类似的职能由流程与 IT 部门负责，其是华为八大部门之一。

**第三部分是辅助业务执行体系（第三执行体系）做出实效。**

CoE 大运营体系必须完成"变革与创新从业务中来，到业务中去"的最后一步闭环。CoE 大运营体系对各种变革和创新的深度推行、对基层业务的了解，决定着价值的体现和变革创新的成败。这些事情不能推诿给业务执行部门（业务执行部门只聚焦执行，理解力肯定不够），CoE 大运营体系的力量必须深入各基层，辅助和强化业务运转，及时反馈 / 解决各级业务执行基层的问题。华为由战略预备队和流程与 IT 部门来分担这部分职责。

理解了 CoE 大运营体系的构造逻辑后，让我们一起看看这 3 个部分的详细设置。

我们先来看第一部分的核心组织——PMO。PMO 委员会是 PMO 的最高权力机构，由专家池中选出的顶级专家、PM、监理组成（有任期），负责该组织的日常管理和重大决策，并协助 CoE 常务委员会做好紧急增补任务的拆解和工作安排。

PMO 委员会主席由 CoE 常务委员会任命，没有一票否决权，只有提请 CoE 常务委员会复议权。CoE 常务委员会成员与 PMO 委员会成员重叠身份人数不能超过 30%。

PMO 组织设计如图 3-1 所示，图中的"各种一次性项目组""各种周期性虚拟组织"都是 PMO 成立的各种项目组，其区别在于有些项目具有周期性和长期性。例如，战略 / 市场研究、预算规划、内控等，会被设立为"周期性虚拟组织"，任务完成后该项目组的团队并不会解散，只是会临时释放他们参与其他工作，一旦该项目组重新被激活，团队成员原则上必须全部召回。此外，有些负荷大、频率高的项目成功后都会被转为 CoE 大运营体系或业务执行体系的实体组织，如"投标及政府公共关系组"。

图 3-1　PMO 组织设计

运维组是 PMO 的日常运转维持机构，其下属的 PMO 后勤小队（见图 2-2）是项目管理平台，由众多项目助理提供平台型服务，协助 PM 管理好日常项目组事务；KM（Knowledge Management，知识管理）办公室则是负责整理和提炼知识的组织；PM 办公室是管理及培养 PM 的组织，各项目的 PM 必须由相关领域能力最出众的人才担任；监理办公室是评估考核项目组的组织，成员必须从最出色的 PM 中选取。这些组织除了主管或少数骨干，其余人员都从培训学院中抽调。

培训学院（又称专家 / 干部培训大学），是 CoE 大运营体系的核心变革人才摇篮。其采用的是 CoE 大运营体系和业务执行体系人才流转培养的机制（该机制肩负着孵化常变力量的重任），其执行步骤如下。

（1）第一次从业务执行体系选拔的优秀员工、新招聘的骨干、新来的外部专家等，都需要先进入企业的培训学院学习了解企业的基本情况。培训学院有企业的各种数据、文档、规则和各种专家帮助新来者快速完成知识准备，新来者开始在专家库中备案，等待被各种项目或者任务调遣。同时，培训学院会为每个人暂时设定一个成长计划，进行 CoE 大运营体系内的轮岗历练。能力强的人才或者非第一次进入 CoE 大运营体系历练的人才，成长计划的第一步往往是被分配去 KM 办公室或者作为培训学院的讲师教导新学员。

（2）历练者完成了第一步后，会被 PMO 调遣进入各种项目，在实干中学习和接触了很多自己以前不了解的事物，同时也把自己拿手的本事展现出来，最终通过项目成果证明自己。这个过程也是历练必经的一部分。非第一次轮岗进入 CoE 大运营体系深造的人才或者能力强的人才，会被选入 PMO 管理机构历练。例如，任职 PM、监理等。

（3）在 PMO 的一个或多个项目中历练后，培训学院会根据历练者的情况安排他们进入适合的 CoE 大运营体系岗位历练（业务部门的新招聘骨干不用进 CoE 大运营体系岗位历练，而是直接进入业务运营分析中心接触自己未来任职的业务领域）。

（4）完成了全部历练，历练者可以结合其意愿和组织的安排，要么留在 CoE 大运营体系正式担任运营骨干，要么回归执行业务体系担任主管或者骨干。历练者在历练过程中失败或者自愿退出，则属于被 CoE 大运营体系淘汰，其会回归业务部门，但是不会获得担任要职的资格（因为要晋升就必须要完成 CoE 大运营体系的历练）。

接下来是第二部分，CoE 大运营体系中的“变革与创新”运维功能由以下组织实现。

流程及业务智能化设计组织。

（1）需求分析小组。该小组只接受业务运营中心或者 PMO 下发的需求，然后分析需求并根据等级走不同的流程牵引相应的“变革与创新”运维常设团队处理（通常由 PMO 委员会担任），超出运维体系的需求或者问题（或者由于运维体系的 PM 能力不足），转由 PMO 进行处理。

（2）业务／流程维护及运行监控小组。该小组负责属于原有设计的缺陷、工

具 / 设备设置的缺陷或者各种参数和规则设置的修改等修补工作。

（3）数字化产品经理 /PM 小组。该小组针对新的需求（没有超过运维体系的能力范围）或者大的缺陷，由 PM 牵头组队立项设计（如果是设备或者基础设施类，则 PM 由资深工程师担任）。该 PM 可以横跨"流程及业务智能化设计组织""科技实施 / 运维组织"两个组织调取资源。

科技实施 / 运维组织。

（1）IT 部。IT 软件、硬件等各类工程师都集中在这个部门，这个部门只负责建设和培养工程师的技术能力。

（2）设备部。自动化设备、厂房基础设施等各类工程师都集中在这个部门，这个部门负责建设也负责设备维修保养。IT 部和设备部的工程师是特殊岗位，其历练岗位可以在各自部门的技术体系内完成（除非走 PMO 特殊申请流程）。

最后是第三部分，辅助强化业务，实现"商业成功"的组织由以下部门实现。

运营分析中心，这是一个由 CDO 执掌的非常重要的组织。各个层级的业务执行团队都会配备运营分析中心 BP 小组或专员，运营分析中心就是负责管理他们的。他们负责收集 / 统计数据、推广工具 / 体系、观察分析问题 / 现象、提供参考意见、收集 / 研讨业务需求并推动第一和第二部分的组织去解决。他们主要是从业务执行体系中选拔到 CoE 大运营体系深造的优秀员工，被安排进运营分析中心任职的人具备以下特点：业务执行体系出身的他们更加聚焦于执行的细节、技巧和熟悉业务，了解 CoE 大运营体系制定的变革和创新，背后有 CoE 大运营体系强大的资源支撑。这些业务执行体系的优秀员工在 CoE 大运营体系历练后，很多还是会重新回到业务执行体系（少数优秀强大的则会留在 CoE 大运营体系）。

由于运营分析中心的人员本身就是业务执行体系的优秀员工，因而随着深入基层他们可以给业务执行体系的主管和同事们强有力的支持，双方的融合会非常好；同时，他们也代表 CoE 大运营体系深入业务基层，验证变革和创新与实践结合的情况，及时反馈需求 / 问题；他们还作为业务执行体系代言人（如可以设置他们的奖金由业务执行体系拨发）推动 CoE 大运营体系的第一和第二部分的组织持续迭代为对应执行部门打造成果，因此在执行层面能很好支持"商业成功"。

以上就是 CoE 大运营体系的构造逻辑和运转组织，再配合图 3-2 的流程，新型企业运转模式就运行起来了。

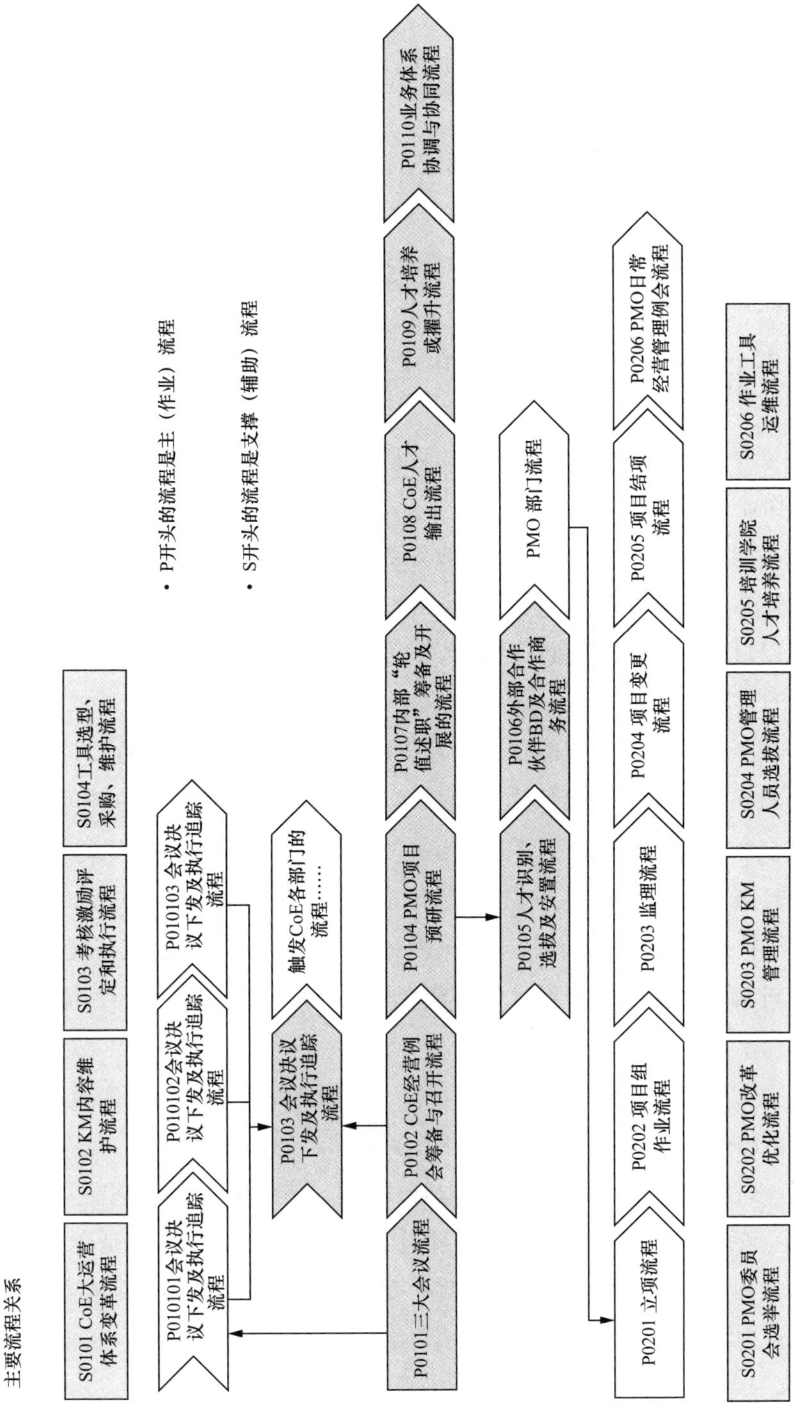

主要流程关系

- P 开头的流程是主（作业）流程
- S 开头的流程是支撑（辅助）流程

| S0101 CoE大运营体系变革流程 | S0102 KM内容维护流程 | S0103 考核激励评定和执行流程 | S0104工具选型、采购、维护流程 |

P010101会议决议下发及执行追踪流程 → P010102会议决议下发及执行追踪流程 → P010103 会议决议下发及执行追踪流程

P0101三大会议流流程 → P0102 CoE经营例会筹备与召开流程 → P0103 会议决议下发及执行追踪流程 → 触发及发CoE各部门的流程……

P0104 PMO项目预研流程 → P0105人才识别、选拔及安置流程

P0106外部合作伙伴BD及合作商务流程 ← P0107内部"轮值述职"筹备及开展的流程

P0108 CoE人才输出流程 → P0109人才培养或赋升流程 → P0110业务体系协调与协同流程

| P0201 立项流程 | P0202 项目组作业流程 | P0203 监理流程 | P0204 项目变更流程 | P0205 项目结项流程 | P0206 PMO日常经营管理例会流程 |

PMO部门流程

| S0201 PMO委员会选举流程 | S0202 PMO改革优化流程 | S0203 PMO KM管理流程 | S0204 PMO管理人员选拔流程 | S0205 培训学院人才培养流程 | S0206 作业工具运维流程 |

图 3-2 CoE 大运营流程体系

79

这里大家不要简单地认为把一些人才凑齐了就是新型企业运转模式和变革力量，就可以取得优秀变革成果了。如果这些人才的经验、方法论、工具都不是一个体系的，他们需要很长时间磨合，这个磨合过程中会出现各种概念名词误解和做法分歧，甚至还缺乏统一作业标准，企业付出的代价太大了。但是在新的企业运转模式当中，一切都是科学及高效目标指向性的，除了以上机制外，第一批变革力量发挥了重要作用——运营委员会、PMO 委员会最大的职责和贡献如下。

（1）统一方法论、概念名词、作业标准、工具，并做好 KM，方便大家借鉴。

（2）培养下属完成第一条中内容的吸收和使用，使得最终整个 CoE 大运营体系人才的作业技能统一。

（3）不能故步自封，需要不断吸收外部顶尖战力进来，进行受控性的磨合和碰撞，发展第一条中的内容，再推广普及。

这里以目前最让各个企业头疼的数字化、智能化场景为例，展示一下 CoE 大运营体系的运转。

要实现企业数字化、智能化，推荐使用经过我们升级改造的 EA TOGAF 方法论，如图 3-3 所示。我们认为企业数字化和智能化不是一个单纯的技术型项目，而是一个重大的变革型项目，因为很多旧的作业方式、商业模式、组织与流程都会被打破，人才的模型、配比和数量也会被极大改变；但是其很多方面的实现与可持续性发展又严重依赖技术，很多具体的做法与细节我们会分散到后续的各个章节讲解，这里主要来看这种复杂变革项目如何由 CoE 大运营体系组织和推动。

CoE 大运营体系首先会把企业数字化、智能化定位为战略和变革的一部分，那么其分解出来的项目都是战略和变革相关项目，属于一级类型，是高层主要关注的项目（高层的三大会议中的"企业管理变革分析会议"和"战略及创新发展分析会议"专门负责跟踪和评审该类项目）。具体执行起来，就是企业数字化、智能化的规划设计与执行被涵盖进战略/变革范畴，成为战略/变革项目群（这是一个常设虚拟组织）当中的一个子项目组，该子项目组中的成员需要担负 3 个重要职责。

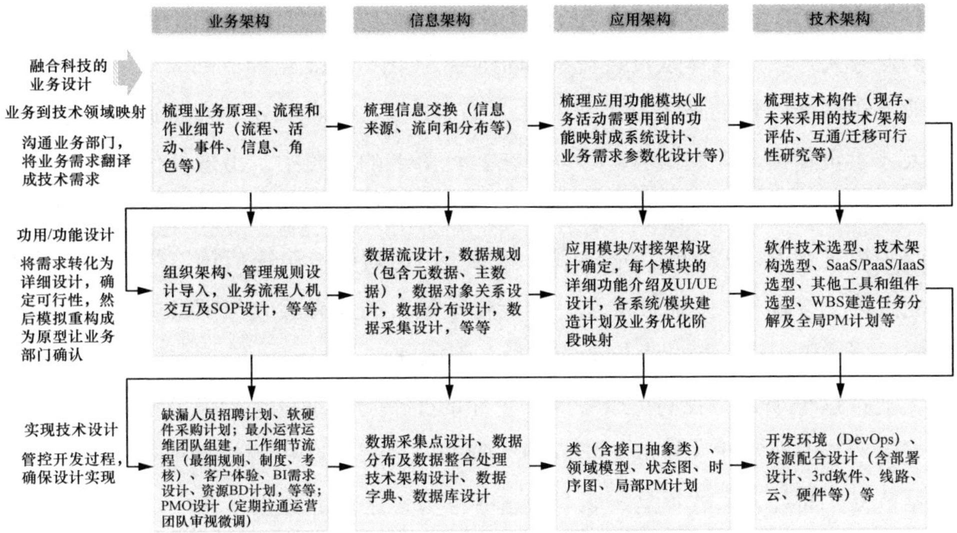

| 业务架构 | 信息架构 | 应用架构 | 技术架构 |
|---|---|---|---|
| 梳理业务原理、流程和作业细节（流程、活动、事件、信息、角色等） | 梳理信息交换（信息来源、流向和分布等） | 梳理应用功能模块（业务活动需要用到的功能映射成系统设计、业务需求参数化设计等） | 梳理技术构件（现存、未来采用的技术/架构评估、互通/迁移可行性研究等） |
| 组织架构、管理规则设计导入，业务流程人机交互及SOP设计，等等 | 数据流设计，数据规划（包含元数据、主数据），数据对象关系设计，数据分布设计，数据采集设计，等等 | 应用模块/对接架构设计确定，每个模块的详细功能介绍及UI/UE设计，各系统/模块建造计划及业务优化阶段映射 | 软件技术选型、技术架构选型、SaaS/PaaS/IaaS选型、其他工具和组件选型、WBS建造任务分解及全局PM计划等 |
| 缺漏人员招聘计划、软硬件采购计划；最小运营运维团队组建，工作细节流程（最细规则、制度、考核）、客户体验、BI需求设计、资源BD计划，等等；PMO设计（定期拉通运营团队审视微调） | 数据采集点设计、数据分布及数据整合处理技术架构设计、数据字典、数据库设计 | 类（含接口抽象类）、领域模型、状态图、时序图、局部PM计划 | 开发环境（DevOps）、资源配合设计（含部署设计、3rd软件、线路、云、硬件等）等 |

融合科技的业务设计

业务到技术领域映射

沟通业务部门，将业务需求翻译成技术需求

功用/功能设计

将需求转化为详细设计，确定可行性，然后模拟重构成为原型让业务部门确认

实现技术设计

管控开发过程，确保设计实现

图 3-3　升级改造的 EA TOGAF 方法论

（1）参与其他各个子项目组，辅助这些项目组了解技术，并按照升级改造的EA TOGAF 方法论做好相关内容设计。

（2）根据各种设计需求，联合采购部和投资部去 BD 科技供应商、投资标的，成为关键对接人。

（3）跟踪 / 参与数字化、智能化相关内容的落地，做好验收工作（作为第一责任人终身追溯）。

该子项目组收集了全盘科技需求后，必须统筹全局地提出企业掌握"科技 +"力量如何建设（第 4 章会讲述）和企业数字化、智能化如何落地等关键方案。因此该子项目组配备的人才必须是非常懂各种业务逻辑和管理的技术型出身的复合型人才，同时还要配备有人力资源人才和财务人才（推动业财融合及精准考核激励）。非常懂各种业务逻辑和管理的技术型出身的复合型人才，在我们的社会是比较紧缺的，他们也是重要的变革力量，那么企业就需要利用 CoE 大运营体系来自己培养才能够保障人才供应，具体培养方式在第 4 章会讲述。在早期阶段，企业可以采用混合内外部顶尖战力的方式边搞建设边培养人才。

当融合了企业数字化、智能化内容的战略规划和解码完成后，企业就可以通过高速 DSTE 流程（非传统 DSTE 流程）来闭环落地（第 6 章会讲述）。这个落地过程的每一个建设子项目组都会对应设计阶段的子项目组，当中都会包含该领域的业务人才、运营体系负责流程和企业数字化、智能化合成的人才（非常懂各种业务逻辑和管理的技术型出身的复合型人才）、技术人才、人力资源人才、财务人才（负责指导业财融合建设）。在执行落地的过程中，出现任何大型困难或者意外情况，可能都会引发整体战略设计与执行的调整与迭代。战略项目的成果验收与审批由 PMO 委员会完成第一级操作，运营委员会完成第二级操作，董事会完成第三级操作；企业数字化、智能化子项目的成果验收与审批则由战略项目组完成第一级操作，运营委员会完成第二级操作。

通过这个场景，我们可以看到，企业的变革与管理进化始终处于高速循环迭代当中，企业数字化、智能化是其中关键的一部分。这些活动都有专门的组织和机制负责，而且大家并不是兼职在做这些事情，这就是企业有没有 CoE 大运营体系的关键区别。没有 CoE 大运营体系的企业，项目组成员都是和业务执行体系人员是复用的，大家做完了项目之后就都各自回到业务执行体系的本职岗位了，也要完成本职工作的考核。企业真正可以抽调出来的专职人才估计只有几名高层、科技部门和人力资源部门的人员，相信绝大多数的企业都已经有过类似的经历与体验了。

企业实现数字化、智能化还有更多的巨大困难，在 7.3.2 小节会讲述，届时大家才能完全理解 CoE 大运营体系的重要价值。

### 3.1.3　第二执行体系如何实现合理集权管理

新型企业运转模式建立后，就需要让第二执行体系来"抓权"，因为只有完成合理集权管理，第二执行体系才能开启企业变革之路。

先来理解和区分两个概念。

企业当中做业务，指的是做好企业的生产活动以获得好的结果，如解决好一个技术难题、投好一个标、加工好一个零件、安排好一车货品的运输交付等。

企业当中做管理，指的是做好企业各种生产活动的有序规划、人员的调配管理、生产活动的执行质量监察等。

现实中的人才市场，能做好企业当中各种业务的人才很多，业务能力也很好，但是他们中的很多人是不精通管理的，因此企业愿意出的雇佣价格相对低，雇佣之后都会让他们去基层任职；市场上能精通并做好企业管理的人才比较少，而且往往这类人才的实际管理能力还参差不齐，业务能力都退化严重。但是企业由于急需，愿意出的雇佣价格较高，而且雇佣之后这些人才都会去中高层任职。

这就解释了，过往的企业管理，为什么往往都是高层设计和把控方向，然后让基层做出更多的细节？

企业生产活动就像人的实践行为，大脑不能凭空想象出各种细节和困难，只能通过过往的经验或知识推测给出方向指导，人经过实践并感知到了细节中的困难时，就会反馈给大脑，大脑才能理解并再想办法，这个循环会不断进行，人就可以不断克服困难并开创出很多成果。

可是企业又不像人体的构造那么精密并具有很快的反应，基层人才很难理解管理层的想法和要求，他们自身的各种想法和诉求也会加在各种复杂的细节设计当中，同时又有太多的现实情况和细节无法完全反馈给管理层。随着双方这些不对称的思维和误差不断积累，企业很难变得敏捷（尤其是大企业）。管理层发现想要做好深度管理设计及大量细节管理并不能依赖基层，但是管理层自己也做不到，怎么办？

于是企业开始想办法合理集权管理，即在高层把基层细节也设计好和管理好。但是高层的人长期脱离基层工作，认知不足，导致了很多不合理的设计和管理出现，而且他们也在很多时候无视基层的反馈，造成了高层的独断专行局面。

这时聪明的企业家就明白了复合型人才（变革力量的关键因素）的重要性，这些人才对业务和管理皆精通，能完成这些艰巨的任务。于是企业开始着手培养精通业务和管理的复合型人才，很多优秀的企业确实培养出了这种人才，例如美的集团的方洪波先生。但是如前所述，旧的企业运转模式和人才通道对于复合型人才的培养具有抑制和低效等不良效果，使得企业中、社会上这种人才的产出还是太少。那么接下来我们来看看新的企业运转模式中，第二执行体系是如何培养复合型人才并实现合理集权管理的。

复合型人才的培养不是一朝一夕，在刚开始的时候缺少这样的人才，企业如何开局？ CoE 大运营体系和业务执行体系的轮岗机制，帮助企业使一批业务能手进入 CoE 大运营体系，然后这些业务能手和擅长管理的人通过 PMO 中的项目制相互磨合学习，解决各种管理和业务细节设计难题；再通过运营分析中心来管理迭代细节、反馈现实情况，完成"变革与创新从业务中来，到业务中去"的闭环，无须业务执行体系的多层级管理人员来帮忙，初步实现了合理集权管理。

良好的开局是成功的一半，随着时间的推移，一批又一批的业务能手在 CoE 大运营体系参与了各种变革设计和对业务执行体系的辅助管理，与 CoE 大运营体系各种不同领域的人才不断磨合，沉淀和普及化学习了大量知识和经验。这些业务能手之后又亲自回到业务执行体系体验效果和创造新的实践，如此往复循环，既迭代精炼了各种细节的设计和管理，又培养出了更多复合型人才。

当 CoE 大运营体系人才掌握了足够的细节和控制力，企业的中基层管理权就会逐步集中到 CoE 大运营体系，甚至连很多业务执行能力都可以被 CoE 大运营体系掌控。这就是合理集权管理，这让企业逐渐变得更加敏捷和无惧变革阻力。

这个执行过程中有一个关键注意点——人才的技能"保鲜"。企业如何在从业务执行体系将优秀人才抽调到 CoE 大运营体系后，既让他们继续有机会多使用自己原来的业务技能帮助业务执行体系，使业务执行体系不会因缺人而"坍塌"，又让他们在 CoE 大运营体系的各种变革项目中发挥作用呢？企业需要使用运营分析中心的特殊考核方式及 PMO 项目制中的"谁推动谁买单"机制。

运营分析中心的人员肩负的职责是使业务执行体系推行变革后高效管理 / 作业，降本增效，创造利润。往往深入基层的运营 BP 专员就得带头干，边示范边干，当发现设计不合理或者出现新需求，就要推动 CoE 大运营体系尽快解决，并且自己作为业务执行体系的代表又要进入项目做好引导和监督。这些工作是要看到成效才能证明其价值的，所以运营 BP 专员所辅导的业务部门的业绩是否变好、变好多少、变化的关联系数等都要量化计算，最终成为运营 BP 专员的成效考核；与此同时，运营 BP 专员在 CoE 大运营体系的各种日常工作量和工作质量也会被量化统计为考核数据。如此一来，运营 BP 专员会想尽办法提升所辅导的业务执行部门的业绩，最终业务执行部门实现精兵简政，运营 BP 专员也能做好两手工作并实现技能"保鲜"。

至于 PMO 项目制中的"谁推动谁买单"机制，则是指变革项目内容的受益业务部门需要承担部分项目开销。例如，2C 营销事业部的食品部需要优化 O2O 模式，向 CoE 大运营体系的 PMO 提出申请并获得审批成立了项目组，那么该项目组的绩效就和其业绩改善挂钩，部分成本也由其负担。如果项目由运营委员会自上而下发起，那么项目成本暂时由 CoE 大运营体系承担，产生正向收益后受益业务部门再逐步结算给 CoE 大运营体系；如果项目由业务部门强硬发起并推动运营委员会通过立项（实际上运营委员会并没有同意立项通过，但是业务部门向董事会申请到了例外权），那么无论后续是否会产生正向收益，项目全部成本都会被结算给业务部门。

项目成本开销会分走业务部门的奖金和预算，所以业务部门既要尽量配合项目组，又要管理、监督他们。例如，尽量让他们帮忙一起做业务，控制项目时长、质量和预算。

在双重拉动下，CoE 大运营体系的人才只有肯想肯干才能获利，而不是纸上谈兵。而技能"保鲜"作为副产品也得到了产出。

综上所述，当第二执行体系培养出了能力强大的组织，才能完全掌握主动权，实现合理集权管理。

## 3.2　企业建设科学的第三执行体系

旧的企业运转模式中只有树状结构的业务体系，或者 CoE 大运营体系非常弱小，这使得企业的管理权仍然被业务执行体系执掌。这些业务执行体系的中层管理者往往利用职权优势，结党营私，向上干扰高层决策甚至胁迫高层不能推行变革，向下"奴役"基层和生态以攫取利益。尤其是在企业应用 AI、机器人、数字化、自动化等先进技术的过程中不作为、敷衍应对、巧妙设计利益漏洞甚至进行干扰破坏。因为这些先进科技的使用会威胁到其生存和利益。在新的企业运转模式中，解决这些问题靠的是前面讲述的第二执行体系合理集权管理及人才循环，逐步通过 CoE 大运营体系和业务执行体系的竞合，最终走向融合。

华为从 2013 年开始就利用重装旅、战略预备队机制（其职能大部分与本书介绍的 CoE 大运营体系类似）对其业务体系进行改造，所获成就大家有目共睹。

经过变革的第三执行体系，通常由 CEO、CMO、CTO、业务执行体系（包含营销部门、研发部门、生产部门、供应链部门、客服部门等）组成，是企业当中创造价值的主力军，也是集中了大部分人员的体系，这个体系会在 AI、机器人、数字化、自动化等先进技术的加持之下逐渐变得愈来愈强大。

当许多管理权力被转移到了第二执行体系后，第三执行体系的新职责和价值会发生怎样的变化呢？

### 3.2.1 业务执行体系领导的新职权

在新的企业运转模式中，CEO、CMO、CTO（可能都是董事会成员）被安排来领导业务执行体系，是因为他们的职权都是以业务执行为主。

除了 CEO、CMO、CTO，业务执行体系各层级领导最主要的职责是：带头亲自上阵做业务、分解安排任务并指导团队做业务、检查并鞭策团队作业；带头推行变革成果。如果遇到组织或流程不合理、工具不合用、团队成员能力不行、超越自己能力范围的困难或者新想法等问题，都找运营 BP，或者由 CEO、CMO、CTO 在三大会议上面提出。总而言之，大量的对外战略合作、BD 应酬、内部管理开会讨论及思考、人员考核安置等无关具体业务执行的工作都无须业务执行体系领导承担。

在这样的情况下，业务执行体系的领导和员工就能全力做好业务执行，为企业创造价值。尤其是 CEO、CMO、CTO 这些业务执行体系领导，可以省却大量的干扰，聚焦时间和精力，深耕垂直领域。例如，CEO 主要看顾好生产和供应链领域的生产活动，CMO 看顾好市场营销和客服领域的生产活动，CTO 则看顾好研发领域的生产活动。

于是对 CEO 的职责要求可以简化为：首先，必须精通企业的生产和供应链各种细节，动手和学习能力特别强，一个人就可以指导全局，可以筛选或识别出能力强的员工和各种供应商；其次，不断带领队伍深入学习技术、装备、科技应用，自己就是技术能手，营造浓厚学术氛围；最后，还要时常到营销和研发一线，带头巡检质量和考察业务执行情况，确保业务目标的达成。

CMO 则首先需要精通各种市场推广和销售手段，有强大人际关系，能够亲自动手布局，并指导各种人员高效工作，遇到难题自己亲自上阵解决或者带头研究；其次，自己带头洽谈各种合作，谈判各种大型合作的商务与细节，并且让团队保质保量执行到位；最后，也是要确保业务目标的达成，亲自巡查基层，督促签单或者亲自攻关大型订单。

CTO 应该是纯粹的技术达人了，自己至少是研发组织中一流水平的存在，研发组织中最厉害的人才和他都能够畅快交流；作为行业的技术标杆，他自己就是吸引顶尖人才组团的存在，科研和学习能力极强，始终追逐 / 引领技术潮流；大胆创新，勇敢追逐心中梦想，敢于向上说服并有能力快速执行庞大研发计划。

最后，在做业务的过程中，跨领域的协同、人才培养、后勤保障、管理公平合理等烦心的事情，都不需要业务执行体系的领导们操心，运营 BP 和其归属的 CoE 大运营体系会做好这些工作，全力支持业务执行体系的人员做业务。不过第三执行体系的人员必须掌握如何与 CoE 大运营体系协同的能力，也要了解 CoE 大运营体系的运转逻辑与流程，如此双方才能非常好地协同作业。这一点通过 CoE 大运营体系和业务执行体系的人才循环能够实现。

### 3.2.2　第三执行体系新职权

在新的企业运转模式中，第三执行体系除了领导以身作则聚焦业务外，最大的新职权就是需要通过各级运营 BP 和第二执行体系紧密联动，用业务实际需求来推动管理和科技变革，如图 3-4 所示。

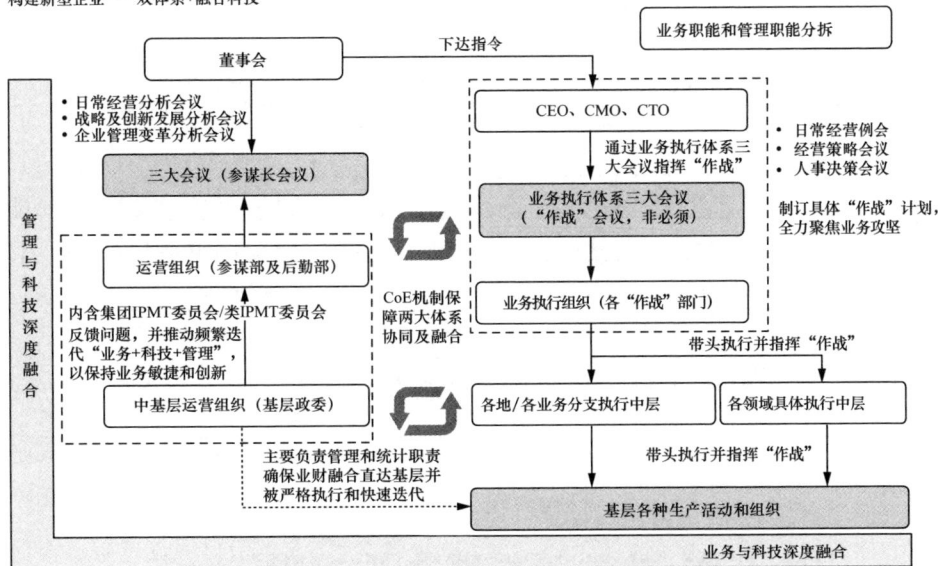

图 3-4　第二、第三执行体系协作原理

在第三执行体系的最上层，是 CEO、CMO、CTO 几名领导（或者是由业务执行体系各一级部门总监组成的 EMT），他们的日常工作方式就是：在理解了董事会的指令后，各自带着自己掌管的业务执行组织或者召开"业务执行体系三大会议"（日常经营例会、经营策略会议、人事决策会议）来设计执行策略及细节，然后带着这些设计去参加董事会下属的三大会议（日常经营分析会议、战略及创新发展分析会议、企业管理变革分析会议）。

CEO、CMO、CTO 几位领导一旦在作业计划拟定中或者日常做业务的过程中遇到了重大求助和问题（必须被认定为重要议题加入会议议程），在参与董事会下属的三大会议时就可以和第二执行体系协商解决（前提是必须被运营委员会认定为重要议题加入会议议程）。会议通过了一致决议后双方就可以正式向下级传达指令，然后双方的中基层就会相互配合开始执行，迅速解决问题。这里我们通过一个场景来了解更多细节。

这是一家从饲养禽畜到肉食加工的全链条企业，董事会让 CoE 大运营体系研究了大半年战略规划，最后开会决定要开展"预制菜线上旗舰店＋线下连锁店"业务，如图 3-5 所示。这个决议对 CoE 大运营体系和业务执行体系都是挑战，因为企业主营业务一直是肉类供应批发，是 2B 业务模型，不是 2C 业务模型。

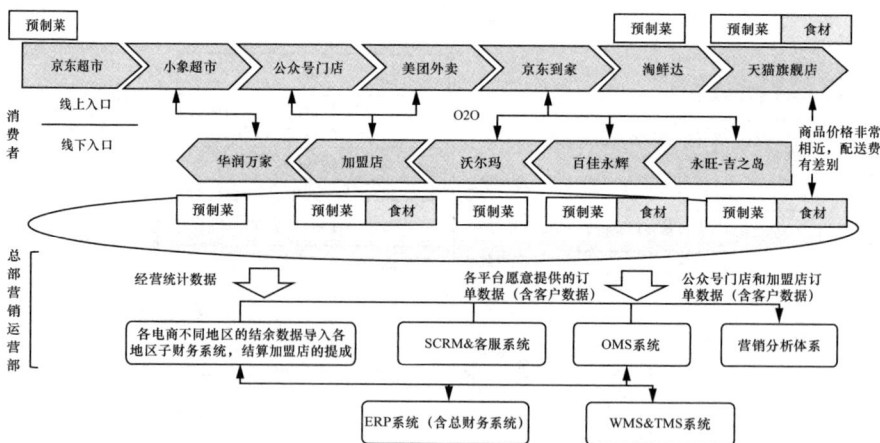

运营组划分：A组-京东超市&淘鲜达、B组-小象超市&华润万家、C组-公众号门店&美团外卖&加盟店&天猫旗舰店、D组-京东到家&百佳永辉&永旺-吉之岛&沃尔玛

赛马机制：A组和B组是属于预制菜子公司，C组和D组属于其销售渠道；C组属于母公司H2事业部；D组属于母公司H1事业部。C组和D组存在竞争关系

图 3-5 该企业 2C 业务模型示意图

CoE 大运营体系给出了详细的战略解码计划，CEO、CMO、CTO 参加了董事会主持的双周例行的企业日常经营例会后，领到了业务执行体系相关的战略解码任务。他们各自给自己掌管的业务执行部门的骨干进行了讲解，然后大家商量怎么抽调人手去做新的业务。例如，CTO 要抽调骨干和 CoE 大运营体系的内外部专家组成 PDT 项目组，开始研究计划中的预制菜品的规格、工艺、设备、包装、运输等细节。这里不用担心能力不行的问题，因为 CoE 大运营体系在发起战略设计时就已经评估过以自家的研发能力是否需要投资并购的问题了，如果需要投资并购会有明确指令给 PMO；CMO 则要找 CoE 大运营体系的运营 BP 尽快动用 CoE 大运营体系的力量招聘好线上各流量平台的运维人员（包含引流和流量经营人员）和营销客服（或者服务外包商），然后申请和科技部门成立项目组去研究和开通各种流量平台账号，熟悉功能。同时还要与 CoE 大运营体系联合组建一个"线下连锁店的 BD 与商务项目组"来执行和完善战略解码计划中的"线下连锁加盟店模式商业计划书"；CEO 则开始带着团队研究各种零售食品安全生产要求、工厂建设细节和供应链方案……

1 个月之后，CEO、CMO、CTO 带着核心骨干在"业务执行体系三大会议"上沟通；2 个月后，业务执行体系修订合成了第二版的详细商业计划书和落地计划（CoE 大运营体系提供大量辅助工作。第一版商业计划书由 CoE 大运营体系独立给出），然后业务执行体系作为主讲在企业董事会下属的三大会议上向董事会汇报，各方达成一致意见后由原班团队修订出第三版商业计划书和落地建设计划，正式交由 PMO 负责落地，业务执行体系继续联合 CoE 大运营体系加大推进力度（如正式批拨大量资金开始招标供应商入场或者组建团队、购买设施等）；4 个月后，各种基层人才、资源到位，产品试产成功，经过企业董事会下属的三大会议的决策，CoE 大运营体系的人才开始减少在各种相关项目组中的投入，更多工作由业务执行体系承接……

在以上这个场景中，业务执行体系的高层和中基层骨干、CoE 大运营体系投入项目的相关人员在早期成了攻坚力量，时间紧任务重，他们刻苦学习、亲自下场动手，带头执行的作用明显，后面随着 CoE 大运营体系负责落地，新招聘的人才和科技辅助工具逐步到位，他们的负担才被极大减轻。

## 3.3　央国企构建新型顶层架构和三大执行体系

在第 2 章中，我们了解到，央国企由于顶层架构和民营企业有所不同，所以其三大执行体系的构建也和民营企业的不同。央国企 CoE 大运营中心组织架构如图 3-6 所示。

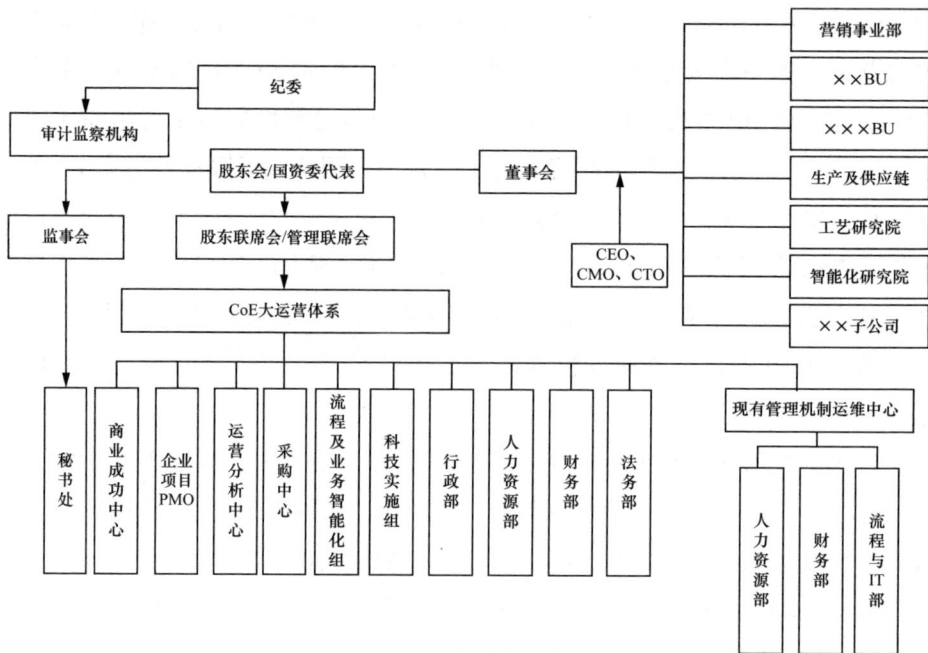

图 3-6　央国企 CoE 大运营中心组织架构

第一执行体系是"纪委 + 审计监察机构"，仍然保持原来的运转方式不变。

第二执行体系是"股东联席会 / 管理联席会 +CoE 大运营体系"，是聚集了创新变革的领域，股东联席会 / 管理联席会对 CoE 大运营体系是实线管理。

第三执行体系是"董事会 + 业务执行体系"，基本就是央国企原有的体系，但是人力资源部、财务部、法务部、总经办、流程与 IT 部等部门会转移到第二执行体系。尽管如此，第二执行体系还是可以完整保留这些后勤部门，不对其进行组织改革，让其继续支撑第三执行体系运转一段时间，即图 3-6 中的"现有管理机制运维中心"。

"现有管理机制运维中心"中的人员维持原有考核，无须轮岗，无须改变工作职责，只需要在各种 CoE 大运营体系的项目中协助好项目组的工作即可。第三执行体系有任何需求可以直接和现有管理机制运维中心沟通（董事会对其具有虚线管理权），该运维中心在执行任务时让 CoE 大运营体系对应的部门知道并同步信息 / 数据即可，无须它们审批；但是已经在"比赛"（2.6 章节中已有阐述）中输了的生产班组 / 业务团队、已经完成变革的生产班组 / 业务团队将采用新的管理机制（现有管理机制运维中心不再支撑其运转），第三执行体系有变革 / 管理需求则必须和 CoE 常务委员会 / 运营 BP 沟通。

接下来，我们来了解完整的央国企具体构建整个顶层架构和三大执行体系的方法论。

（1）顶层架构变革方案评估启动：联合内外部顶尖战力组建最小化的股东联席会 / 管理联席会，调研企业的整体业务情况及管理情况，听取国资委代表的要求和指示；调研企业的股东会 / 企业负责人和监事会（如果有的话）、董事会运转情况；盘点企业股东、董事、高管（下至总监 / 部门总经理一级）；抽样摸底企业基层作业情况及各种配套管理机制。

（2）顶层架构变革方案设计与沟通：确定变革目标和大体范围，设计顶层架构变革详细执行方案（包含规章制度、岗位职责、等级薪酬、福利待遇、流程和科技工具等）；股东联席会 / 管理联席会和变革第一干系人（企业负责人 / 股东会）秘密沟通确认方案，完善各种配套设计和紧急应对预案。

（3）最高权力组织变革：配合第一干系人选取人员扩大股东联席会 / 管理联席会规模，让其直接对企业负责人 / 股东会负责；快速培训股东联席会 / 管理联席会成员，这些成员和董事会成员不能重复；初步开启股东会 / 企业负责人、股东联席会 / 管理联席会的运转和协同，实现高层全员参与研讨监事会、董事会改革，帮助完善之前的设计。

（4）监事会和董事会变革：作为第一干系人的企业负责人 / 股东会，任命监事会成员，如果有必要的话重新任命董事长或董事；快速培训这些新成员新的顶层架构规定和流程，以及确定他们的职责和薪酬待遇；全面开启企业负责人 / 股东会、监事会、股东联席会 / 管理联席会、董事会的运转和协同，实现全员参与学习和设计下级组织变革方案。

（5）下级组织变革方案评估：全面摸底企业基层作业情况及各种配套管理机制，了解各种基层问题及分析正在/即将进行优化的项目的进展和效果；对财务做全面审计或者复盘审计结果，研究财报并盘点总监以下全体人才、外协/供应商对接人才。

（6）下级组织变革方案设计与沟通：设计目标组织，设计内部各组织财务角色和交易平衡机制；设计各组织总体权责和业务目标、总体规章制度、协作流程框架等；设计各组织内部的规章制度、岗位职责、考核、流程和科技工具等；根据设计修改基层核算财务模型、管理财经、预算和利益分配等；设计各岗位的人才模型、安置方案、等级薪酬、福利待遇；完善新的业财融合、内控、人才策略等配套设计和紧急应对预案；总成设计，多次推演和研讨，并设计演进版本、节奏。

（7）CoE 大运营体系和业务执行体系变革：准备科技工具和流程，随时准备切换到融合科技的新运转模式；宣贯与思想辅导、培训；成立 CoE 大运营体系（直接隶属于股东联席会/管理联席会），剥离业务部门部分管理权限；初步启动 CoE 大运营体系的运转，尝试和业务部门协同，企业负责人/股东会成员、股东联席会/管理联席会议、董事会成员全部临时进驻各级业务执行体系，保障平稳过渡。

（8）开启人才循环和培养：从业务执行体系抽调骨干/干部到 CoE 大运营体系，开启人才循环和培养。第一批次人才会被安置到业务运营分析中心，辅助原本的组织，所以业务执行体系并不会出现减员严重的现象；CoE 大运营体系和第一批人才尽快提高现有组织效能、作业效率，释放更多的人才进入人才循环和培养；这个阶段，CoE 大运营体系如果运转不流畅，建议依靠外部顶尖战力支撑运转。

（9）开启 PMO 链接更多内外部资源：CoE 大运营体系的 PMO 开始运转，吸收内外部各种先进人才到专家池，PMO 应尽快培训他们；PMO 培养的人才逐步接管 CoE 大运营体系各内部组织，让支撑 CoE 大运营体系运营的外部顶尖战力也进入专家池或者撤离。

（10）各种核心项目组开始运转：PMO 专家池的专家开始牵头组建各种核心项目组；核心项目组开始运转，执行任务；项目组不断锻炼内外部人才，也会去弱留强，加速内部人才循环，招聘足够的外部人才；当 CoE 大运营体系的各种部门、项目组可以支撑起业务执行体系的正常运转，企业负责人 / 股东会成员、股东联席会 / 管理联席会成员、监事会和董事会成员才会逐步撤离业务执行体系的各级部门。

（11）审计监察机构入场运转：国资委代表授权管理联席会成立审计监察组织，承担内控主要职责，然后交由纪委接管；审计监察组织进驻 CoE 大运营体系和业务执行体系，维持各种生产活动规范化运转；如果剩余的（12）、（13）步骤不再执行，外部顶尖力量会逐步撤离，监事会、审计监察组织将会进行最后的辅助。

（12）董事会开始和股东联席会 / 管理联席会人员轮岗：设计并开启该轮岗机制，董事会成员去股东联席会 / 管理联席会轮岗，由于股东联席会 / 管理联席会实际上就是 CoE 大运营体系的运营委员会，所以轮岗后的董事会成员会深入了解CoE 大运营体系；股东联席会 / 管理联席会成员则进入业务执行体系，可以扫清以往的派系和关系，加速变革落地，全面提升业务执行体系的效能。

（13）权力重新分配，让 3 个执行体系的权责更均衡和聚焦：董事会转变成业务执行体系的 EMT，股东联席会 / 管理联席会孵化出新的董事会、运营委员会、新的股东联席会 / 管理联席会；宣贯与思想辅导，人员调派到位，培训；新的股东联席会 / 管理联席会会变成第一执行体系，只直辖审计监察机构，虚线管理 CoE大运营体系，同时联系监事会做好企业日常经营管理，企业负责人 / 股东会恢复原来的职权，不用再继续深度参与企业日常经营管理了；重新调整顶层架构规定和流程，以及人员职责和薪酬待遇。

（14）业务执行体系和 CoE 大运营体系全部归新的董事会直线管理：让新的董事会重新执掌大权，保持最高效的民主集中；重新调整管理流程、考核流程、人事归属等。

基于以上方法论，央国企可以根据自身的实际情况灵活调整变革范围、内容、节奏、效果，摸着石头慢慢过河。当以上方法论执行到第（10）项，往往已经成效显著了，即第二执行体系基本完成对第三执行体系的变革，双方在这一阶段的沟通变得密切起来，第三执行体系中已经采用新的管理机制的生产班组 / 业务团队，和第二执行体系开启人员循环机制。两个体系之间的协同，也如图 3-7 中所展示的那样开始运转起来。

构建新型企业——双体系+融合科技

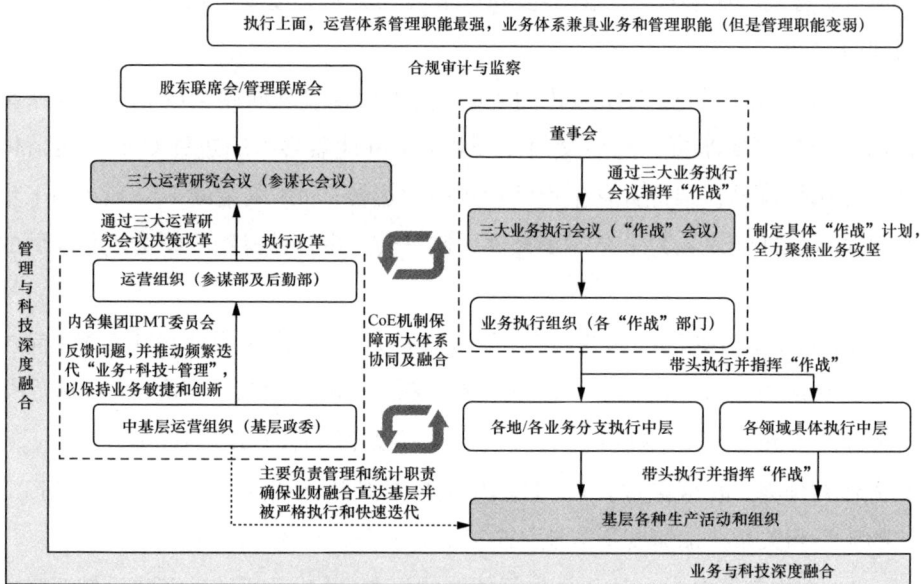

图 3-7　国有企业第二和第三执行体系协作原理

随着 CoE 大运营体系接管越来越多的职能，第三执行体系的董事会承担的管理职能在变少，现有管理机制运维中心的工作量也在变少。经过股东联席会 / 管理联席会的挑选，并获得第一执行体系的批准，根据自愿原则，董事会的一些成员也可以切换关系逐渐进入股东联席会 / 管理联席会或者 CoE 常务委员会发挥更大的作用。

经过长久努力之后，国企的顶层架构及三大执行体系可能仍然保持图 3-6 所示的架构；也可能最终董事会被改组，和 CoE 大运营体系一起变成了第二执行体系，股东联席会 / 管理联席会与审计监察机构一起组成第一执行体系。整个企业的顶层架构及三大执行体系变成了图 2-1 中所示的民营企业的架构。无论是何种架构，形式不重要，只要能够继续发挥效用即可。

# 第**4**章

# 第三步：通过变革产生企业生存必需的产品力

　　华为对研发的重视程度非常高，近 10 年的研发投入超过了 1.1 万亿元人民币，每年的研发投入都在千亿元人民币以上。例如，2024 年研发投入达到 1 797 亿元人民币，约占全年销售收入的 20.8%。任正非多次强调，只有长期注重基础研究，才能在未来的市场竞争中立于不败之地。有志于打造"百年老店"企业的企业家或者企业大股东们，在个人财富已经达到一定数量后，可以学习华为把很多利润用于企业未来的生存发展，而不是继续把利润留给自己。

　　企业完成了第 3 章的建设内容，形成了新的企业运转模式，目的就是求生存、求发展。那么要先检验这种新的企业运转模式，让其帮助企业培养强大的产品力，进而使企业成为行业头部企业，在激烈的存量博弈竞争中生存下来。

## 4.1 产品力如何提升

产品力就是产品对客户的吸引力。产品力的提升，通常需要从 4 个维度进行：品牌和性价比、产品质量和功能、体验和购买的便捷性、售后服务策略与能力。比亚迪汽车在这 4 个维度都做得很好，因此近几年大获成功。

品牌和性价比的提升，是指要让客户觉得物有所值，而不是一味地打"价格战"。

产品质量和功能的提升，则是要让产品在工艺、材料、技术等研发上面获得各种突破。

体验和购买的便捷性的提升，则是指客户能够比较容易地接触产品并了解它，产生较深的印象，然后可以便捷快速地购买它。

售后服务策略与能力的提升，是指售后服务很好（如一年内有质量问题包退），售后服务站点的覆盖范围也很广（如很容易找到其售后服务站点）。

从以上描述中，我们可以知道产品力的提升是一个全面综合性的工程，需要品牌推广、定价核算、市场营销、产品研发、供应链、客服与售后全环节联动发力。一个环节跟不上或者出错都会影响其他环节的布局，甚至导致巨大的投入浪费。

在新的企业运转模式下面，通常的做法如下。

由 CoE 大运营体系成立一个专门的项目组，长期跟踪研究产品竞争和市场情况（可以采用各种商战手段），定期联合业务执行体系的市场营销部门做好实际调研，然后根据需要说服 CoE 常务委员会，由其召集 IPMT（Integrated Project Management Team，集成项目管理团队）立项"产品力提升"子项目。子项目立项成功后由市场营销部门受益，遵循"营销拉动，全局随动"原则。这个过程可根据需要卷入研发产品项目组，启动扩大性预研究（项目组里面有市场、研发、采购、财务、售后、生产、供应链、IT 等各种人才）。预研究结果（商业计划书）出来之后，IPMT 和 CoE 常务委员会都需要审批背书（其实基本就靠这两个组织把关），正式提交董事会审核（通常会在战略及创新发展分析会议上完成）。

在华为，IPMT 由企业架构与变革管理部管理，本书介绍的 CoE 大运营体系包含该部门的职能。IPMT 是华为研发体系中的一个重要组织，负责制定企业研发的总体使命愿景和战略方向，对各产品线的运作进行指导和监控，推动各产品线、研发、市场、销售、事业部、服务和供应链等部门之间的协作，并制订均衡的企业业务计划，对新产品线的产生进行决策。

董事会通过后就会签发命令推动 CoE 大运营体系去执行，通常执行起来就要从业务执行体系的研发部门和 CoE 大运营体系中抽调人手组建新 PDT 产品研发团队、专项市场营销子项目组、专项供应链子项目组等。一旦开始执行，这些组织就会根据产品生命周期比较长期地存在，甚至有一些组织完成项目后还会逐步转为业务执行体系的部门去接收变革成果并做出成效。

接下来我们来看一下执行初期，这是关键。

### 4.1.1　销研产供的联合孵化要求与实际困难

执行初期，销研产供需要如何紧密配合来孵化产品力提升这个全面综合性的工程？要实现这些企业都有哪些困难需要克服？

企业需要这四大业务执行部门（销售部、研发部、生产部、供应链部）配合 CoE 大运营体系做好智能化、数字化、自动化的初步建设，然后尝试使图 4-1 中的循环体系运转起来，再根据实际情况不断迭代。下面来解读一下这个循环体系。

A 环节是"市场趋势与销售预测"，这个环节要想做好难度不低。首先，企业获得的外部数据不可信，因为很多外部售卖的和公开的数据误差/造假严重，只能通过各种渠道碎片式地收集可靠数据；其次，企业内部因为数字化、智能化和人的管理结合没做到严谨，使得销售领域的很多数据没有统计或者水分很大（多是人为虚报或者拍脑袋乱报）。A 环节没做好，会对全局产生严重影响。

因此企业要加强对市场营销人员的严谨管理和驱动，让组织频繁接触客户与渠道；同时增强企业内部对商战手段的应用及高层对外部的 BD 与感知。通过亲身接触与实践，形成可靠真实的、对市场的理解与印象，最终这些都会变成量化数据被企业的数字化、智能化工具记录和交叉推演出客户需求。

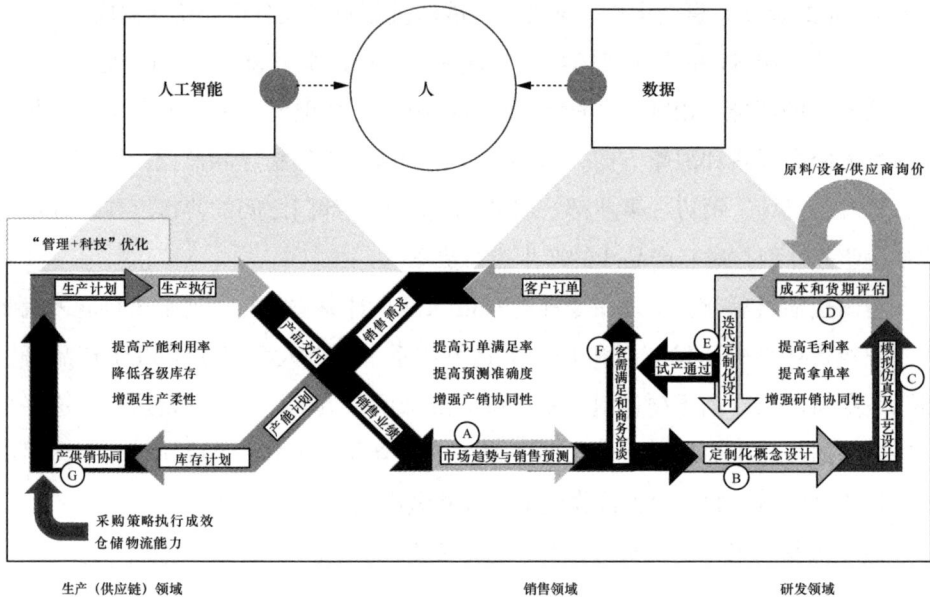

图 4-1　销研产供协同示意图

B 环节是"定制化概念设计"，即将推演出的客户需求匹配一个概念产品，然后展开研发的 C 环节"模拟仿真及工艺设计"、D 环节"成本和货期评估"和 E 环节"迭代定制化设计"与"试产通过"。这一系列的研发和生产环节，要想做到快、准、省，是要有长期严谨的管理和积累的。以复杂制造业产品为例，建立完整的 3D 电子图纸库、从研发到生产建立完整的 BOM 结构、采购系统中主要供应商的报价和货期稳定准确、企业内部排产科学稳定、企业 ERP 财务核算快速精确，这些许多企业直至今天都做不好。

完成了这些环节后，就会进入 F 环节"客需满足和商务洽谈"，这是一个试探性的迭代过程，测试之前预期的客户需求是否能够被改良后的产品所满足，如果不能，企业就要研究主要影响因素属于前面提到的 4 个维度的哪一个。这个过程需要营销部门和供应链部门花比较大的力气。例如，加强品牌宣传并统计品牌数据（如各种广告触达平台的数据、各种搜索数据等）、加强与样本客户线上线下的互动并采集样本数据（如构建多个线上旗舰店或者自助 3D 网站、开启关键线下体验店 / 体验点）、跟踪了解客户产品体验与印象（如开启客户试用、建立客服机制、客户帮忙宣传推广有奖）、关注竞争对手的反应等。

这些工作的工作量、成本都不低，会让企业变得很慎重，尤其是在试探的过程中，可能很多样品 / 试产产品就会瞬间流转到竞争对手那里。对方开启逆向工程进行模仿的话，付出的代价实在是太小了，等企业的试产产品差不多赢得客户喜爱的时候，竞争对手的产品正好和企业的一起上市，他们的代价小，使得售价更低，那企业就给他人作嫁衣了。此外，企业内部人员也会花费很多精力在这些事情上面，他们本来就有很多成熟产品的营销任务，所以对这个试探过程不一定会尽力开展。正确做法是什么？在 4.2.1 节中讲述。

以上的环节经过多次迭代循环后，就能得到一个稳定版本的产品了，企业也积累了一定的基础客户和订单了。接下来就是扩大性地思考和规划销售需求、产能计划、库存计划，最后启动 G 环节"产供销协同"，叠加一些销量预测、产能计划、库存计划，把生产计划和生产执行做好。这个过程也比较关键，因为企业最大的投资会在这里产生，生产部门要进行产能"爬坡"。这里有交付的困难也有建线投产的困难，需要销售端利用好各种策略和商务手段去把握营销节奏和稳住客户订单（不能让其随意毁约），否则企业的重大投入就会遭受大的损失。我们来看一个场景。

某功率芯片制造上市企业，希望可以聚焦售后市场车载功率芯片，于是扩大销售队伍，销售人员的业绩考核只看签单数量，不看实际真正交付数量（实际交付数量只和其奖金挂钩）。于是销售队伍各种客户的订单都接，也不管市场的实际预测和客户的具体背景与信用情况，一律收取 10% 合同额作为定金。其实让每位销售人员自己去审查客户的背景和信用，也是强人所难，必须建立专职部门和商业拓展（BD）到靠谱的企业背景调查和征信合作伙伴，才能做好企业客户的背调；此外，销售人员在和客户谈判时，都是私下找生产环节的人询问产能和货期，生产环节的人也说不准或者没有对应的订单交付管理（产能、排产信息和具体订单无法对应），只能拍脑袋报数，然后销售人员就把这些不确定的货期、产能写在了和客户的合同当中。

看到了如此多的订单，加上销售人员忘记了不同的客户谁先谁后来预先锁定产能和计划了（因为原先就没有应对这样复杂情况的机制），生产部门就按照最大的产能来运转了，而且给不同客户安排的不同生产批次生产的芯片都是定制的，很难通用。随着市场外部环境发生变化，很快就出现了各种交付问题：小客户大量取消订单，大客户拼命催单最后却延迟提货付款。最终公司的呆滞库存非常高，直接抵消了公司5年的净利润。

这个场景告诉我们，现在很多企业的运转模式还停留在过去的"稳步扩大生产"，注重业务执行体系的执行。虽然各种岗位职责和流程都规范化，大家各司其职，但是相互之间的联系是非常薄弱的，这样是无法应对未来业务长期大幅波动的状况的。

以上是销研产供联合孵化产品力的循环体系，它的构建过程中有很多现实困难，但是企业必须克服困难，建好这个循环体系，因为这是企业生存的立足之本。

## 4.1.2　研发部门及时完成任务是关键

在以上这个孵化循环体系中，有一个维度非常关键，直接决定着是否能够启动或者维持这个循环体系——产品质量和功能的提升是否在可承受的成本范围内（如成本比竞争对手低），这决定着企业能否直接拉开和竞争对手的巨大差异或追平行业头部竞争对手。因为只有这样，这个循环体系才会风险可控并且有较高概率获得大的收益；如果做不到，那么企业不能启动这个循环体系或者要关闭循环体系，避免受到巨大损失。我们来看一个场景。

华为手机的崛起可以分为两个阶段，第一个阶段主要是从与小米等国产品牌的竞争中脱颖而出，破局的"爆款"产品是华为Mate 7。这款迭代了7个循环体系的产品终于在软硬件功能、质量、客户体验上面超过了国产手机竞争对手，而且价格非常有竞争优势，于是华为的品牌声名鹊起。

这个阶段华为产品和竞争对手拉开的最大差异在于软件上面的体验，当时国内众多品牌都注重硬件，软件界面上做得不够时尚，各种辅助小软件功能也不够精致。华为过往在为全球运营商代工制造非智能手机时积累了良好的硬件制造和成本控制能力，在安卓系统出现后，华为敏锐感觉到了自己有能力在软件体验上面发力，于是开启了循环体系，但是也历经了7个循环体系才迭代出了旗舰产品。

第二个阶段是在华为被以美国为首的西方国家集体封杀后，华为手机很多关键组件的供应渠道都被阻断了，如徕卡镜头、安卓应用市场、7nm处理芯片。我们可以想到，当时即使华为费尽力气完成了这些关键组件的国产替代，Mate 5是Mate 50手机在功能和体验上也仍然无法追平西方组件武装起来的国产品牌，如小米、vivo 等。华为锁定了最难的点来进行突破，这也是谷歌最在意的——在操作系统底层实现稳定流畅的"万物互联"（例如，与平板、电视、电脑、家电、汽车等互联）。这个超级体验的推出迅速挽救了市场颓势，为华为完成关键组件国产替代争取了时间。

由此可见，这个维度的提升对企业研发能力提出了非常高的要求，要研发部门按时、按量、保质地完成任务其实是很艰难的，但是市场竞争异常残酷，机会稍纵即逝，企业存亡就在于"研发部门能否及时完成任务"。研发能力是一个企业必须站在企业战略的角度去持续投入的一种能力，如第 2 章所讲，企业要善于利用内外部顶尖战力来快速推进这个能力的建设。

## 4.1.3　研发变革的重点：生态式研发

要做到"研发部门及时完成任务"，就需要变革，实现高效研发。现在只要谈及研发建设或变革，无数人就会推荐"IPD+ 股权激励"。

IPD 是一套流程体系，但是很多时候企业还要有配套的人才策略、激励政策、组织变革，才能让 IPD 发挥作用。很多企业很努力认真地进行了 IPD 研发变革，也费尽心力完成了这些配套设计，即便如此，由于企业规模、品牌等因素不够，一流人才 / 团队很难获得，企业仍然无法让研发能力快速提升以至于达到有效支撑以上循环体系的要求。其中的主要原因是，股价 / 股权对于人才来说有太多的不确定性，收获激励的时间过长和变现不方便（不是所有企业都是内地上市企业），传统的股权激励办法并不能很好地发挥作用。

因此，在启用 IPD 变革之前，企业其实可以先使用生态式研发来解决当务之急。至于 IPD 如何与新的企业运转模式融合，4.2 节会讲解。

什么是生态式研发？这并不是新鲜事物，可能很多企业都使用 20 年了，例如，和某个教授一起研发产品、授权某个外包研发团队研发某种技术，这种合作方式有无数种结局，也出过无数种状况，相信企业家们都不能再熟悉了。

在传统企业运转模式下，由于很难对个体贡献的各种技术、研发工作进行价值评估，更难拉平个体的期望，大型企业往往不会使用生态式研发，而选择不断强化壮大自己的研发队伍，并使用制造业模式进行管理。例如，按照工资进行计薪、按照团队集体研发的产品的市场业绩来给团队发集体奖金包，后面再按照工作量和基层管理者对个人的评价来发个人奖金。这个方法也已经被华为、腾讯、阿里巴巴等优秀企业证明是有效的了，但是却不利于在今天如此"内卷"的情况下使作为后来者的企业弯道超车。因为大型企业们拥有强大的研发组织和大量的资金，后来者企业如何能够抗衡？所以后来者企业需要启用生态式研发。新的企业运转模式帮助后来者企业克服了这种研发方式的缺点，确保内外部人员混编的情况下个体都能受到公平合理的激励，并且这种生态式研发可以长期受控地进行下去，不会出现那么多的纠纷和背信弃义。

设立了新的机制后，要运转起生态式研发，企业必须要找到"觉醒者"，他们是优秀企业当中年龄较大的人才，面临被裁员的危机或者已经被裁员，经验丰富、年富力强、不愿再被制造业模式管理；他们有清醒的自我认知，也明白自己的能力和平台能力之间的差距、平台的重要性。

"觉醒者"非常注重自身的能力变现，也非常看重短期激励，生态式研发就是为他们量身定做的，更多具体细节在 4.2 节介绍。

## 4.1.4　生态式研发破障：采购模式变革

要实现生态式研发，还有一个重点需要进行特殊的变革，就是采购模式。

为什么传统企业运转模式下，统一采购模式无法匹配生态式研发呢？

主要原因有两点：一是采购平台化后，腐败仍很难防治；二是采购平台和各研发团队由于考核不同，矛盾容易激化。这两点已经被一些企业验证过了，但是完全采用类似"阿米巴"的模式放权，又会失去采购平台化的优势，也无法有效防止腐败。我们来看两个场景。

第一个场景是一家电子元器件生产企业，主营业务是通信芯片。随着主营业务的萎缩，开启了各种第二曲线的孵化，如研究穿戴电子设备的各种芯片、研究汽车驾驶舱电子设备等，从而划分出了不同的产品线。它也使用了 IPD 流程。其产品线采用类似"阿米巴"的模式进行自治，但是采购却采用统一采购模式。这种设计让产品线和采购的矛盾不可调和，而且导致产品线的产品总是在价格上比竞争对手高或者竞争力不强。

这种做法忽略了不同产品处于不同生命周期的客观事实，还忽略了产品的市场竞争和市场定位情况。由采购部门来选择供应商，并且企业还统一给采购部门下指标要求供应商每年必须让利多少百分比。这直接导致采购人员把订单集中起来给予和自己有良好关系的（或愿意配合降价的）供应商，导致很多产品的最匹配的主力供应商们由于不肯降价而被淘汰。产品线的产品不具备很强的竞争力，产品力的循环体系自然难以开启或者持续不下去，直至很多产品线人才流失甚至无法存续，企业才意识到了这个问题。

第二个场景是一家特种塑料件生产企业。该企业也采用了类似生态式研发的模式，具备了国产替代能力，近几年开始将国内主力消费电子生产企业发展为VIP 客户。这些企业基本都是著名大型民营企业，其中某个 VIP 客户企业的管理科学性在国内还是顶尖级的存在，研发团队也是顶级的。该 VIP 客户企业充分注意了产品的生命周期特性，没有采用统一采购模式，而是不同的 BU/ 产品线有自己的独立采购部门。

但是这家特种塑料件生产企业还是遇到了腐败问题，最终为了配合此 VIP 客户企业的采购部门完成压价指标，该企业选择与其采购人员一起实现了"高纸面要求却低标准验收"的交付。这种虚假的交付其实最终损害了广大客户的利益和该企业的品牌形象。

由此可见，企业需要为生态式研发进行采购模式的变革，否则会影响整个产品研发大局。

## 4.2　新的企业运转模式如何解决旧困难

在 4.1 节，我们了解到了提升产品力需要做好的关键事项，也知晓了其中的困难，接下来就要使用新的企业运转模式来解决这些困难，发挥其特殊价值。

解决原理其实很容易理解，就是"CoE 大运营体系和业务执行体系专职专责、分工合作"。在传统的企业运转模式下，很多企业的管理者与干部身兼两职，受限于自身精力、时间、能力，并不能很好地处理一些突如其来的新任务或者新挑战。例如，手头业务攻关还有很多事情没处理好，上级突然又要大家开会学习，准备做好"采购模式变革"相关事宜。

在新的企业运转模式下，3 个竞合的执行体系就是确保专人专职做好一些关键任务，避免出现一人身兼多职、疲于奔命、能力不及、钻空子等情况，让产品力提升这个复杂的综合工程可以保质保量地推进。

### 4.2.1　CoE 大运营体系如何配合研发实现销研产供联合孵化

4.1 节介绍了图 4-1 中的循环体系，一些困难的具体解决办法没讲，在这里详细讲解。

依托新的企业运转模式，在进行 A 环节"市场趋势与销售预测"时，企业不能通过业务体系下令让市场营销人员去接触客户 / 渠道收集市场信息。因为他们有自己的本职工作，而且他们也无法完全理解高层需要什么市场信息，甚至从他们接触的客户身上就没办法获得合适的信息。企业需要吸收业务执行体系的优秀市场营销人员进入运营分析中心作为运营 BP，他们始终牢记新岗位职责中关于收集信息、了解市场和竞争对手的任务，长期和市场营销人员一起战斗在第一线，为高层收集可靠真实的市场理解与印象相关信息。他们可以自己行动，也可以通过日常和市场营销人员相互帮扶、互予便利来接触合适的目标客户 / 渠道，甚至可以凭借自己和市场营销人员结下的情谊请求他们相助。但是，他们无权命令市场营销人员去做这些事情。

此外，对应市场营销部门及其各分支办事处的运营 BP 作为商战手段的执行者之一，肩负商战策略的一些基层执行任务。企业对使用的商战手段需要严谨保密，因此这些任务只适合由董事会领导的 CoE 大运营体系成立专门周期性虚拟组织来秘密执行（运营 BP 是其最基层执行力量），不适合让人数众多、层级与职责分明的业务执行体系去执行。

接下来就是现在 A、B、C、D、E 环节中很多企业面临的数字化、智能化难题了。第 1 章用场景描述过企业实现数字化、智能化过程中的困难，这一困难简单总结就是没有实干的"三栖"复合型人才以及配套的组织和流程来完成这项艰巨的工程，单靠旧企业运转模式中的流程与 IT 部门或者使用简单项目制是不行的。如果建立了 CoE 大运营体系，那么实干的复合型人才、配套的组织和流程就都齐备了，接下来企业可以这样运转以实现数字化、智能化。

数字化、智能化，就是作业模式发生改变，组织和流程也会发生改变。例如，企业过去投放广告，由于受众触点很分散，必须考虑各种投放渠道（如商场广告、高速公路广告、公交车站广告、线上流量集中的新闻网站广告、电梯广告、流行杂志广告、电视广告等），这需要这方面经验非常丰富的人才，同时还要想方设法收集投放效果数据，并且精心设计曲折的变现过程；但是今天，受众触点非常集中（就是十几个 App），而且网购已经非常普及，企业的作业模式发生了巨大改变（如宣传和售卖一体），流程和组织也完全不同以往。再如，过去企业的工厂管理（MES+ 各种硬件设备 + 管理规定 + 数据采集传感器）和 ERP 系统往往不需要严谨数据对应。因为工厂自动化程度不太高，存在很多手工作业，导致差错频发，于是数据和现实生产活动就对不上，但又不能停止生产或者重新产生，所以就只能改数据。但是，改数据有时候不能彻底改好，日积月累下来误差就变大了，最终只能继续将就。今天，企业工厂的自动化程度高了，工厂管理和 ERP 这两套系统必须打通，数据必须对上，管理规定必须由两套系统联动执行，员工变得很少，只需要很少基层管理者。

所以，CoE 大运营体系需要不断开发新课题，利用内外部顶尖实干综合型人才组建各种项目组进行研究和设计。项目组成员当中包含了深入各业务执行体系一线的运营 BP，加上 IT 部门、设备部门、采购部门（可以和外部各种潜在供应商频繁沟通）都在 CoE 大运营体系，这就保证了项目组基本上可以独立于业务执行体系运转。很多企业现在都是让业务执行体系和 IT 部门来做这件事情，这样既干扰了业务执行体系人员的日常工作，又无法跳出现有的认知进行有效变革，甚至利益冲突还会导致变革无法有效进行。在新的企业运转模式中，由于有了 CoE 大运营体系，这些问题就不存在了。

当项目组与 CoE 大运营体系各部门配合，完成了某个领域的数字化、智能化设计之后，项目组 CoE 大运营体系可以直接成立全新的业务执行体系雏形进行迭代孵化（早期会采用扩大相应的运营 BP 小组的形式）。迭代孵化成功后再对相应的业务执行部门进行变革，或者直接以该迭代孵化的运营 BP 小组为骨干扩大组织，然后将其移交给业务执行部门进行扩产或替代旧的部门。

当项目组和 CoE 大运营体系对相应业务执行部门进行改造时，CoE 大运营体系会及时招聘 / 培养足够的运营 BP 并投入改造。他们和项目组成员一起带头成为业务骨干及"传帮带"业务体系的人员，优秀的运营 BP 甚至会转为新的业务体系的主管、骨干人才。有了这批主管、骨干人才，IT 部门、设备部门、人力资源部门就很容易开展工作，有什么小的迭代或者修改，他们协同着就能做好，无须再找项目组；而项目组里面的顶尖战力就可以释放出来去做别的项目。

以上环节各种配套做好之后，研发团队的工作如果也能够顺利开展并按时完成，就到了 F 环节。这个环节仍然以 CoE 大运营体系为主力，业务执行体系在这个环节也要全力配合。所以，CoE 大运营体系的项目组要申请一些奖励政策用来鼓励业务执行体系。随着整个循环体系多次迭代，各种资源、组织、流程、工具等被孵化落地，成功的概率也变高，CoE 大运营体系很多力量就逐步转化为业务执行体系的力量，很多工作随着减员增效的进行可以直接由受业务执行体系来开展。这样就形成了良性循环，完成 CoE 大运营体系孵化到业务执行体系接手的整个过渡过程了。

到了 G 环节，CoE 大运营体系和深入一线的运营 BP 的作用就很重要了，往往是多个项目组进行联合"作战"。例如，"客户信用审查与特殊商务定制项目组"需要和销售人员一起控制营销节奏和稳住客户订单，在此过程中需要不断和"产能建设项目组"沟通，根据客户订单谈判情况变化，时刻优化生产计划（甚至建设计划），也可能根据工期情况再去和客户谈判更改货期及补偿条件；"客户信用审查与特殊商务定制项目组"还要审查客户的经营情况、了解客户所处行业的景气周期、了解客户的信用历史等，这需要他们和"客户与市场跟踪研究项目组"（这个项目组就是研究和执行商战手段的秘密组织）紧密配合；"产能建设项目组"还要和 IT 部门、设备部门以及外部供应商，研究磋商建线投产的各种事宜。

### 4.2.2　为实现生态式研发而创新的研发激励与过程管理

针对 4.1.2 节和 4.1.3 节遗留的困难，本节来看一下具体的解决方案。

先解析如何做好生态式研发，激发"觉醒者"的积极性，再看看 IPD 与新的企业运转模式的融合，如何使"觉醒者"与内部研发团队协同。

支撑生态式研发最关键的两个机制就是企业内部专利管理机制和业财一体项目管理机制。

企业内部专利管理机制是指企业内部可以对认可的贡献赋予专利（不是真的专利，是企业自己的专利体系赋予的专利），并且确保这些专利的制造者可以获得短期 / 长尾收益。企业内部专利可以在企业内部进行"交易"，分为"一次买断"和"长尾支付"两种模式。内部专利具有很强的启发性和便捷性，所以要求"开箱即付"，一些模仿难度低的内部专利就使用"一次买断"模式，另一些模仿难度高的内部专利可以采用"长尾支付"或"首付 + 长尾支付"（如产品售卖收益分成）混合模式。无论哪种模式，研发项目组支付的费用计入研发成本。当后来的新产品开发者在模仿的基础上升级改造某个内部专利（如改造度被专利评审委员会评定为超过 80%），这个原来的内部专利就会在新产品上失效，其拥有团队的"长尾收益"就不能再对使用新版本内部专利的产品收取，但是新版本内部专利的拥有团队会成为替代者去收取这些收益。这个规则对内外部人才都有效。

外部"觉醒者"（无论是个人还是团队）的待遇都是按照个体能力评定等级、对应日薪，总体工作时间采用包干模式（超过不再加收），由此可以得出其最基础的薪酬。此外，完成项目任务，得到的成果至少必须是一个内部专利（这一点在任务发布时就会标明），如果获得的成果多于任务定义成果的数量，还可以向专利评审委员会申请更多内部专利，这些就是"觉醒者"的额外奖励。只要他们拥有的内部专利版本的产品还在市场上售卖，他们的"长尾收益"就还在。这样的机制可以鼓励"觉醒者"和内部人才关注产品力提升与循环体系不断创新。

接下来大家肯定会问这个机制的信用问题了：企业发布这样的机制，但是评判权和市场营销数据掌握在企业手中，有太多的办法不守信用支付各方收益了。企业确实需要讲诚信才能推动生态式研发，带动自己的研发水平上升，因此需要和"觉醒者"们签署好合作协议（包含退出机制），同时要让"觉醒者"代表、第三方顶尖战力代表和企业内部骨干共同组成专利评审委员会，还要定期公布产品营销情况、内部专利使用情况和相关人员的收益情况，并接受问询。

使用生态式研发，需要企业家具备风投心态，把每一个研发项目看作过程可控的风投项目，带着长远的眼光去评价。不能以投机侵权或者窃取别人科研成果的心态去做，这样只会让企业在业界失去信誉。

另外一个关键机制——业财一体项目管理机制，是用来解决生态式研发过程可控及个人收益分配公平公正问题的。内部专利的收益（个人贡献度评估）、工时的计算、能力等级的评定都涉及个人收益，而管理好一个项目团队更是实现研发过程可控的关键。多数企业的研发管理现在仍然使用传统的"组长"负责制，即组长相当于 PM，分配任务 / 工时、"传帮带"、给予考核评价等，但是这种简单的项目管理模式无法支撑生态式研发。因为生态式研发需要"觉醒者"和内部研发人才混编组成项目组，各方人数多少为宜、人才如何选拔、任务和工时如何安排、贡献如何评定、纠纷和分歧如何处理，都涉及利益分配公平和项目成本控制，要管理好这些复杂事务需要更加精密的机制——业财一体项目管理机制。

首先，企业需要使用 CoE 大运营体系的 PMO 来进行配套管理生态式研发开启的项目（通常由各 IPD 组织上报 IPMT）。PM 也是由 PMO 的 PM 办公室来管理和培养，其组织关系属于 CoE 大运营体系，必须是从业务执行体系流转过来的研发类人才，也可以是 CoE 大运营体系的外部专家（"觉醒者"只有被外聘为 CoE 大运营体系外部专家才能担任 PM，否则只是业务执行体系的外包人员）；IPD 中关键的 IPMT，则改成属于 PMO 运转的一个周期性虚拟项目组，成员由 CoE 大运营体系和业务执行体系中的顶尖人才组成（包括专家池专家、市场研究多个关键项目组 PM、CFO/财务总监、研发项目监理、CTO 与其他业务体系骨干等）。IPMT 负责审批发起各种研发项目、管理研究经费、规划各种产品路标、分解研发任务、评估相关项目进展与成果、审计项目财务问题等工作。各研发项目监理平时代表 IPMT 负责处理项目组各种纠纷和监督作业质量，研发项目的监理也归 PMO 下属的监理办公室管理和培养，必须是最出色的研发类项目 PM，只能由企业内部人员担任。当企业的研发组织变得复杂时，可以启用多级 IPMT，那么就只有最低级的 IPMT 才会全部执行以上职能。

其次，企业对每个项目组成员（无论内部还是外部）都设定日薪成本。内外部人员报酬的区别在于，外部人员的报酬是严格按照日薪计算的，但是内部人员有底薪，而且其项目奖金有不同的换算方式（5.1.2 节有详细介绍）。这里讲的是 CoE 大运营体系通用的项目管理机制——项目 PM 分解项目组任务到个人（PM 和个人协商评估"包干人天"工时，录入系统并进行双方确认），每个阶段的项目任务计划书需要监理复核批准才能执行。每个项目组成员完成任务后成果要由 PM 和监理验收，填写 PM 管理系统才能使酬劳有效，否则就会被要求无酬劳返工。如果计划超时导致其他成员空转，就要按照空转天数倒扣"包干人天"工时，扣完该项目组成员整个项目的工时为止并将其开革出项目组。项目组成员一旦发现有超时风险，可以紧急申请求助，将其该任务的工时作为酬劳答谢能够帮助他的人（包括项目外的专家、PM 或者监理），其之前的任务中已经被认定为有效的工时将获得保护（不会被倒扣），其他进度受到影响的成员的工时也会自动获得超时保护，项目此时会被暂停，PMO 会介入并组织力量突破困难。在 PMO 攻坚期间，项目组成员可以临时进入不同资源池、回归原本的研发团队或者被其他项目暂时征调（针对"科技 +"技术型人才有"交付资源池"，5.1.2 节有详细介绍；针对内部研发人才也可以建立隶属业务执行体系的"研发人才资源池"，前提是能够共享使用的技术型人才足够多），如果没有被征调则没有项目工时收入。项目组成员可以随时在系统中查看自己的工时、收益、项目资源消耗情况、项目各种细节和进展、项目财务明细及报表。业财一体项目管理机制就是让项目组成员的各种关键活动引起的变化可以量化为数据，并且这些变化也能反映在财务数据的变化上。

此外，企业要为研发体系建立常设的费控、资产管理与采购项目组，辅助研发体系的运营 BP 小组做好研发平台性建设、费控、资产运营运维等工作（运营 BP 小组为 Tier1 组织，资产管理与采购项目组为 Tier2 组织）。这对 Tier1 和 Tier2 组合（研发体系的运营 BP 小组、资产管理与采购项目组）可以说是研发体系的规则运维者及基础设施建设负责人，有任何能力缺乏或者工作需要，研发体系的运营 BP 小组都可以向 PMO 发起立项，寻找足够强大的人才组成项目组来支援他们。

通过生态式研发，企业家会接触很多惊才绝艳的"觉醒者"，企业家可能会发现无论如何培养，自己的研发团队的能力总是比不上他们，但是企业家不能有"天下英雄尽入吾彀中矣"的心态。因为雇佣全部"觉醒者"的代价会很大，而且随着企业发展会有更多更强的"觉醒者"出现，因此没有这种"把雇佣军变成正规军"的必要。自己的研发团队始终处于跟随状态也是很好的，毕竟随着时间的推移，自己的研发团队说不定就可以独自开发中端主流产品了，这就能让企业在激烈的竞争中站稳脚跟，自己的研发团队继续做好配套研发工作即可，攻坚克难的研发工作继续交给 CoE 大运营体系运维的生态式研发"雇佣军团"。

"正规军 + 生态式研发雇佣军团"模式会持续存在很长的时间，两者也会发生转换和融合。通过生态式研发项目组把内部研发人员的水平快速提升后（因为都是混编项目组），内部研发人员成立的项目组就可以做一些成熟产品的改进或者帮助生态式研发项目组做次要研究课题。一些优秀的"觉醒者"有必要的话也可以进入企业正式编制或者成为 CoE 大运营体系长期合作的专家（有底薪和奖励），进一步提升企业研发实力；在一些特殊时期，甚至可以将一些"正规军"转为"雇佣军"。看到这里，很多资深的 HR 大概会想起某些著名大企业曾经使用过类似的模式了（只是没有使用这里讲的这种企业与个体的合作机制，而是直接采用人力外包模式），如深圳慧通商务有限公司。

最后，如果企业要实现以上的创新模式和其配套的精细化管理，还必须使用一些信息化工具，如较为细致专业的信息安全、项目管理、协同作业等工具。这些工具将前面讲到的关键内容和 IPD 流程体系实现真正的数字化落地就是对研发变革最大的支撑。5.1.1 节的图 5-6 就是研发体系数字化示例。

### 4.2.3　实现采购反腐及和谐的采购研发联动

针对 4.1.4 节遗留的困难，本节来看一下具体的解决方案。采购反腐、生态式研发项目组运维部门的反腐，都是 CoE 大运营体系和第一执行体系必须放在首位的重大任务，时刻不得懈怠。

在新的企业运转模式中，企业的采购部隶属 CoE 大运营体系，前期采购接洽、招标评选供应商等工作由 PMO 成立一个项目组（如 A 项目组）来完成；监理供应商执行并进行质检验收，则成立另一个项目组（如 B 项目组）来完成，A和 B 两个项目组的成员不得重复，这样的设计已经被小米实践证明是非常有效的。此外，参与人员均会被追溯终身责任，抽检和接受来自内外部的问题检举等，这一工作由第一执行体系来负责，成功检举的内部人员会获得大额奖金；第一执行体系会抽调 CoE 大运营体系、业务执行体系相关人才组成内部联合调查组，并联合外部律师事务所、公安机关对被检举者进行调查，保持采购反腐高压态势。加上很多优秀供应商在 CoE 大运营体系的专家池都派驻了人员，随时可以向第一执行体系反映情况。

由于采购部也隶属 CoE 大运营体系，其内部的人员都是会经常流转的，当采购腐败导致了很多问题之后，其余利益受损的部门（如营销部、客服部、研发部，很多人都会因为绩效不行拿不到多的钱）总会有人进入 CoE 大运营体系并且被分配到采购体系进行历练，他们对采购腐败行为深恶痛绝，是不会容忍的，这样采购腐败问题就能在一定程度上得到解决。

接下来就是化解采购部门和研发项目组的矛盾了。

研发项目组出于研发目的的少量采购活动是可以自主进行的，因为这些都会算入项目成本并消耗项目经费，有问题会由第一执行体系、资产管理与采购项目组、研发体系运营 BP 甚至 IPMT 来审计并处罚；但是涉及生产工艺的研发项目组（或者直接研发成型产品的项目组），在接触和研究各种外部原料 / 零部件、服务时，必须作为前面的"A 项目组"进行管理。

采购部在整个日常运转的过程中，担任的是规则与标准制定 / 运维者、统筹规划采购任务并要求 PMO 成立项目组牵头与供应商开展大额订单谈判、供应商 BD 以及采购人员培养的角色，并不能干预项目组、PMO、IPMT、第一执行体系的工作。此外，由于采购部也隶属 CoE 大运营体系，其内部的人员都是会经常流转的，所以这也提高了供应商腐蚀内部人员的难度。

至于如何节省成本，研发项目组由于有"长尾收益"的激励，以及资产管理与采购项目组的审查，会主动地利用采购部门来帮助它们寻找供应商及降低供应商的报价。与此同时，采购部门也会对研发项目组接触供应商的行为进行合规管理，还会配合第一执行体系对该供应商合作的生命周期进行审查，一旦发现腐败也会按照规定终身追责、严惩不贷。

综上所述，通过多团队和供应商接触、每个环节多个团队之间相互监督、第一执行体系重点监察审计、出现问题还要负连带责任等多重措施设计，既让多团队学会如何与供应商打交道，也杜绝了采购腐败现象。

第 **5** 章

# 第四步：通过变革做好数智化转型，为扩张做准备

当企业完成了第 4 章所讲的产品力提升，基本会成为行业中具有较强竞争力的企业，能够获得一席生存之地。但是市场竞争如逆水行舟，不进则退，接下来企业必须在更多领域构建数智化，实现降本增效，也要解决好企业应用科技的附带成本问题。

那么新的企业运转模式必须继续能够超越大多数企业现有的管理体系和运转模式，打造效能最好的数智化，巩固企业的行业地位，并且支撑马上到来的扩张发展。

## 5.1 实现精益生产

精益生产又称精良生产，其中"精"表示精良、精确、精美，"益"表示利益、效益等。精益生产就是及时制造，消灭故障，消除一切浪费，向零缺陷、零库存进军。它是美国麻省理工学院在一项名为"国际汽车计划"的研究项目中提出来的。它在做了大量的调查和对比后，认为丰田的生产方式是最适用于现代制造企业的一种生产方式，它将其称为精益生产，以针对美国大多数企业的生产方式过于粗制滥造的弊病。精益生产综合了大量生产与单件生产方式的优点，力求在生产中实现多品种和高质量的低成本生产。

对于大多数处于全球制造业环节的中国企业而言，实现精益生产是降成本的主战场。本书把精益生产的定义范围放大，使其变成精益生产活动，涵盖营销、生产、研发、供应链，就能适用于从制造业转型的企业了。从企业转型的需求来看，我们预计全环节的生产活动都能实现精益执行，是大势所趋。

今天，要实现精益生产活动，自动化、数智化是必不可少的元素。企业的业务能力和管理思想都必须最终通过它们落地增效，所以当新的企业运转模式经历了产品力提升这个大"战役"，培养出一批"三栖"人才后，企业就有能力加强对自动化、数智化的应用了。

### 5.1.1 自动化和数智化的应用

过去降成本靠严厉紧束的管理，但是从第 4 章的描述中，我们已经明白了现在数智化等技术在研发、生产等领域的精益生产活动中的重要支撑性作用。下面来看一下新的企业运转模式如何有益于将管理和数智化等技术融合，实现精益生产活动。

（1）营销领域。营销服业务科技化建设的内容如图 5-1 所示。可以看到，营销服业务的科技化有大量的建设工作要做，下面通过 2C 和 2B 两个场景来举例介绍。

在 2C（面向消费者）营销上，直接将产品售卖 / 服务体验和品牌建设进行一体化推广，缩短变现途径的同时让品牌建设和产品售卖／服务体验相辅相成。这个过程中，大量使用线上各种手段进行推广，最终引流到有限的流量入口，既提升了客户在便捷性上的体验，又加快了这个过程，如图5-2所示。

---

**营销服业务科技化建设的内容**

| 国内B2B销服 | 国内2C营销 | 海外2C营销 | 海外B2B销服 |
|---|---|---|---|
| • 构建大客户营销策略和体系<br>• 构建渠道配合体系和政策<br>• 构建LTC/阿米巴"铁三角"体系<br><br>• 构建会务管理、客户管理、销售行为及费控管理、售前项目管理、资源内部买卖、售后客服及项目管理等，全套"管理+科技"体系<br><br>• 构建备品备件仓储及物流体系<br>• 构建定价、授权和利润核算体系和运转机制 | • 构建广告设计及投放引流策略和体系<br><br>• 构建Multi-Channel电商流量承接门户及统一OMS体系和运转机制（B2C/B2B2C）<br><br>• 构建仓储物流体系（B2C/B2B2C）<br><br>• 构建售后服务策略和体系<br><br>• 构建成本设计&核算、销售价格优惠体系建模和授权等体系和运转机制 | • 构建针对不同国家/地区的品牌和流量运营策略和体系<br><br>• 针对不同国家/地区建立O2O的销售策略、产品分型投放等全套体系（B2C/B2B2C）<br><br>• 构建多级OMS和多级仓储物流体系（B2C/B2B2C）<br><br>• 构建多级、O2O售后服务体系<br><br>• 构建成本设计&核算、销售价格优惠体系建模和授权等体系和运转机制 | • 构建针对不同国家/地区的B端客户的营销策略和渠道政策<br><br>• 构建匹配的体系和运行机制（可能团队主体在国内或者涉及海外投资、并购）<br><br>• 构建基于海外互联网环境的OA、CRM、预算及费控、项目管理、客服等，全套"管理+科技"体系<br><br>• 构建多级备品备件仓储及物流体系<br>• 构建定价、授权和利润核算体系和运转机制 |

**售前售后技术支持**

• 建立为项目型订单提供技术支持的研发运行机制
• 建立为2C建设KM中的各种标准内容并维护的运行机制
• 构建基于AR眼镜的远程支援、ITR、MK&CS PDT、PLM&3D IDE等，全套"管理+科技"体系
• 构建营销和研发联合项目评估及运转机制

图5-1 营销服业务科技化建设的内容

此外，通过内部营销内容管理平台、AI／数字人客服等科技手段将各个流量入口的内容和客户体验统一管理，节省了大量的工作和人手。因为无须为每个流量入口都组建一个运维团队，只需一个运维团队就可以覆盖全部流量入口的运维事宜。

在订单管理和交付上，也是使用统一的平台和各个流量入口后台对接，实现统一库存管理和统一物流（含逆向物流）管理，极大地降低了工作难度，节省了大量的人手、设备投入。

在线下的店铺设置上，可以更加偏向产品／服务体验店，无须租赁更大的空间作为库房，也无须更多的人员推销。因为可以实现"线上引流到线下—线下体验和决策—当场线上问询及下单发货"。

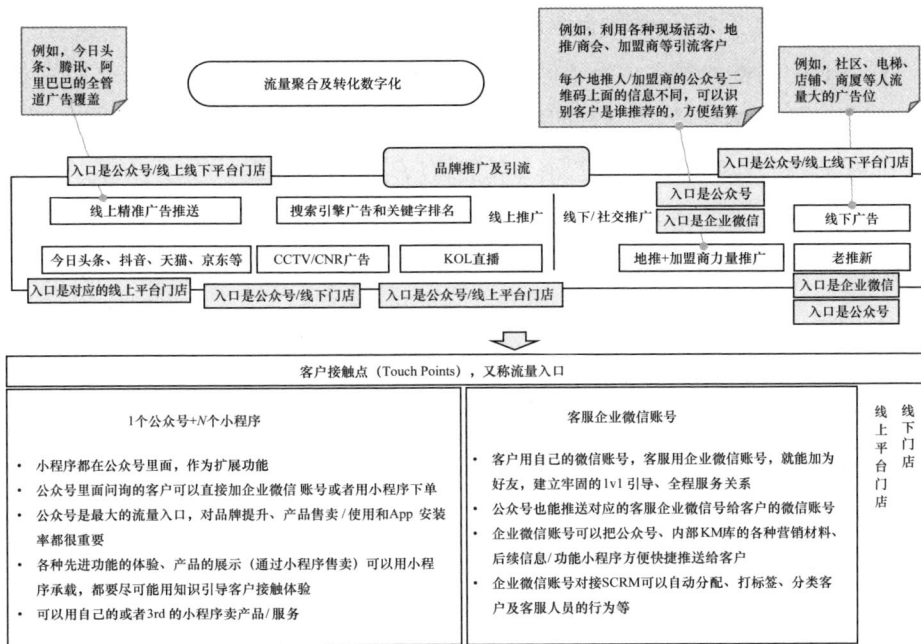

图 5-2　2C 营销引流和流量承接设计

图 5-3 是新的企业运转模式下，2C 营销对应的参考组织架构和职能。该全新作业体系的建立和运维都由 CoE 大运营体系来负责。业务执行体系的人员负责交付售后、线下门店看护、与客户接洽、培养客户接洽 AI/ 数字人等工作，两个体系循环迭代快速进化。

图 5-3　2C 营销对应的参考组织架构与职能简化图

为何会这样安排？这和企业的 DNA 有关（企业 DNA，也称为企业基因密码，是一种比喻性的概念，用于描述企业的基本特征和行为模式）——互联网企业开创了线上营销新模式，这是因为它们的本源优势是科技，然后跨界做营销，它们的模式是"互联网科技＋营销＋物流售后"。

但是中国大量的普通企业的模式是截然不同的，其本源优势是制造，需要应用第三方平台提供的互联网科技实现"制造＋互联网营销＋物流售后"模式，其中互联网技术的掌握是普通企业最大的短板。可以去了解一下，有多少 2 000 人以上的制造业企业的 IT 部门能够基本自行完成互联网技术二次开发的？答案可以说是寥寥无几，大多数企业此类工作几乎都要依靠供应商来完成，甚至企业业务部门不能够指导供应商的开发工作，都是供应商说了算。这就使普通企业"制造＋互联网营销＋物流售后"模式的实现受制于管理变革和技术运用能力，传统企业组织架构很难解决这个困难，但是使用图 5-3 的这种 DevOps 组织［DevOps 是开发（Dev）和运营（Ops）的复合词，这种模式将人、流程和技术结合起来，不断地为客户提供好的体验和价值］的新企业运转模式就可以解决。在 DevOps 运转模式中，集合内外部顶尖人才的 CoE 大运营体系组织作为先锋力量边实践边建设（企业完全能够指导供应商开发，甚至可以逐渐实现自行开发），真正实现"制造＋互联网营销＋物流售后"模式，并逐步孵化业务执行体系来增强复制能力。

关于 2B（面向企业）营销，则应使用科技将整个商务流程加速和显化，如图 5-4 所示，普通企业要将制造这一本源优势发挥得淋漓尽致，具体如下：普通客户自助注册（需要通过背景审查验证），然后便可以通过电商平台查询各种产品的详细信息、产能、价格、货期等，还可以和销售客服沟通，商讨样品寄送或申请折扣；VIP 客户甚至可以和研发团队一起远程交互商议产品定制事宜，并且很快可以通过仿真模拟获得产能、价格、货期等信息进行决策辅助，甚至可以通过 3D 打印技术获得定制样品。要实现这样的效果，需要将企业从销售到生产的各环节生产活动全部数据化，并且数据严谨相扣，这就要求相关人员必须严格执行流程和 SOP（Standard Operating Procedure，标准作业程序）。这对企业设计流程 &SOP、科技建造以及相关人员的培养提出了很高要求，而且往往需要进行多次迭代升级才能逐渐达到完美效果，普通的制造型企业如果采用传统的组织架构很难做好这些。

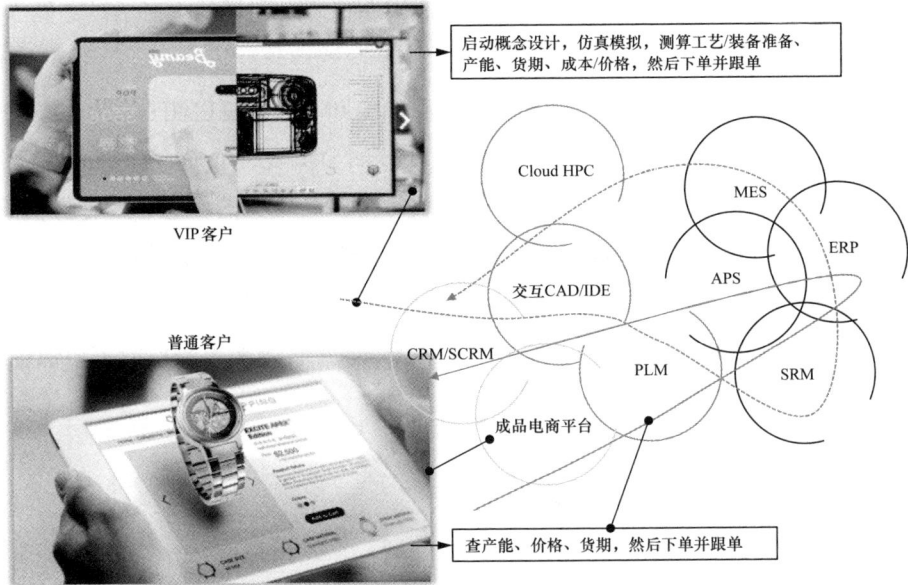

图 5-4　2B 营销科技实现原理

在新的企业运转模式中，企业需要在 CoE 大运营体系的 PMO 中构建项目群来实现以上设想，由 PMO 管理委员会统一指挥实施。项目群中的每个子项目组都需要集合内外部顶尖战力（包含业务、管理、数字化技术、自动化技术多领域人才）来工作，项目群覆盖销售、研发、生产、供应链全环节，长期跟踪优化这些环节。

业务体系的人员也逐步要从"与设备协作或手工作业"变成"指挥设备作业"，技能要升级（甚至人员要更换），骨干人才也要 CoE 大运营体系各项目组来边建造边输出。

随着项目群工作的推进，迭代落地的各种成果日趋完美，各子项目组的成员会逐渐分流。例如，外部供应商人才逐渐撤离，内部的业务人才会转到运营分析中心或回流业务执行体系，CoE 大运营体系的人才会回流专家池或转到流程及业务智能化设计组织作为对应成果的运维人员，数字化和自动化技术人才会回流技术专家池或转到科技实施组作为对应科技的运维人员，自此企业本源优势变成"销研产一体的柔性生产"。

（2）研发领域。PLM（Product Life Management，产品生命周期管理）示意

图如图 5-5 所示。企业需要根据产品的生命周期将研发和早期生产活动（图 5-5 中的右侧部分）一体化，这需要 IPD 流程、配套的管理与科技的综合运用。例如，图 5-5 中的第（2）步"设计开发"，IPD 流程中 PM 与 IPMT 如何运转，属于配套的管理设计，在 4.2 节中有阐述；PDM（Product Data Management，产品数据管理）系统属于科技工具，是一种用于管理所有与产品相关的信息（如零件信息、配置、文档、CAD 文件、结构、权限信息等）和所有与产品相关的过程（包括工艺过程、检验过程、运输过程等）的数字化工具；KM 是对各种研发过程中的注意事项、经验总结、设计文档，甚至论文的提炼收集，需要人来做内容但依赖科技工具来记录和分享。

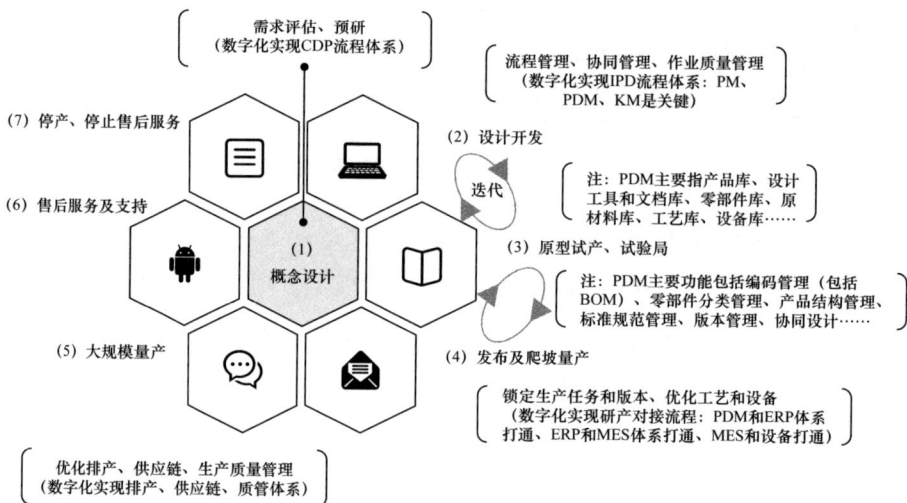

图 5-5　PLM 示意图

企业在研发领域实现数字化有两个重要目的：一是要让各种智力成果沉积在企业，不会因为研发人员变动导致损失；二是要让这些重要生产活动变得严谨并有效果，各种信息也能及时分享，促进协同和培养人才，图 5-6 详细展示了这一点。

在图 5-6 中，我们可以看到"双方接触点"两栏中，科技系统占了大部分。这就是说许多事情的推进和沟通已经不需要面对面了，关键信息、指令得到了记录和信息无损传播，这让企业领导层、研发组主管、研发员工可以高效沟通并且很容易获悉各种前因后果（行为、成果）。

| 重大活动 | VIP客户需求产品问题反馈（部分CDP） | 立项研发（CDP） | 风控/成本控制（IPD） | 试产及产品试用（部分IPD） | 量产及上市前准备（Offering Planing） |
|---|---|---|---|---|---|
| 企业领导层目的 | 根据客户需求、开发新产品或者改进产品，从而保障订单量或者做新增市场，不只是专注产品增长，研产品盘全考虑 | 希望看到经过充分市场调研洞察的、可行的各观方案，司行保障订单详细的，可行性考虑……研究自己资源和风险，立项 | 在产品开发过程中，可以有效监控过程作业细节和质量，提前发现风险或者成本，及时采取措施应对 | 时刻掌握质量、达标设计情况、工艺成本，并且跟综客户反馈，及时采取措施应对并为量产做准备 | 时刻掌握质量、成本、工艺等情况、研发要素齐完善售后服务模预测客户需求，确保后续顺利展开 |
| 企业领导层行为 | · 找各种专家帮手开会接待讨论<br>· 安排收集各种自身情况数据代入<br>· 参加各种活动、会议、调研<br>· 研究各种政策和国际政治经济形势 | · 筹备核心技术关键领能力<br>· 文件各种BD、预研任务，组建商业设计小组，建模迭代出设计方案……出计划并WB解码助研发相关的任务走研发立项流程，组建项目群 | · 定期听取或者了解过程数据及结论，及时取决策略解决困难，根据外部形势及市场变化及时介入，调整策略或者资源投入，掌握进度情况，安排其他事宜 | · 定期听取或者了解过程数据及结论，及时取决策略解决困难决策为量产准备的基座设备人员投入，推动商务设计，执行VIP客户商务谈判及签署订单 | · 定期听取或者了解过程数据及结论，及时取决策略协调资方资源投入，确保一切就绪，市前进行市场营销活动，并建立该产品市场营销服务体系及预测预测 |
| 双方接触点 | 1. OA中的待办反馈、审批，秘书的待办任务跟踪<br>2. BI数据报表、汇报会、例会<br>3. 专项研讨会、汇报会 | 1. 秘书的TODONOW重型PMP任务/项目管理工具<br>2. OA中的待办、审批<br>3. 专项研讨会、汇报会 | 1. BI的数据报表、TODONOW的PMO看板<br>2. OA中的待办、审批<br>3. 财经&HR等资源汇报会议、专项汇报会、例会 | 1. 秘书的TODONOW重型PMP任务/项目管理工具<br>2. OA中的待办、审批<br>3. 专项研讨会、汇报会 | 1. BI的数据报表、TODONOW的PMO看板<br>2. OA中的待办、审批<br>3. 财经&HR等资源汇报会议、专项汇报会、例会 |
| 各研发组主要行为 | · 联络各种资源让领导考察<br>· 集合各种力量参与调研<br>· 跟随内部各种的数据和权限<br>· 催促内部相关服务和数据 | · 招募各种专家、人才努力完成某些关键调查和资源BD<br>· 运用资源完成CDP环节 | · 定期听取或汇报或者了解过程数据及结论，及时帮队思考并求助领导介入集资源确保开发环节的质量作业 | · 带动研发项目中深度协助或产品试用，及时解决过程中的技术难题，必要立项或重做，并承认失败、承相责任，进行新的迭代 | · 带动研发项目中深度协助或产品试行，及时参与销售过程要交接，作为Tier2售后服务安排作业，进行新产品支撑产品未成熟期 |
| 双方接触点 | 1. OA中的OKR<br>2. Teambition之类的轻型任务/项目管理工具<br>3. 例会、研讨会 | 1. KM、PDM<br>2. Teambition之类的轻型任务/项目管理工具<br>3. 专项研讨会、汇报会 | 1. PDM、OA待办OKR<br>2. 重型项目管理工具、企业IM工具<br>3. 例会、研讨会、评审会 | 1. PDM、OA待办OKR<br>2. 重型PMP项目管理工具、企业IM工具<br>3. 例会、研讨会、评审会 | 1. PDM、OA待办OKR<br>2. 重型PMP项目管理工具、企业IM工具<br>3. 例会、研讨会、评审会 |
| 研发员工行为 | · 参与调研<br>· 参与数据分析<br>· 参与咨询服务型的跟随学习 | · 参与产品研发<br>· 参与某些关键细节的探查和研究 | · 参与产品研发<br>· 接受指令进行工作 | · 参与解决产品及市场局的问题<br>· 接受指令进行工作 | · 参与解决研发过程问题<br>· 参与售后服务指导作业<br>· 接受指令进行工作 |

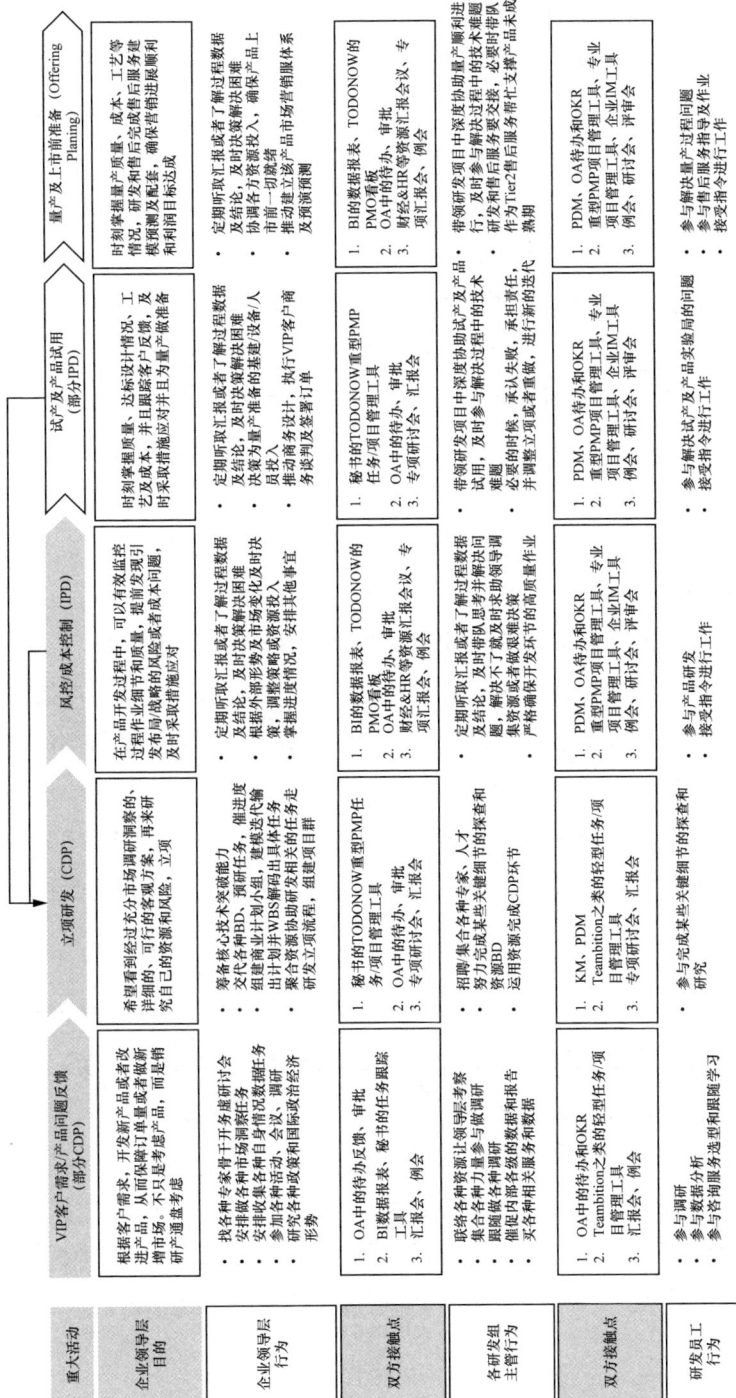

图 5-6　研发体系数字化

因此，在建设企业研发 IPD 流程时，研发领域数字化必须是配套的，要想做好这两者，需要新的企业运转模式来发力。4.2 节讲到需要用 CoE 大运营体系来孵化 / 提升研发"正规军"，但是研发体系的流程、管理、科技工具运维都是由 CoE 大运营体系来负责的，归属业务执行体系的"研发正规军"在组织上可以被分为中央研究组织（各 TDT 所在，TDT 指的是 Technology Development Team，技术开发团队）和各产品线研发组织（各 PDT 所在）。

随着中央研究组织和各产品线研发组织的成长壮大，如达到第 9 章所讲的"规模"，就可以各自设立自己的子 IPMT、研发 PM 和研发监理，但是这些子 IPMT、研发 PM 和研发监理仍然归 CoE 大运营体系管理。设立这种总分结构并把 IPMT 切割到 CoE 大运营体系的各级子 CoE 去，主要原因是避免"学术近亲繁殖"（是指见识过于闭塞和无大局观，导致协同合作困难）。

此外，为了让研发人员无须全员学习 IPD 流程，精锐研发骨干也无须学习管理和 PM（除非他们流转到 CoE 大运营体系），大家能够聚焦研发，很多无关的工作也是要交由 CoE 大运营体系派驻研发的运营 BP 小队来承担的。

（3）生产领域。生产环节 IT 系统分工如图 5-7 所示。企业生产按部就班进行是最佳状态，但是现实中往往会发生许多意外情况，例如，销售部门接了许多小批量的定制化订单、客户中途取消 / 增加订单、原材料中途紧缺或价格波动剧烈等，这些意外情况会导致生产活动混乱不堪。因此，企业生产实现数智化和自动化的目的是可以应对这些意外情况，在极端情况下仍然可以精确管控财务及指导有序作业。此外，企业生产活动中的质量管控、成本控制过去需要全员学习并

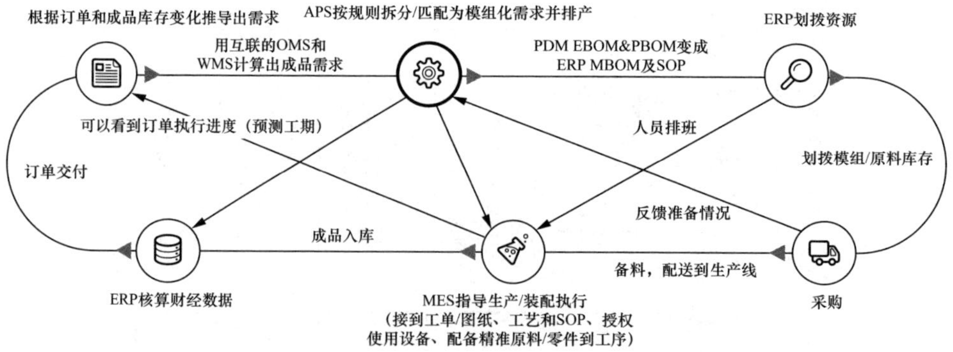

图 5-7　生产环节 IT 系统分工

且时刻需要基层管理人员巡查督导，实现数智化及自动化后这些工作大幅减少，人员也可大幅削减。

数智化工厂功能如图 5-8 所示。图 5-7 和图 5-8 所展示的生产领域复杂的科技、设备应用，精细严谨的流程、排产、现场作业设计，准确无误的管理考核……这些工作都不是业务执行体系的生产部门领导和员工可以完成的，而且这些工作需要循环迭代，一方面精益求精，另一方面应对频繁发生的变化要求。因此，还是需要 CoE 大运营体系来承担这些工作。

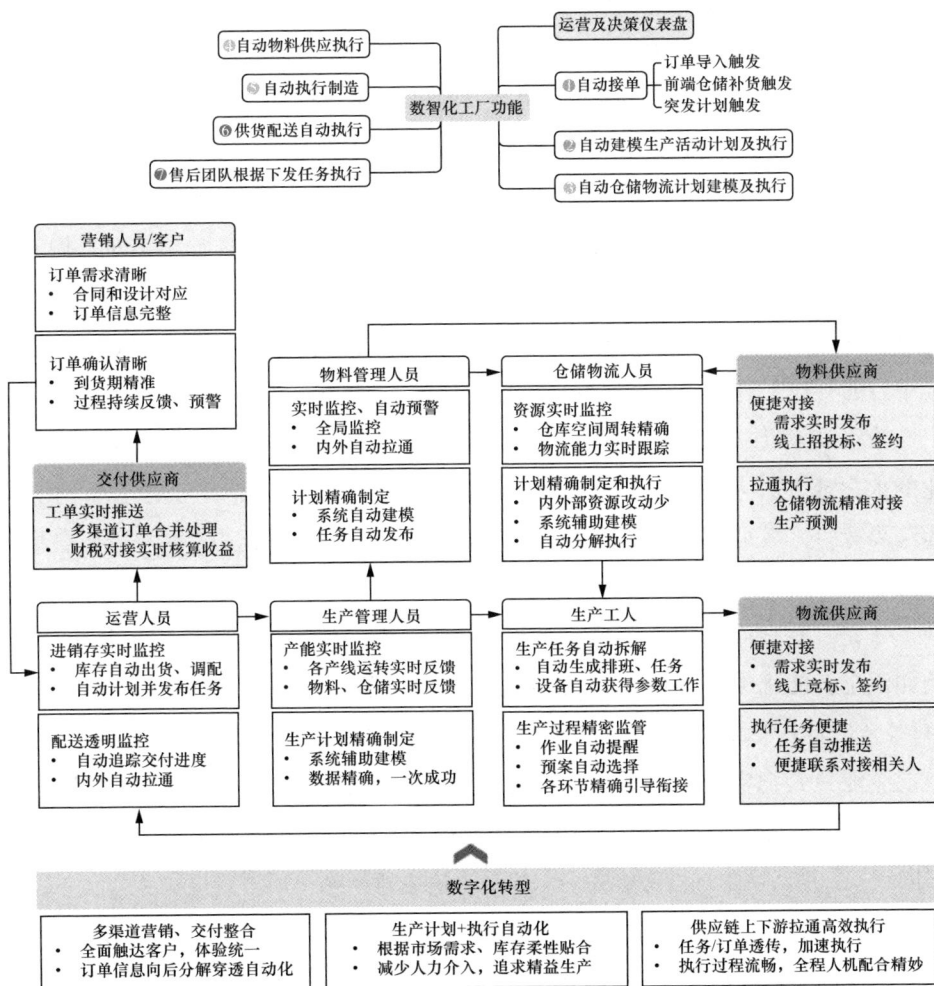

**图 5-8　数智化工厂功能简化图**

对于本源优势是制造的企业，可以在 CoE 大运营体系的 PMO 中设置"柔性生产"周期性虚拟项目组，由它来管理一个项目群，长期聚集内外部管理、数智化、设备人才来循环迭代。企业必须逐步培育自己的科技建设力量（如智能制造建设力量），因为这些力量会成为支撑自身战略自由度的关键因素，这一点在第 6 章中会阐述。

以上内容概述的是在新的企业运转模式下如何实现企业各领域的数智化、自动化，这个过程也是企业下定决心培养这种变革能力的契机。有了这种变革能力后，企业可以持续自我优化，实现"科技 +"自由。

但是企业在逐步培养这些"业务 & 管理 & 科技一体化"建设力量时，需要考虑成本和盈利的问题，因为投入并不少例如阿里巴巴、腾讯、美的等优秀企业就把其重金打造的 IT 设施和科技建设力量包装成了共享的云模式，以此来解决部分成本的问题。很多大企业的云业务一直处于亏损状态，但是它们仍然坚持投入和继续运转它们的云业务，这是因为它们自己也要用云业务，如果不对外做云业务租赁，它们要承担的成本占比更高。

不过今天的普通企业无须再花费巨资建造 IT 设施，优秀企业打造的 3rd 云服务平台的科技工具二次开发也变得更加简单和廉价，可以直接使用。

有了自动化、数智化技术 / 工具的加持，业务执行体系人员也大量减少，企业的人力成本大大减少。但是在这些科技资产的盈利上，由于云业务的"内卷"和跨界竞争，后来者企业发展壮大了，再去学先行优秀企业开发共享云服务模式不可行了，因为云服务市场已经饱和。

于是，一些企业探索了另一个方向：各种产品的智能化功能附加趋势明显，例如汽车智能化（特斯拉 FSD）、AI 手机 /AI 计算机、家电智能化网联等，利用"科技 +"能力来做产品增值，以期覆盖科技资产的成本。这是一个高难度的挑战：以前企业只是把实现精益生产活动的科技能力共享来变现减负（提供云业务），现在却要把这种能力变成重要研发模块来提升产品力。这是两个要求截然不同的方向：一个是新增附加业务；另一个却是改造主营产品。后者难度更大。

可以说，为了实现精益生产活动，企业只要走上"科技 +"能力发育之路，就必然要面对"高成本投入"这个"科技 +"的桎梏。新的企业运转模式虽然能够帮助企业实现"科技 +"，那它是否还能够帮助企业摆脱这个高成本桎梏？

### 5.1.2　摆脱"科技 +"高成本的桎梏

先行企业发展"科技 +"面临高成本、竞争大的挑战，连被迫用科技来"改造主营产品"的路都要走了，那么作为后来者的普通企业不再培育"科技 +"的能力，是否就没有这些烦恼了呢？实际上大量的普通企业都是这样做的：少量的内部人员加上外部供应商完成了"科技 +"的建设后，由少量的内部人员运维即可，这样后续成本投入就可以控制得比较低。

针对以上做法，这里要给出一个新的观点：企业依靠外部供应商完成大部分"科技 +"建设的被动式做法，很难适应未来的市场环境，最终只能是戴着桎梏枷锁"艰难起舞"；企业只有自己完全掌控了"科技 +"的建设能力，才能不断改造它，让它不断适配企业的发展变化，逐步成为核心竞争力，而不再是桎梏。

这是因为"科技 +"模式是把业务模式、管理、工具、人的操作习惯全部改变的全新模式，企业一旦采用，基本无法再改回去了，而且每一次的大改动都会对企业产生巨大影响，也需要巨资投入（几千万元到上亿元）。过去中国是全球的制造中心，大量的订单集中到了很多企业的手上，大家可以获得足够的收益来不断负担"科技 +"的投入，而且投入的基本也是和制造环节相关的"科技 +"，技术比较成熟，用以上被动方式容易实现，做好了可以用 10 年以上，能够更好地控制成本。

然而未来的市场环境是：订单变得分散，也有更多定制化的需求，加上竞争对手不断地"卷"，已经主动拥抱"科技 +"的企业推出智能化产品，等等。普通企业长期不积极主动培养、掌握"科技 +"的力量，在频繁需要灵活变通应对市场竞争之时可能为时已晚。我们来看一个场景。

国内某优秀上市化工企业，产品享誉全球，尤其在 2021—2023 年期间获得全球大量订单，产能满负荷运转，业绩表现良好。该企业在 2020 年之前也在"科技 +"建设上投入了超过 4 亿元人民币的巨资，并且动员整个企业进行管理变革，最终实现了精益制造与研发。像许多普通企业一样，这家采用传统运转模式的企业也没有真正建设掌握"科技 +"的力量，都是靠外部供应商来完成，外部供应商建成后该企业再用自己的小队伍运维。

随着外部市场环境发生巨大变化，5 年后的今天，为了未来的生存发展，企业高层觉得又需要大刀阔斧地变革企业了，但是这个时候原来投入 4 亿多元人民币巨资打造的"科技 +"需要推倒重来：企业打算大量合并 / 拆分现有业务组织，关联交易也将完全重构，将涉及很多新的上下游环节，原来做的业财融合也要重构……这样的大改会让前期投入巨资的"科技 +"作废，企业还需要投入巨资再重新建设新版本的"科技 +"。回望 5 年前的大变革，高层和中基层都心生畏惧，因为那场大变革完全超出了整个企业的能力范围，是众多外部供应商"驾"着它冲过去的，整个企业"知其然，不知其所以然"，重来一次的话大家没有把握和信心，而企业也很难再承受几亿元人民币资金的新投入。

这家企业面临的困境正是麦肯锡公司 2021 年发布的 CEO 数字化进程监控建议中提到的"数字化遗产捆绑"（本书在其基础定义上加入更多的因素，统称其为"'科技 +'的桎梏"）。管理变革和科技是配套的，再来一次又需要企业"伤筋动骨"和巨额投入，大量的钱又被供应商挣走了，企业还是没有掌控自己命运的能力。其实西方许多企业也面临了这样的问题，埃森哲公司正是因为能够不断帮助企业破解"数字化遗产捆绑"难题（提供"管理变革 + 科技融合"的综合服务），所以近年来业绩一直在高速增长。

和西方企业不同，中国企业要想摆脱"数字化遗产捆绑"，只能自力更生。但是我们覆盖整个社会去做好所有企业"科技 +"建设的人才力量不足，因为大量的中国中小企业过去都不想培养这样的人才，导致市面上合格的三栖人才相对较少（在今天"科技 +"建设需求旺盛的情况下），合格的供应商也相对较少，从而导致合格的外部供应商要价高。归根结底，中国很多企业和西方企业相比，利润较低：大家处在全球化的制造环节，利润本来就没有西方企业高。中国企业现在想要加大投入利用"科技 +"崛起弯道超车，却要一次次被外部供应商掏空腰包，这是不能被它们所接受的。

华为的数智化转型走的也是自力更生的道路，其自主研发了包括 ERP 在内的大量企业应用软件，还通过设立专项基金、鼓励合作企业加大在国产操作系统领域的研发投入等方式，推动了信创国产化的发展。此外，华为成立了由各个业务部门一把手负责的组织，以及由轮值董事长负责的变革管理委员会，确保数智化转型的每一步都符合自主可控的要求。这种组织架构的变化使得其数智化转型更加科学和高效。

如果其他中国企业也要实现自力更生的话，那么先行企业面临的挑战（高成本投入），后来试图崛起的普通企业也必须面对了，那么新的企业运转模式如何去应对这个大挑战？

企业先要赋予自建的"科技 +"建设力量两个职责，第一个是运维已经建设好的精益生产活动，第二个是投入产品力提升的大课题。这两个职责是强相关的，因此"科技 +"建设力量不能分家，企业不能像市面上的企业的传统做法（在业务执行体系的研发部门当中建设一个产品智能化赋能研发小组或者找下包商来给产品赋能智能化，又单独建立一个企业 IT 部门，两者各司其职）。因为那会让"科技 +"人才失去职业成长通道，也不利于他们技能升级与视野拓宽，这些都会降低企业的人才招募 / 留存能力，同时也会造成过高的人力成本投入，最后也难以凝聚最强力量对各种难题进行突破。

企业在早期发展时，要使用第 4 章讲到的生态式研发，把最近两三年各大科技公司淘汰出来的"觉醒者"利用起来，加快自身队伍的建设和能力的培养。例如，可以把 CoE 大运营体系的"科技实施组"虚拟成一家科技企业（或者实际设置成事业部也行），构建出交付资源池和两条研发产品线。

交付资源池的工程师负责运维建设好的精益生产活动及参加各种 PMO 的项目（包括产品智能化赋能项目），一条研发产品线负责支援上述的第一职责（运维已经建设好的精益生产活动），另一条研发产品线负责支援上述的第二职责（参加各种 PMO 的项目）。

交付资源池的工程师负责科技实施和应用（如无代码开发、3rd 接口对接、前端开发），研发产品线的工程师负责通用技术或者核心组件的深度开发（如后端开发、大数据和 AI 开发）。"觉醒者"混编进入研发产品线和交付资源池，交付资源地、研发产品线的内部工程师也是按照培养计划在这个虚拟企业的各种岗位 / 组织之间流转，培养计划完成后就可以升任产品经理，然后才可以进入流程及业务智能化设计组织担任 PM，并可以进入 CoE 大运营体系开启新的复合型人才培养计划。

其实在技术领域，复合型人才的培养尤其艰难，因为跨学科或跨领域学习需要付出大量的精力，也需要天分和兴趣支撑。例如，一个做前端的软件工程师想学会后端软件工程师的工作，就很不容易；另一个做基础设施即服务（Infrastructure as a Service，IaaS）调优的工程师，想要去做前端软件工程师的活也很不容易。工程师们往往都是以边做边学的方式成长，而且以学徒模式、抱团互相学习共同探讨为主要学习模式，成长速度比较慢。很多企业为了加速提升研发人员的能力，经常会请很多外部技术达人来讲课。

那么在新的企业运转模式下，这个虚拟科技企业如何做好技术领域的复合型人才培养工作？

（1）两条产品线都是通过发起项目的方式从交付资源池抽调人才，产品线的各种管理人员、PM 都是完成 CoE 大运营体系历练的顶级技术人才或者对业务、商务模式理解非常透彻的复合型人才。完成了产品线、PMO 发起的各种项目中细分任务的技术人才会被释放回流交付资源池，交付资源池会不断组织人员做好 KM，总结经验、研究突破短板、申报内部专利或者推动项目中的成果被产品线利用，也会组织人员高效学习、交流和培训。用人思维模式从被动变成主动：过往的被动模式是人员私下把自己的能力练到差不多了才能去某个岗位，或者找到能力差不多的人员那个岗位的职能才能运转起来；现在的主动模式是只要有需求，人员能力不行就有组织有计划地去批量培养，并且有组织地提供各种实践机会，让人员"做中学，学中做"，像华为一样。当然这就需要一个整体机制来支撑，很多传统运转模式的企业即便想这样也做不到。

（2）交付资源池虽然在技术体系内，但是也归 CoE 大运营体系的 PMO 管理。交付资源池会为每名人才制订技能进化计划，确保其技能学习的时间，也会安排其进行各种研究和实践。通常情况下，两条产品线正在作业的人才数量之和的 20%，就是交付资源池的人才最低配备数量，这些人才包含了内部人才和"觉醒者"。在交付资源池的体系下，他们就像"雇佣兵"，PMO 定期发布任务，"雇佣兵"必须依靠接任务来生存，如果他们超过一定期限无法获得任务，那么就只能等待被暂时辞退；各项目组也会不断优胜劣汰"雇佣兵"。同时为了避免 PM 对项目组形成控制导致技术能力和上限被固化，项目组 CTO 和 PM 都有任期且不得连任，卸任后的前 CTO 和 PM 必须成为项目组成员再坚持一届任期。

（3）"科技 +"技术人才的内部职称升级和其技能熟练度、深度、运用等相关技能产生的项目贡献有关（考试 + 考核）。技术人才有固定薪酬，参加项目会有各种额外奖金，其项目奖金换算并不按照 CoE 大运营体系标准项目管理机制中的工时来计算，反而按照项目贡献、工时缩减等指标来计算，但是参与 PMO 非专项技术类项目的技术人才，在项目中仍遵循 CoE 大运营体系标准项目管理机制，只是在最终计算项目奖金时进行换算。只有内部职称上升到了规定的等级，技术人才才能走上各种管理岗位或者出任 PM。

（4）技术人才可以学习发展多项技能，为其多项技能申请不同的内部职称。这样其在交付资源池中就可以申请匹配不同技能的任务，交付资源池也可以根据他们的技能情况进行任务分配或者人才抽调。交付资源池发布的任务也会根据对技能水平、种类要求的不同，对应不同的奖金。此外，企业对技术人才的固定薪酬待遇会按照其最高内部职称来评定。

当这种横跨"科技+"、管理、产品研发业务 3 个领域的复合型人才被培养出来后（通常是完成了 CoE 大运营体系大循环培养的人才或者这个虚拟科技企业的管理岗位人才），如果企业已经下决心要解决"科技+"建设力量的成本问题，那么部分复合型人才就可以被流转到业务执行体系组建一个新的组织，担任"主营产品智能化赋能"骨干了，逐步使一个新的业务单元（Business Unit，BU）实体化，它除了帮企业的产品智能化赋能，还会对外提供"代研发"服务，减轻企业的成本负担。

这种"产品智能化赋能"能力共享，实质上是一种高级研发能力共享服务，具有高门槛、弱生态性（各种企业容易接受，不担心被其长期"捆绑"、拿捏）。例如，光庭信息就是提供这种能力的企业，其智能汽车自动驾驶系统研发辅助服务，就曾服务于华为、蔚来、长安汽车、上汽集团等著名企业。

企业产生的新的 BU 只是会将此前设立的虚拟科技企业作为供应商，并不会划走虚拟科技企业当中对应的研发产品线，直至该 BU 的业务规模变得比较大才会考虑在 BU 扩建研发产品线。

综上所述，为了对抗高成本，掌握了"科技+"建设能力的企业只能做"产品智能化赋能"能力共享这门生意了，不能再做已经"内卷"严重的"科技+"建设能力共享生意或者基础设施共享生意（技术集成服务或者新租赁业务）。新的企业运转模式能够以最少的成本来培养这样的能力，帮助企业摆脱"科技+"高成本的桎梏。

## 5.2 实现精细内控

解决了"科技+"的高成本问题后，企业就要利用"科技+"能力实现全环节数智化，直至降本增效、提升产品性价比的终极目标。在这个过程中，配套的精细内控是必不可少的。

传统的企业内控就是设计完善各种关键流程和规章制度，然后宣传和灌输给员工，让他们自觉执行，再派人不断巡查督导，一旦出错严惩不贷，以人管人。到了今天，这已经被认为是过时和难以进一步提升的做法了。如今，企业在实现"科技+"的过程中，就会完善这些流程和规章制度的设计，并且将它们和科技工具融为一体，由科技工具来规范和约束员工的行为并安排超大规模的有序生产活动。新的企业运转模式下的内控将升级为精细内控，其不同于传统内控：传统内控就是完善一些规章制度和关键辅助流程，强调企业一些关键管理动作做到位，其主打动作"合规"，对个体的动作过程中的细节内容和效果无法控制；有了"科技+"之后，企业合规已经由"科技+"去保障了，企业精细内控聚焦的是个体执行的细节内容和效果，并根据综合数据预测可能导致的结果而及时要求个体修正细节行为。这需要建立更严谨的数据记录/追踪/合成/显示科技体系、经验参数参考体系、快速干预的科技体系。

### 5.2.1 业财融合

企业精细内控，为什么要如此重视业财融合？

企业实现了"科技+"后，各种生产活动都会变得有序和量化，真实的生产活动就会被转化为数据记录起来，在科技工具中再设置合理的财务规则（管理会计和财务会计两种规定），让科技工具自动将这些数据计算合成和归类，最终生成各种报表，俗称管报（管理报表）。这些管报就是"企业管理驾驶舱"中的仪表盘（数据记录/追踪/合成/显示科技体系），企业各级管理层、员工通过这些管报里面的数据就可以知道团队/个人工作的具体情况。这样的整个自下而上的数据化企业整体运转情况的体系就是业财融合。业财融合模型如图5-9所示。从图5-9中，我们可以大致了解业财融合的本质——建立各领域各种生产活动的量化计算模型，让管报数据真实反映和评价复杂而庞大的企业生产活动。

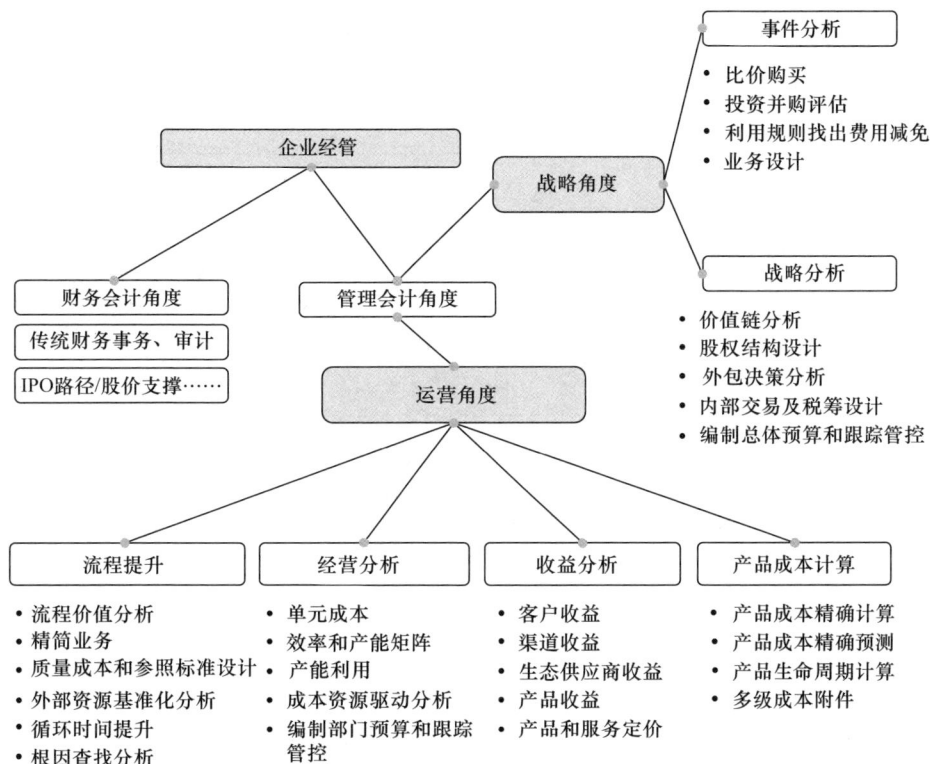

图 5-9 业财融合模型

"要看得见，才能管得着。"企业精细内控做的一大堆评估、限制与管控，是要基于新型业财融合层级逻辑（见图 5-10）来完成的——企业各级管理层需要通过各种管报上的数据来评估、限制和管控，也可以通过管报数据的闭环反馈了解干预改善的效果。当他们觉得有疑问时，可以向下查看各层级真实业务执行数据，甚至可以使用"数字孪生"系统（需要有完整的数据来驱动）来还原某些有疑问的生产活动，找到漏洞或试验更好的解决办法。业财融合的价值就在于此，无法支撑好精细内控工作的粗犷式业财融合在企业这个阶段已经没有意义了。

因此，可以说业财融合是企业精细内控、经营决策的基石。但是要做好业财融合绝非易事，需要财务部门、"科技 +"建设力量、业务与流程设计团队多方联合才能完成，这尤其考验企业的变革复合型人才和"科技 +"建设能力。

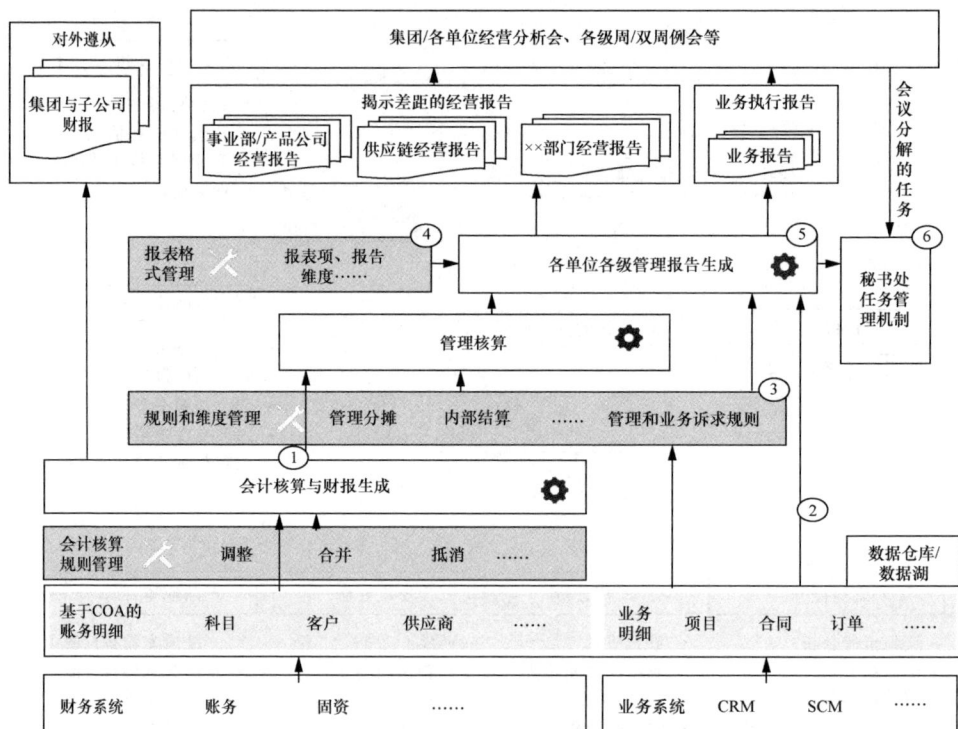

图5-10 新型业财融合层级逻辑

华为的业财融合主要通过以下方式实现。

（1）财务人员参与经营分析、预算预测和项目财务管理。华为强调财务人员不仅要进行财务分析，更要参与经营分析，紧密结合实际业务，为业务部门提供服务。此外，财务人员还参与预算预测和项目财务管理，通过参与项目财务管理，全面了解业务运作，从而更好地进行财务管理。

（2）财务人员"五懂"要求。华为对财务人员提出了"五懂"要求，即懂项目、懂合同、懂产品、懂会计、懂绩效。通过这些要求，财务人员能够更深入地理解业务，从而更好地进行财务管理和决策。

（3）统一战略目标，加强沟通和协作。华为通过统一业务和财务团队的战略目标，加强跨部门沟通和协作，建立跨部门沟通机制，确保业务和财务团队定期交流，理解对方的需求和挑战。此外，创建混合团队或项目组，业务和财务人员共同参与决策过程。

（4）提升数据分析能力。利用先进的数据分析工具和技术，如商业智能（Business Intelligence，BI）和大数据分析，以更好地理解业务和财务数据。通过分析业务数据，提取有价值的观点，辅助财务规划和预测。

（5）岗位互换和职业发展融合。华为强调业务和财务人员在岗位上的互换和职业发展融合，通过这种方式促进双方对彼此工作的理解和支持。

华为很早就实现了企业管理持续变革和不断培养复合型人才的良性循环，基于多年积攒下来的人才和科技实力，因此可以科学合理地实现业财融合。但是对于刚实现良性循环的企业而言，业财融合具体应该如何建设？在新的企业运转模式下，企业有什么优势来快速建设可以支撑精细内控的业财融合？

业财融合、精细内控，必须靠"科技 +"才能完成。

首先，企业在建设 / 改造"科技 +"的过程中，必须同步把业财融合、精细内控所需的整体核算逻辑模型建出来（图 5-11 是简化后的示例），工程师就能够做好开发工作，让科技工具达到使用要求。

建立整体核算逻辑模型是一件非常关键的事情，它对企业业财融合具有决定性的作用。

（1）各系统业财融合相关数据不能用自己的办法来胡乱定义或者出现缺漏，也不能胡乱使用其他系统的模型和定义的数据。什么系统负责收集 / 产生什么数据、采集方式是怎样的、使用什么逻辑 / 算法来加工这些数据，这些都需要这个整体模型来规划定义，这样才能保证数据同源、数据可用。

（2）企业的各种软件工具中的各种业财融合相关核算指标 / 方法必须由这个模型提供，必须是统一的，不能各系统各不相同。使用哪些数据、哪些数据必须来自哪个系统也都是要由该模型整体规划的。

（3）各系统之间的互联互通，都必须要在这个整体核算逻辑模型的指导下实现（见图 5-12），确保业财融合相关数据自动化流通和合成 / 生成，减少人工干预并增强时效性。

读到这里，大家已经明白这个整体核算逻辑模型不简单了，它涉及企业方方面面的细节。它的设计并不是从企业的各个领域抽调各种人才组成一个项目组就能完成的，它需要财务人才成长为复合型人才，横跨多个领域，去理解拉通、分解具体任务、总成各种底层支撑性的核算模型，所以我们一直在强调复合型人才

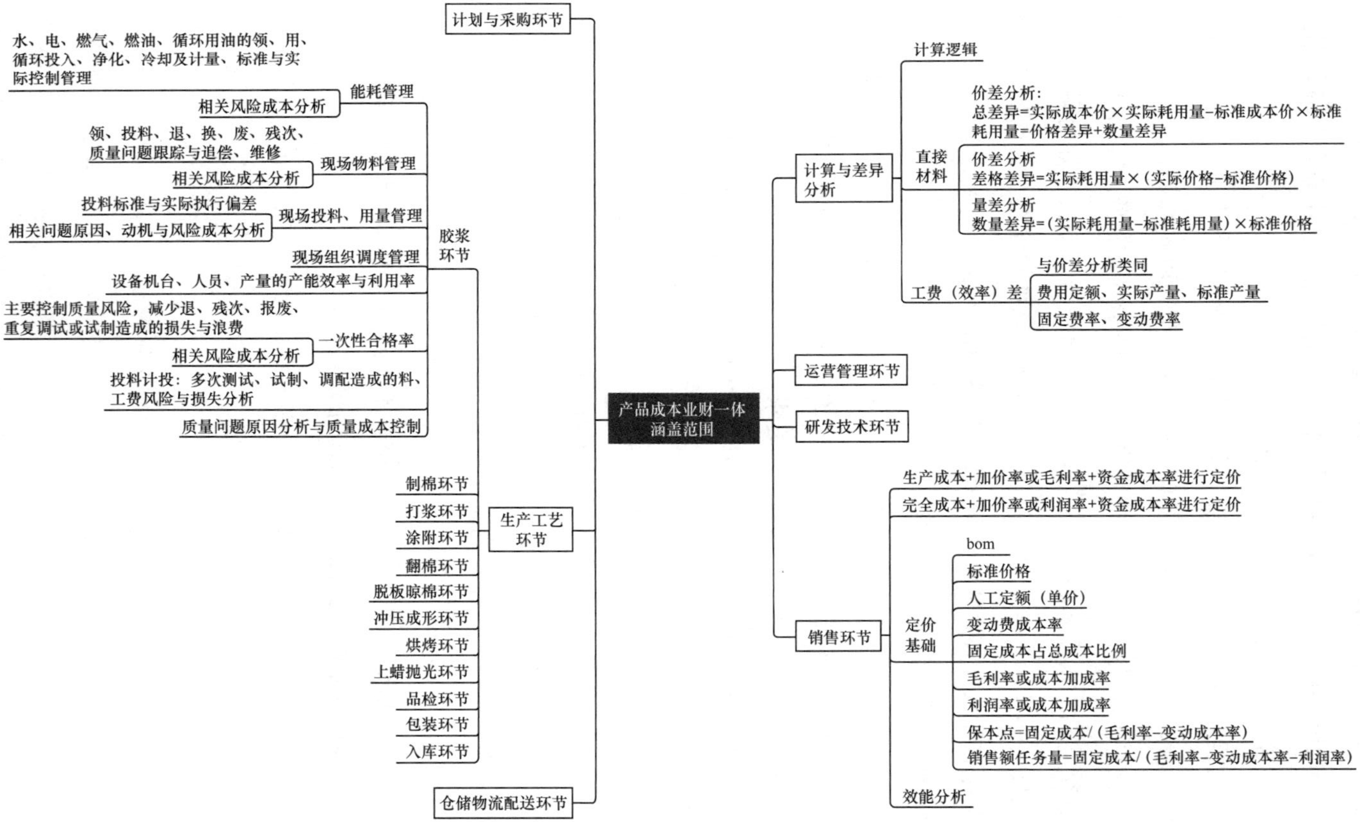

产品成本业财一体覆盖范围

**计算与差异分析**

计算逻辑

直接材料

价差分析：
总差异=实际成本价×实际耗用量−标准成本价×标准价
耗用差异=价格差异+数量差异

价差分析：
价格差异=实际耗用量×（实际价格−标准价格）

量差分析：
数量差异=（实际耗用量−标准耗用量）×标准价格

工费（效率）差

与价差分析类同

费用差异=实际定额、实际产量、标准产量

固定费用率、变动费率

**运营管理环节**

**研发技术环节**

**销售环节**

生产成本÷加价率或毛利率+资金成本率进行定价
完全成本÷加价率或利润率+资金成本率进行定价

定价基础

bom

标准价格

人工定额（单价）

变动费成本率

固定费成本占总成本比例

毛利率或成本加成率

利润率或成本加成率

保本点=固定成本/（毛利率−变动成本率）

销售额(任务量=固定成本=变动成本×利润率)（毛利率−变动成本率−利润率）

效能分析

**计划与采购环节**

水、电、燃气、燃油、循环用油的领、用、循环收入、净化、冷却及计量、标准及实际管理

能耗管理

相关风险成本分析

领、投料、退、换、废、残次、维修

质量问题跟踪与追偿

现场物料管理

投料标准与实际执行偏差

相关风险成本分析

现场投料、用量管理

现场组织调度管理

相关风险成本分析

设备机台、人员、产量的产能效率与利用率

减少退、残次、报废

用量管理

一次性合格率

胶浆环节

主要控制质量风险、试制、试制、调配成的料、工费风险制造试制成本控制

投料计划：多次测试、残次、报废、工费风险制造试制的损失与流费

相关风险成本分析

质量问题原因分析与质量成本控制
重复调试或调试造成试制的损失与分析

**生产工艺环节**

制棉环节

打浆环节

涂附环节

翻棉晾棉环节

脱板烘棉环节

冲压成形环节

烘烤环节

上蜡抛光环节

品检环节

包装环节

入库环节

**仓储物流配送环节**

图5-11 业财融合、精细内控核算逻辑模型部分示例

的重要性，这些人是变革力量的重要组成元素。快速培养并运用好复合型人才，只能依靠新的企业运转模式下的外部顶尖战力链接功能。

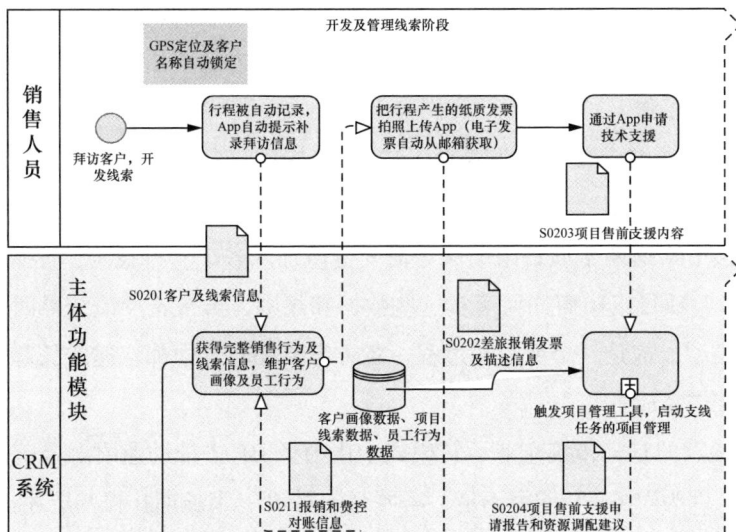

**图 5-12　数据流向宏观模型示例**

其次，企业要考虑数据造假的问题，要用一些流程、工具、管理设计技巧，防止数据的源头制造出假数据或者重复数据，例如，工人上岗操作贵重机械或者进入核心区域，必须人脸识别而不是刷卡；工人的工时是根据人脸识别进出时间自动计算出来的，而不是工人自己申报或者组长申报的，一切都得讲可靠的证据和办法，这也可以叫作数据质量管理。

最后，企业应考虑管控干预的问题，数据与企业设定的经验参数体系对比，不达标或者超标的时候，企业的科技工具应对措施如下。

（1）各软件系统的一些功能如何自动限制和堵截员工的不合规行为，根据各种具体情况采用不同的应对方案或者适用不同的规则，都必须按照精细内控的指导来完成，必须是一套的、缜密的。

（2）各软件系统采用的各种规则参数（配置和准备系统资源时使用的参数，例如各种基线、阈值，它们是根据经验得出的最佳数值）也必须按照精细内控的指导来完成。这些参数参考体系的建立是业财融合和精细内控建设过程中最有价值的部分，也是难度最高的部分，更是实现业财融合和精细内控的重要前提条件。

以上这些精细内控和业财融合的工作看似简单，实质都是非常复杂和细致的，而且工作量庞大，企业不要指望外部供应商（管理咨询和"科技 +"建设供应商）在短时间内就可以了解这些并且把它们细化到完美的程度，最终还得靠自己的团队来做。只有新的企业运转模式连接并培养出了能力足够强的人才，才能够帮助企业做好这些工作。

为了做好业财融合，企业需要在 PMO 中构建一个"业财融合项目组"和一个"精细内控项目组"。两个项目组先各自建好第一版模型，然后融合出一个混合模型，接下来这两个项目组的成员需要分散加入各个"科技 +"的项目组，去和"科技 +"项目组磋商如何落实这些数据和规则，再带着反馈结果回来迭代出新版本的模型。这是一个反复的过程，各方需要在磨合中都快速成长起来，最终才能通力合作完成。

需要注意的是，传统企业运转模式中由财务 BP 去推动业财融合落地的做法是不行的，因为财务 BP 能力不足，需要财务 CoE 专家长期扎根基层才行。

新的企业运转模式中没有财务 CoE 岗位，因为这些财务 CoE 专家已经被包含在专家池当中，他们是冲在项目第一线的项目成员，所以在新的企业运转模式下，业财融合落地实质是由财务 CoE 专家去完成的。在新的企业运转模式中，财务 BP 的职责更多的是去推广和运维建成的业财融合体系，而且财务 BP 也会根据能力发展情况被抽调进入项目，去执行财务 CoE 专家的职能，快速锻炼成长为财务 CoE 专家。

## 5.2.2　AI 辅助内控

当企业实现了业财融合，可能会发现本章开篇讲到的企业降本思路（"科学合理地设计企业生产活动、生产活动可被量化计算并最终通过精确财务数据反馈来闭环解决降本增效"）基本实现，但是在"闭环解决降本增效"（实质就是精细内控）这一点上，大部分企业大量的工作仍然依靠人力来完成，这使得管控效果差强人意。

想做好精细内控，需要管理个体的工作细节，根据参考参数模型时刻提醒其合规作业，并且还要分析预测其累积行为可能导致的后果以及时提前干预。如此庞大的工作量靠人力是无法完美完成的，因此企业需要借助 AI 的能力才行。

企业可以逐渐把一些复杂逻辑规则交给 RPA（Robotic Process Automation，机器人流程自动化）机器人来判断并控制某些"科技 +"模块的工作；把一些对人的督促提醒工作交给催办 AI 来完成；再把一些复杂场景的决策辅助分析、解决办法构建等工作交给 GenAI（生成式 AI）来完成。这会极大提高企业决策和执行效率，同时极大减少企业对业务经验丰富的人才的依赖（即业务经验丰富的人才去 CoE 大运营体系搞建设，业务执行体系的众多循规蹈矩的工作交给 AI 来执行）。我们来看 3 个场景。

场景一：某企业销售人员比较多，分布地域广，他们的费用报销和预算动态管控一直是个伤脑筋的问题。

第一个麻烦：企业各个销售分支在各地要开展会，需要预支费用去租场地、装修和做各种预先准备（印刷资料、租赁设备、预订酒店和餐厅等），展会结束之后，往往出现票据不全、各种项目费用超标等问题，引发严重报销纠纷，这非常打击员工积极性，同时也让财务费控人员非常头疼。

AI 如何来解决这个麻烦？ AI 在销售人员申请预支费用时，会根据展会当地的一些历史报销数据给出各个项目的指导预算，并且在执行时变身催办秘书和全程咨询顾问，督导销售人员作业，让他们完成一项就提报一项给 AI，这里需要上传各种证据，例如票据、实物、合同、过程录像等影像资料。最后 AI 会做第一个把关人，AI 会根据自身的参考数据体系和各种识别能力来判断证据的合理性，等销售人员确认 / 整改好报销相关材料后就可以提交了。

第二个麻烦：销售人员的报销虽然使用了自助报销数字化工具，但是还是有很多特殊情况需要主管审批和背书，这些特殊情况财务费控人员也要了解。最麻烦的是特殊情况过多会导致事后预算动态调整分配出现窘困，这些都会给主管、财务人员带来压力、困扰，使得他们被迫频繁干预销售人员的花费过程，尽量减少特殊情况，但是这样一来又会让销售人员很难做好工作与完成目标。

AI 如何来解决这个麻烦？企业可以让 CoE 大运营体系的项目组将各种特殊情况模型化，然后设计 RPA 机器人和负责预算管理的 AI 来判断审批，除了 AI 无法处理的情况，基本无须主管和财务费控人员来处理了。那么在现实中，销售人员在花销前就需要咨询 AI，获得指导后再执行。当销售人员进行事后报销时，可以统一将各种票据拍摄并上传，AI 会自动帮忙整理出合理的行程与之对应，也会判断票据、客户是否是真实的。如果有问题，在提交前就要求销售人员整改，提交后 AI 会抄送审批关注点和建议给主管与财务人员，如果他们有异议可以事后再对个例进行追溯处理；如果销售人员对 AI 的处理有异议或者有特殊情况无法通过 AI 把控的报销流程，需要向主管和财务人员申请走人工审批流程，但是人工审批流程最终仍然需要 AI 给出附加处理意见（这样设置的用意在于人工审批流程仍然需要知会 AI，纳入 AI 的监管范围，并要求 AI 去驱动 RPA 机器人执行）。

至于预算的动态调控，有了业财融合数据后，AI 可以自行判断预算投入哪些地方产生的效用最大，然后自行进行分配调整并锁定分配方案，不会因为特殊情况解锁分配方案。如特殊情况导致预算不足，AI 会优先保障产生效用最大的部门 / 个人获得照顾。特殊用途的费用 AI 会通知总部财务部门以借贷形式发放，抵押物是借贷部门的未来营收与利润、主管的支付能力（如果清账失败，他需要自己承担 50% 的费用）。每年推出企业年报前，各部门的借贷必须用所投入的特殊场景的产出净利润清账，也可以延期，但是不得超过 3 年。如果主管不愿意因为特殊情况而让自己身陷审计风险，又觉得机不可失，可以向"对外项目 PMO"（企业项目 PMO 的下辖子组织，图 7-11 中有其职能示意）申请成立一个项目（这也是由 AI 来做 Tier1 级别的审批），让众多力量介入来帮忙，同时也会有对应的额外预算被拨付过来。后面项目范围内各种费用的支出归属项目费用，费用管控和审计也由 PMO 完成，主管无须再担责。

场景二：某企业组织庞大、业务复杂、人员众多，在"科技 +"中建立了大量的流程和内控规则。但是每天产生的大量业财融合数据并不严谨，内控部门知道这是因为很多人没有严格执行流程和遵守内控规则，却苦于没有能力翻看分析大量数据去全部追溯处罚，只能一直以教育为主；与此同时，也不敢把流程和巡查督导卡得太死，怕导致员工情绪反弹，也怕承担阻碍业务执行的责任，久而久之很多流程和内控规则形同虚设。

AI 如何来解决这个麻烦？ AI 比人跟得更紧、审得更细，代替了大量的人力。AI 经过大量训练后，熟知各个环节的数据最佳情况及关联性，一旦发现某个小步骤不对劲就会发出整改催促提醒个人，如果其仍然不整改，AI 就会直接提报主管并持续追踪处理闭环；但是如果当事人仍然不整改并带着问题继续作业，当 AI 发现这样发展下去可能导致严重后果，就会不近人情地卡死流程阻断作业进行，AI 不惧怕被记恨和问责。AI 还可以对累积性误差进行追溯，例如，原料从采购到验收入库再到配料供给，最后发现和采购数额有差异，AI 可以校验核对海量数据去寻找问题环节和根源。这样的解决方式让企业的精细内控真正得以全面落实。

场景三：某企业是大型制造业企业，工厂众多，员工数量庞大，客户对产品品质要求非常高，所以企业对生产活动过程的质量管理非常严谨（相当于生产领域的精细内控），基于六西格玛（一种旨在通过减少缺陷和变异来提高产品和服务质量的管理方法）的各种流程、注意事项和管理规定很多很长，员工需要时刻牢记和遵守。但是员工记不住、记不全，为此企业还上线了可供员工随时查询相关信息的移动 App，但是效果还是一般，仍然需要大量的基层巡查督导人员，并且对大量员工实行准军事化管理。但是近年来，随着淘汰年龄较大的员工，企业出现了"用工荒"，招不到或者留不住合格的员工，因为新一辈的年轻人不大能接受准军事化的管理和严厉的督导与处罚。

AI 如何来解决这个麻烦呢？ AI 通过流水线或者某个工序位置的累积数据，预判各种倾向性，提前给员工提醒和建议（内含六西格玛规定），甚至临时动态调节受关联的局部产线 / 现场速度帮助微调整改；AI 还能根据作业流程的执行进度提前给员工各种操作指引和提示；AI 甚至能够根据沉淀的数据来评价最近某个员工的状态、情绪及技能水平，给主管和员工关怀建议（给每个人的建议都不同）。

综上所述，我们看到了 AI 对企业降本增效的强大助力。但是企业想获得多个不同领域的 AI 助手不是一件容易的事情，需要 CoE 大运营体系成立多个 AI 建设相关的项目组，做好"科技 +"、数据治理、AI 模型构建和训练等重要工作。尤其在数据治理和 AI 训练上面，企业需要业务经验丰富的复合型人才和科技工程师长期紧密通力合作，特别是要使经验丰富的人才愿意毫无保留地分享自己的一切知识，这非常难办到。因为在传统企业运转模式中，他们一旦奉献出了自己的宝贵经验和知识，就会变得没有价值，很快被辞退或者升职无望；但是新的企业运转模式却可以解决他们的后顾之忧，因此具备强大的优势，7.2.2 节有具体阐述。

# 第 **6** 章

# 第五步: 向变革要战略能力, 向战略要扩张出路

企业完成了第 5 章的精益生产和精细内控之后, 在经营绩效、人才能力和整体管控方面都积累了强大实力, 必须开启第二增长曲线了。

因为企业需要通过扩张来持续做大"蛋糕", 让聚集在企业当中的各路野心勃勃的人才们看到前景和希望, 这样才能留住他们。社会上总是有人谈起华为的"狼性文化", 其实这不正是其员工野心勃勃、追求进步的表现?

与此同时, 企业也需要更多的利润来支撑"科技 +"的巨大成本, 以及弥补前面的几步变革给股东和老员工带来的利益损失。除非企业本身所处的行业 / 赛道具有非常好的前景或者企业在这个行业 / 赛道的市场占有率已经很高, 否则单靠一个行业 / 赛道的利润, 企业难以满足以上几方面的需求。

## 6.1　企业在战略与投资研究过程中普遍遇到的旧困难

企业过去制定战略，可能不会感觉有现在这么难，因为市场形势都不错，企业所在市场赛道前景挺好，订单往往都是主动找上门，一个行业 / 赛道所产生的净利润还能够满足企业的各种需求。企业战略顺势而为即可，基本都是围绕扩产、研发新品 / 工艺、降本增效等主题进行规划。

企业现在制定战略，很多时候都会感觉到窘困难为，因为存量博弈的市场太"卷"太压抑，营收和净利润往往都是一减再减，企业战略怎么规划都是危机重重：走老路子顺势而为感觉会被竞争对手"卷"死，因为绝大多数竞争对手都会走这条路；走新路子布局上下游或跨界竞争，危险更大，可行性更小。

那么正确的出路是什么？新的企业运转模式又怎么降低风险，提高可行性，让战略变成现实？我们先来分析企业做好战略先要解决哪些旧困难。

### 6.1.1　没有最强的专职团队持续负责战略与投资研究

说到制定战略，很多中小企业都会有这样的经历，那就是高层摊派任务，各级来做，然后高层收集起来裁改出一版，就完成了。每一次都是企业全员出动，鸡飞狗跳，大致过程如图 6-1 所示。

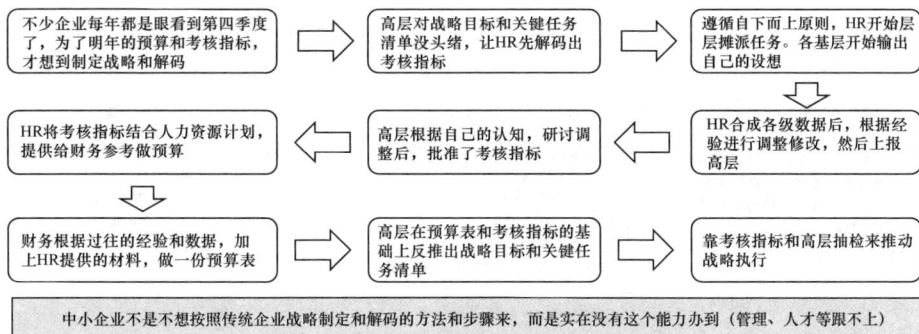

图 6-1　中小企业制定战略的大致过程

相比于此，一些大中型企业会正规不少。例如，一名高层带着几个人专门负责战略与投资研究，他们所使用的方法论和流程都是成熟可靠的，也能够动员企业内部顶尖战力人才兼职一起制定好战略规划并和其一起执行，大中型企业制定战略的大致过程如图6-2所示。这可以算是专职团队持续负责战略和投资研究了，他们顺便也可以研究一些投资标的，但这对企业来说仍然是不够的。读者们可能会说，就这还不够？这可是被很多企业证明了行之有效的做法。

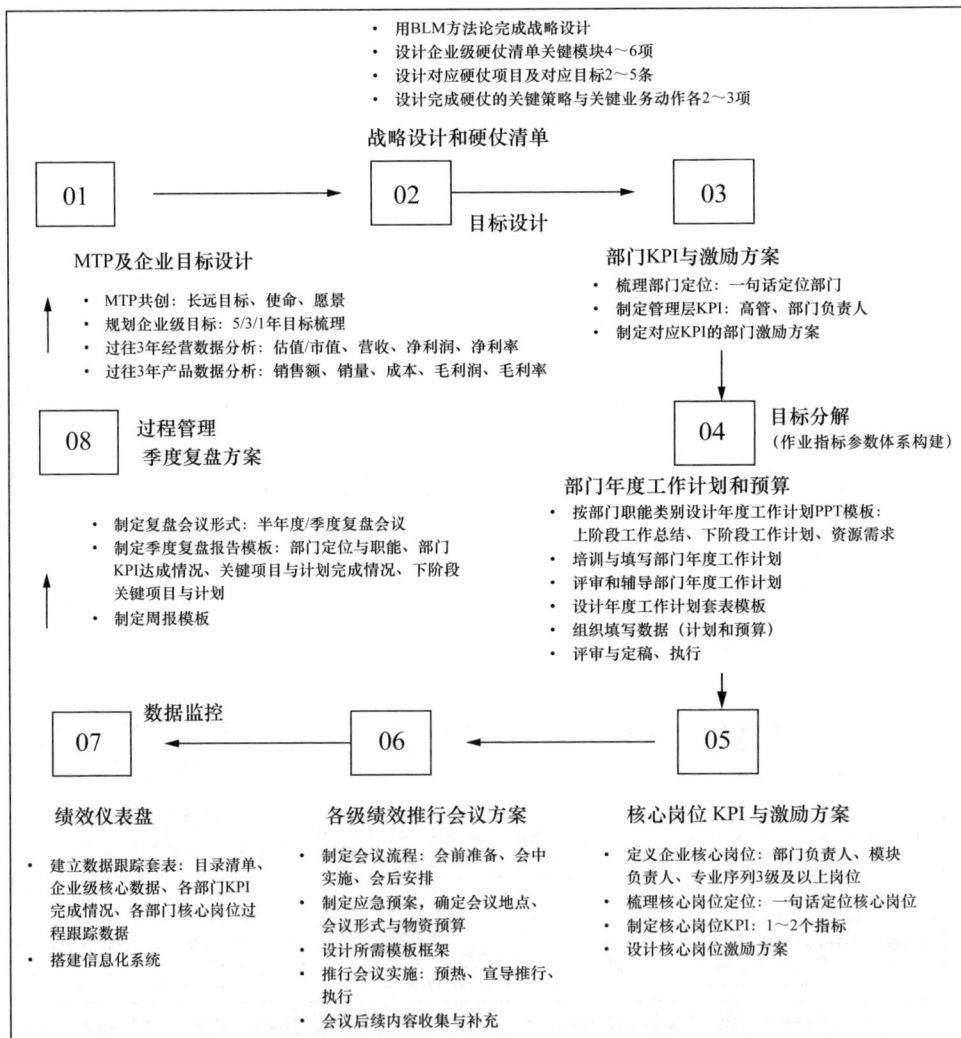

- 用BLM方法论完成战略设计
- 设计企业级硬仗清单关键模块4~6项
- 设计对应硬仗项目及对应目标2~5条
- 设计完成硬仗的关键策略与关键业务动作各2~3项

**战略设计和硬仗清单**

**01** → **02** 目标设计 → **03**

MTP及企业目标设计

- MTP共创：长远目标、使命、愿景
- 规划企业级目标：5/3/1年目标梳理
- 过往3年经营数据分析：估值/市值、营收、净利润、净利率
- 过往3年产品数据分析：销售额、销量、成本、毛利润、毛利率

**部门KPI与激励方案**

- 梳理部门定位：一句话定位部门
- 制定管理层KPI：高管、部门负责人
- 制定对应KPI的部门激励方案

**08** 过程管理 季度复盘方案

**04** 目标分解 （作业指标参数体系构建）

- 制定复盘会议形式：半年度/季度复盘会议
- 制定季度复盘报告模板：部门定位与职能、部门KPI达成情况、关键项目与计划完成情况、下阶段关键项目与计划
- 制定周报模板

**部门年度工作计划和预算**

- 按部门职能类别设计年度工作计划PPT模板：上阶段工作总结、下阶段工作计划、资源需求
- 培训与填写部门年度工作计划
- 评审和辅导部门年度工作计划
- 设计年度工作计划套表模板
- 组织填写数据（计划和预算）
- 评审与定稿、执行

数据监控

**07** ← **06** ← **05**

**绩效仪表盘**

- 建立数据跟踪套表：目录清单、企业级核心数据、各部门KPI完成情况、各部门核心岗位过程跟踪数据
- 搭建信息化系统

**各级绩效推行会议方案**

- 制定会议流程：会前准备、会中实施、会后安排
- 制定应急预案，确定会议地点、会议形式与物资预算
- 设计所需模板框架
- 推行会议实施：预热、宣导推行、执行
- 会议后续内容收集与补充

**核心岗位KPI与激励方案**

- 定义企业核心岗位：部门负责人、模块负责人、专业序列3级及以上岗位
- 梳理核心岗位定位：一句话定位核心岗位
- 制定核心岗位KPI：1~2个指标
- 设计核心岗位激励方案

图6-2　大中型企业制定战略的大致过程

但是在我们今天看来还是不够的。企业需要始终保持最强大的战力在战略与投资研究上，主要原因有两个。

第一，企业的战略与投资研究，从今往后是生死攸关的事情。"内卷"竞争就不必多说了，肯定是愈演愈烈，最关键的是"IPO 即终点"的上岸之路完全断绝，上市企业业绩不好或者不分红也会被罚。例如，2024 年 3 月 15 日，证监会"四箭齐发"，一是关于 IPO 问题，对现场检查撤回的一查到底，明确了申报担责问题，而且对于上市 3 年内如果业绩大幅下滑的企业，采取延长股份锁定期限或者不让其减持等措施；二是关于上市企业分红问题，采取强约束措施，对于一些常年不分红的"铁公鸡"企业，可能会加强信息披露，限制股东减持，甚至会提示被退市风险；三是新股发行逆周期调节，就是在市场下跌或者行情不好的时候可能减少甚至停止 IPO 发行；四是上市企业市值考核，所有的上市企业都可能会被纳入考核体系，股东将为违法减持等行为付出沉重代价，同时禁止限售股转融通出借与限售股融券卖出。

一句话总结，企业"劣币驱逐良币"的时代要结束了，企业必须实实在在变强，强者能顺应"良币驱逐劣币"的潮流，弱者不可能通过 IPO 翻身或者上市之后混日子，风投和投行因此也只会向强者投资。当强者可以源源不断地通过金融市场获得资金之后，就可以快速横扫竞争对手，最终在存量博弈的市场中成为霸主。比亚迪 2024 年 2 月以来开启的新一轮大幅度降价，4 月销量继续大幅领先其他竞争对手，正是这种情况的典型。

过去一年，我们讨论现在的企业的心态时，认为它们是只有两种心态：①没钱的或者"造血"能力弱的企业不想还钱，融资"续命"，认为只要熬死竞争对手就能活；②"造血"能力强的企业就从容不迫地经营着，不见兔子不撒鹰，看准时机再发力，不融资、少投资。现在我们要加上第三种心态了：③部分"造血"能力强的企业开始利用当前这段短暂的企业发展低迷期，全力研究未来政治经济格局和市场走向，探寻企业出路并积极进行自身变革。因为时机到了，全国统一大市场的持续推行和 N 万亿元人民币特别国债就是机遇。随着越来越多的强者转变为第三种心态，其他企业一定会产生窒息般的压迫感，对于这种生死攸关的事情，企业集合全部顶尖战力来持续长期参与战略与投资研究，一点都不为过。

第二，并不是用传统的方式将企业顶尖战力偶尔发动起来兼职做战略和投资研究就可以解决问题的。企业各领域的顶尖战力只是在各自的优势领域拔尖，要他们做好战略与投资研究，需要横跨各领域进行学习与成长，这是极其具有挑战性的。因为企业各领域的顶尖战力在企业当中都是挑大梁的角色，他们非常忙，很难有多余的时间和精力来完成高质量的学习与成长。此外，还可能因为他们需要保护各自领域的既得利益而不会全力配合。我们来看一个场景。

国内某著名生物制药上市企业，近 5 年业绩高速增长，但是随着国家集采的实施以及竞争对手的追赶迫近，未来业绩增长压力非常大。该企业聚集了内部顶尖战力，并邀请了波士顿咨询、安永等国际著名咨询企业一起探索出路和规划战略，近 4 年来做了大量的这方面努力，还投资并购了一些企业，但是至今效果仍然不明显，股价创 4 年以来新低。

从几个细节我们可以看到问题所在。

（1）新产品研发方向其实并不是单纯的由研发领域的顶尖战力来决定的，还需要根据投资标的、市场营销变革来整体布局。这几个领域的顶尖战力都无法很好地给出完整具体的执行细节，导致企业投资并购的一些标的长时间没有发挥价值。

（2）营销体系的战略规划和变革设计由营销、财务、流程与 IT 多领域顶尖战力一起推动，但是各领域顶尖战力理解不同，产生了巨大分歧，导致营销体系要求自己组建团队实现"科技 +"，并且没有与财务的人员一起实现营销"科技 +"当中的业财融合。

（3）企业集合了各领域顶尖战力一起来制定战略，但是最终还是因为分歧太大，变成了各个领域的顶尖战力独自制定自己的战略，全局"科技 +"、中基层的跨领域流程与全局人力考核也无法统筹建立。

由此可见，在大型企业当中，并不是人才济济就能制定好战略的。个体的知识／能力领域、眼界、经历、世界观差异太大，企业过于放任其发挥往往会带来大量的分歧与纷争；但是过于压制他们又可能让这些人才失去全力以赴的可能。要想统一这些人才的认知和技能，并且统一提升他们的认知，需要很长时间的磨合和培养。所以一支临时拼凑的团队，往往无法做好战略或者打败一支配合默契、思想统一的团队。

华为的战略管理有专门的强大组织——战略与发展委员会（SDC），该组织由企业高层构成，只做重大战略决策，不参与日常事务。战略与发展委员会下属的主要部门包括战略部和战略研究院。战略部负责制定和执行企业的战略规划，而战略研究院则专注于研究未来 5～10 年的颠覆性技术，确保企业不迷失方向、不错失机会。此外，华为的战略管理组织不是集中式的，而是分布式的，几乎所有的职能平台部门在 BG/BU/ 产品线 / 区域等业务组织中都配置了该组织。

### 6.1.2　战略与投资研究做完后只有董事长是裁判

如上所述，传统企业运转模式中进行战略与投资研究的团队都是临时拼凑的，作业质量不会高，这就要考验"批改作业"的人的水平了；此外，在集合各种顶尖战力进行战略和投资研究的过程中，由于大家都是摸着石头过河，所以分歧巨大在所难免，于是企业当权高层（往往都是董事长）成为裁判或"批改作业"的人。

这种情况下，裁判的压力非常大，他 / 她除了要通晓内外各种情况，还要洞悉这些顶尖战力中的哪些人是因为能力不够给出了错误的意见、哪些人是因为保护自己领域的既得利益给出了误导的意见；他 / 她除了拨乱反正外，还要考虑如何安排人事、变革组织，让后面的执行变得顺畅有效。前面的章节已经阐述过，在旧的企业运转模式中，高层虽然拥有高度集中的权力，但是非常忙，容易变成企业瓶颈。鉴于此，可能不少企业的董事长都会力不从心，对自己和对企业高端战力都有"书到用时方恨少"的感觉，感叹人才能力不行。

无论如何，在旧的企业运转模式中，董事长最终都必须被"赶鸭子上架"，决策和推动这些事情，这无疑让企业未来面对很大风险。这也是很多企业最终出路探索和战略制定无果而终的重要原因——既然要做的事情风险巨大，团队和董事长都不能掌握情况，不如先不做。

那董事长要具备何种能力才能胜任裁判？他 / 她需要事无巨细地掌握企业的各种情况，并且对外部大环境明见万里，任何一次的判决做不好，可能都会导致企业蒙受巨大损失或者高层离心离德。

但是这样完美的领袖很难有，企业需要用新的企业运转模式这种科学的办法来解决这个难题，而不是把责任都推给董事长，他 / 她已经尽力了，无时无刻不在寻找各种资源和能力去解决这个难题，和大家一样都是摸着石头过河。

### 6.1.3　战略执行管理没有可靠的闭环跟踪机制

战略不是纸上谈兵，很多时候企业认为很好的战略，往往都会败给现实执行；又或者很多人认为不可行的战略，却在实战中得到了高分，所以，实践才是检验真理的唯一标准。但是，如何才能做好战略规划到执行过程中的工作，监督和管理好战略执行？

很多企业目前对战略的闭环跟踪都是采用图6-3所示的这套市面上公开的DSTE（Develop Strategy To Execution，从战略到执行）流程。这套DSTE流程是适用于旧的企业运转模式的（华为的DSTE流程早已经升级，而且实际上没有这么简单），因为它有两个致命问题，这使得它不适用于新的企业运转模式。

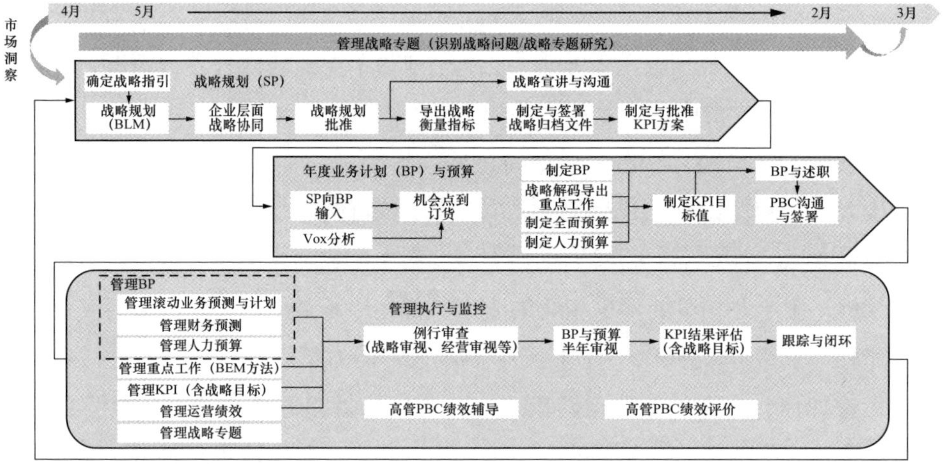

图 6-3　传统 DSTE 流程

第一，它的复盘和循环周期太长了。它的复盘周期最小是季度，循环周期最小是半年，这对很多未来摸着石头过河、跨行业跨领域探索企业出路的企业来说风险还是太大了。周期无法缩短的原因是旧的企业运转模式无法加速整个过程，所以这套DSTE流程只能是慢速单循环模式。例如，企业要收购另一家企业，完成收购后还要进行一些改组，和现有内部团队形成配合，把新的业务模式孵化出来，如果用旧的企业运转模式，这个过程就不可能短，至少要一年。

第二，它只能自上而下地推动各种事务，无法有效激活中基层组织的自主能力。因为在旧的企业运转模式下，高层是高度集权的，中基层没有太多的自主性，第 1 章就讲过，旧的企业运转模式是最适合制造业的架构，中基层只需要执行即可，而且在 6.1.1 节我们已经了解到，华为的中层是有分散的战略组织的，这意味着华为早就实现了合理分权。

于是，单循环的 DSTE 流程只能通过自上而下来推动运转，中基层没有通道可以逆向影响高层，也没有自主发挥的自由度及资源，即便中基层发现策略有错，也只能等待 DSTE 流程完成一次循环，高层通过结果复盘才能发现问题，这种情况很普遍也很隐秘，我们来看一个场景。

国内某上市汽车配件制造企业，经过 2 年的准备之后，在产品研发路线上做了决策，同时决定扩大产能。企业在募集 12 亿元人民币资金的过程中，一些中层干部通过一些在宁德时代、比亚迪等巨头内部工作的朋友，了解到了这些巨头的一些内部动作碎片信息，由此推测出了一些危险信息，再结合他们通过各种汽车行业会议和论坛了解到的国际市场情况，于是对这个计划质疑和提出了建议。某个收到反馈的高层认为，高层的各位领导之前集体对市场和形势的研究都很到位（又或者是他觉得要去说服所有高层领导他做不到），应该不会犯这种错误，尽管他不重视这次的反馈，但是他也没有掩盖这些中层干部给出的情报，仍然据实在高层会议上提了一下（没有强力坚持、据理力争），果然大家还是认为前不久才做了大量的研究，没必要再去做一次研究了，还是照着 DSTE 流程继续做，便没有重视这件事情。

于是当大量资金被投入扩大产能不久，宁德时代的产品小批量地上市了，而比亚迪更快，其自研产品直接装车了。到了 2024 年，其产线建成投产之际，西方众多老牌车企放弃电动车了，美国那边也传来了其领导人的竞选口号之一——要对墨西哥生产的中国汽车征收 100% 关税，这一下子让该企业投入大量资金扩大产能的决策变成了一个失误。

事实上，没有人在整个过程中犯错。中层干部及时反馈情报，做得对；得到情报反馈的高层也没有错，他尽责了；高层会议参与者也没有错，毕竟大家不能为了一些捕风捉影的消息而打破 DSTE 流程重新返工整个战略和项目，这样造成的损失没有人能够承担。其实问题就出在机制上，因为没有更科学严密的新机制，所以大家在遇到特殊情况时因循守旧，一步步滑向深渊。

新的企业运转模式下，战略执行管理需要新的"多子循环嵌套"高速 DSTE 流程与之匹配，企业才能在战略与投资事务上克服以上困难。

## 6.1.4　投资与投后管理模式无创新，旧问题难解决

投资是战略的一部分，企业往往会因为紧急缺乏某些业务能力而去投资并购其他企业，以期快速获得这些业务能力。但是投资并购其他企业并不能立刻帮助企业获得满足其要求的能力，因为大多数情况下标的企业并不具备完美能力，企业需要在投后管理中改造并挖掘其潜力，才能获得想要的能力，具备完美能力的标的企业通常很难有机会被投资或者投资溢价很高。

旧的企业运转模式中，相信大多数企业家在企业对投资和投后管理的操作上都有丰富经验，下面来看看企业经常遇到的一些问题。

### 1. 投资并购

（1）标的企业的研究与选取

**针对熟知的标的企业**，双方高层往往很难直接面对面了解到什么核心信息（因为都防备着），因此想要交给下面的团队去了解。在旧的企业运转模式中，下面的团队又没有综合型的能力和实际的企业地位去统筹这件事。至于交给中介力量去了解，这显然让企业很不甘心，毕竟自身对标的企业及其行业情况还是很了解的，结果还得花钱请人代为了解，除非只有收买或者挖掘其核心高管才能获得这些关键信息，但是这个方法并不能频繁使用。

**针对不熟悉的标的企业**，中介力量给出的建议和推荐很难完全让企业信任，最好的办法是企业内部有团队长期持续研究某些行业和赛道，并跟踪大量标的企业成长，形成自己的见解，在适当的时候投资并购。这在旧的企业运转模式中很难实现，因为这并不是成立一个投资并购部门就可以实现的，要想了解标的企业和各种细微的竞争优势或科技发展趋势，需要整个企业动员其人才加入，这在树状组织架构的企业中无法实现。

（2）标的企业的接触与筛选

当企业产生投资并购的想法时，就需要开始接触候选标的企业了。首先，企业要根据此前对它们的研究，起草出多个可能性很大的收购/投资方案，并且准备好谈判策略。

这一步往往多数企业难以独立完成，需要外部专业机构来协助，但是外部专业机构只能协助一部分，很多关键部分它们提供的都是市面上常见的方案。例如，股东权益如何分配、股东会和董事会如何变革、企业业务如何变革等，这就需要企业自己提出很多创新想法，并将它们提前体现在收购要约中，让双方去谈判。

其次，企业派出的人选／团队非常重要，毕竟双方需要一个逐步了解的过程，不能一开始让董事长去谈判。但是在旧的企业运转模式下，往往很难选出综合能力接近董事长、有足够时间和精力、能充分获得董事长授权（或者可以说服董事长）的高层作为谈判带头人。一旦双方谈判带头人不能建立很好的信任，后续谈判成功的概率就会极大降低或者谈判周期很长。

最后，企业在现场考察筛选候选标的企业时，应该做到充分、细致。这往往需要企业顶尖战力来实现，但旧的企业运转模式下真正的顶尖战力稀缺，也非常忙，如何能够充分细致考察那么多的标的企业？

（3）谈判

进入谈判阶段，双方对彼此的情况了解得差不多了，可以针对收购／投资要约逐条进行讨价还价。这需要谈判团队快速推演或重组各种版本的要约／方案，也需要快速判断新版本要约／方案的可行性。企业不能把这些繁重的工作和细节都推给董事长，因此需要科学、强大的团队来支持谈判或者主导谈判。

此外，谈判中如果企业能够让标的企业感受到信任、团队精明强悍、内部管理科学开明高效，会对谈判的顺利进行非常有帮助。因为这会触发标的一方的"慕强"心理，其会产生美好憧憬，更愿意接受长远激励条件，但是在旧的企业运转模式下做不到这些。

## 2. 投后管理

投后管理是兑现谈判敲定的一些重要权益分配、长远激励的过程，这对企业的自身管理能力提出了要求，如果企业自己都做不好自身管理。又如何去变革好投资并购回来的标的企业？这就是为何很多有朝气的企业被投资并购了之后就被同化得死气沉沉，很难再创造奇迹。在旧的企业运转模式下，所谓的投后管理，无非是派驻一名或者多名高管进驻股东会和董事会，影响一下标的企业的某些重要决策，剩余的大量管理优化工作仍然要靠标的企业自己完成，难道让标的企业自己搞一次本书讲的变革（从机制植入，到培养变革能力，再到完成变革）？这样做实在是太低效了。在新的企业运转模式下，企业必须有能力高效完成投后管理，把企业自身的优秀变革力量和管理实践透传给标的企业。

前面的章节已经讲述了旧的企业运转模式的众多短板，以及向新的企业运转模式进化的必要性，所以只有依靠新的企业运转模式，企业才能做好大量投资和投后管理的工作。否则投资并购回来很多标的企业后，要么发现其没有价值，要么其变成了事业部失去活性，要么其变成了独立子公司难以形成合力。

## 6.2 新的企业运转模式如何破解旧困难

说了这么多困难，下面我们来看看在新的企业运转模式下，战略与投资任务的正确完成方式。

### 6.2.1 最强的专职团队持续研究

在新的企业运转模式下，战略与投资这两个重要任务都是交给 CoE 大运营体系来完成的。CoE 大运营体系的 PMO 会成立一个周期性项目组来长期研究战略与投资，这里采用的思路是"铁打的营盘流水的兵"，也就是该项目组的 PM 和成员都是可以轮换的，但是 KM 专员和项目助理长期固定。该项目组如果各种子课题有需要，可以成立各种子项目组，它们继而组合成一个项目群，凡是进入这个项目群工作的正式项目成员，原则上都必须签署"保密及竞业限制协议"。

这里大家不要认为 KM 专员是普通员工岗位，这个是重要人才历练岗位，是从"专家池"选出的内部优秀人才开启历练计划后的其中一个重要任职岗位，通常任期是 2 ~ 3 年。这个岗位能够接触内外部大量的精练信息，也能够看到非常多的企业机密和高价值设计文档，是一个让个人见识飞速成长的关键岗位。所以这个岗位的任职者能力自然不会弱于项目组的成员，通常会接近 PM。PMO 培养的 PM，不是只懂项目管理的普通辅助员工，而是整个项目组的首席领军人物，即项目组中能力最强者。

在 PMO 中，凡是周期性项目组，都要定期（通常是每个月）组织 PMO 委员会对应能力的委员听取工作进展汇报并验收阶段成果，同时为他们帮忙协调资源和解决困难。

有了以上组织设计，那么人才从哪里来？新的企业运转模式刚建立的初期，企业自己没有这类复合型人才，需要联合各种外部顶尖战力来做好战略与投资，这些外部顶尖战力通常是咨询公司、风投机构、行业专家。企业内部会选拔从业务执行体系轮岗到 CoE 大运营体系的市场营销人才、研发人才、生产和供应链人才，他们与 CoE 大运营体系的财务人才、人力资源人才以及外部人才组成项目组。以上企业内部的人才都是经过筛选、头脑灵活、心态开放、学习能力强、未来要培养成各个领域骨干的员工／主管，项目组 PM 则选一名能力最接近董事长的高层担任。

这样的一支团队需要独立完成高速 DSTE 流程（见图 6-4）和升级版的 BLM（Business Leadership Model，业务领先模型）方法论（见图 6-5）中的绝大部分工作（数据收集在 CoE 大运营体系的业务分析中心的帮助下完成，因为它必须要有业财融合体系支撑）。董事长和其他人才／主管／高层是这支团队需要汇报的对象。图 6-4 中的高速 DSTE 流程，6.2.4 节会详细讲解。

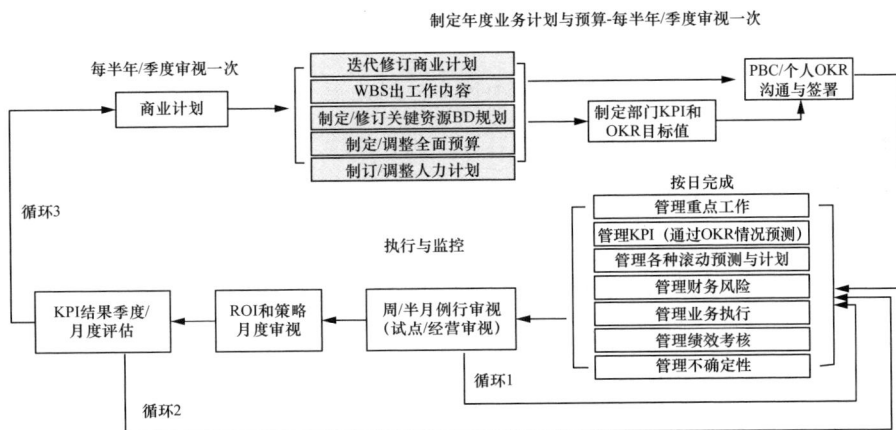

图 6-4　高速 DSTE 流程

当新的企业运转模式运转了一段时间，培养出了一两批顶尖骨干，而且方法论深入团队成员心中，KM 和项目助理也成长起来了，这个周期性项目组就可以慢慢根据战略涉及的新课题不断更换成员，整个项目群就可以按照"铁打的营盘流水的兵"这个思路长期运转起来了。这个时候可以有多个 KM，并且指派一名运营常委会的常委（或者常委会主席）来专门负责领导战略 KM 小队。

有了这个最强专职团队，企业就可以自行采用升级改进的 BLM 方法论来工作了（BLM 的发明者是 Tushman 和 O'Reilly。Tushman 是哈佛大学商学院研究技术变化、变革领导和组织适应三者之间关系的教授，而 O'Reilly 则是斯坦福大学研究组织文化和人力资源管理如何作用于公司创新的教授。该模型后来被 IBM 采用并进一步发展，最终形成了完整的战略规划方法论，华为在 2009 年从 IBM 引入 BLM 模型后，将其内化到战略管理体系中，进一步拓展了其内涵和外延）。

为何在旧的企业运转模式中很难使用这个升级改进的方法论？原因如下。

一来大家会觉得该方法论太复杂，对人的能力要求太高，只有复合型人才才能驾驭，但是旧的企业运转模式培养不了复合型人才，所以无法使用这个方法论。

二来按照传统 DSTE 流程规定，一年只做一两次战略任务，每次限期一个月完成，一个月的时间太紧了，这个方法论要求太多，也很难每个细节都做好。

三来负责完成战略任务的成员都是临时分配过来的，也没有什么做好战略任务的指标考核。既然没考核，成员们就不想按照这种这么复杂的方法论来工作。

没有合适的专职人才（如实现"科技 +"的团队）来长期制定战略并且执行战略落地，这就是没有"战略自由度"。因为一方面，企业只能研究自己和市面上大多数企业都熟知的方向和课题，并不能意识到自己在坐井观天；另一方面，企业想得到却做不到，被自己团队的能力限制了开拓更大生存空间的可能性。

下面来解析一下图 6-5 的这个升级改进的 BLM 方法论。

图中上部分左边的四象限图（目标 / 意图、市场研究 + 资源 BD、融合科技的业务设计、融合科技的创新焦点设计）是战略规划设计，右边的四象限图（各种执行细节的深化设计）是战略解码。从左边到右边的设计中，有一个非常关键的原则是"营销拉动，全局随动"，其要求组织变革和资源配比细节都必须形成"全力支持营销"的模式，而营销领域的细节设计也必须是最精密、最务实的，因为最快执行的领域就是它。随着营销活动的开展，整个战略和细节设计都会不断根据现实世界的反馈拼命高速迭代改进，这才是最关键的，这也是为什么需要一个最强专职团队长期来做战略研究。这里重点讲左边的四象限图。

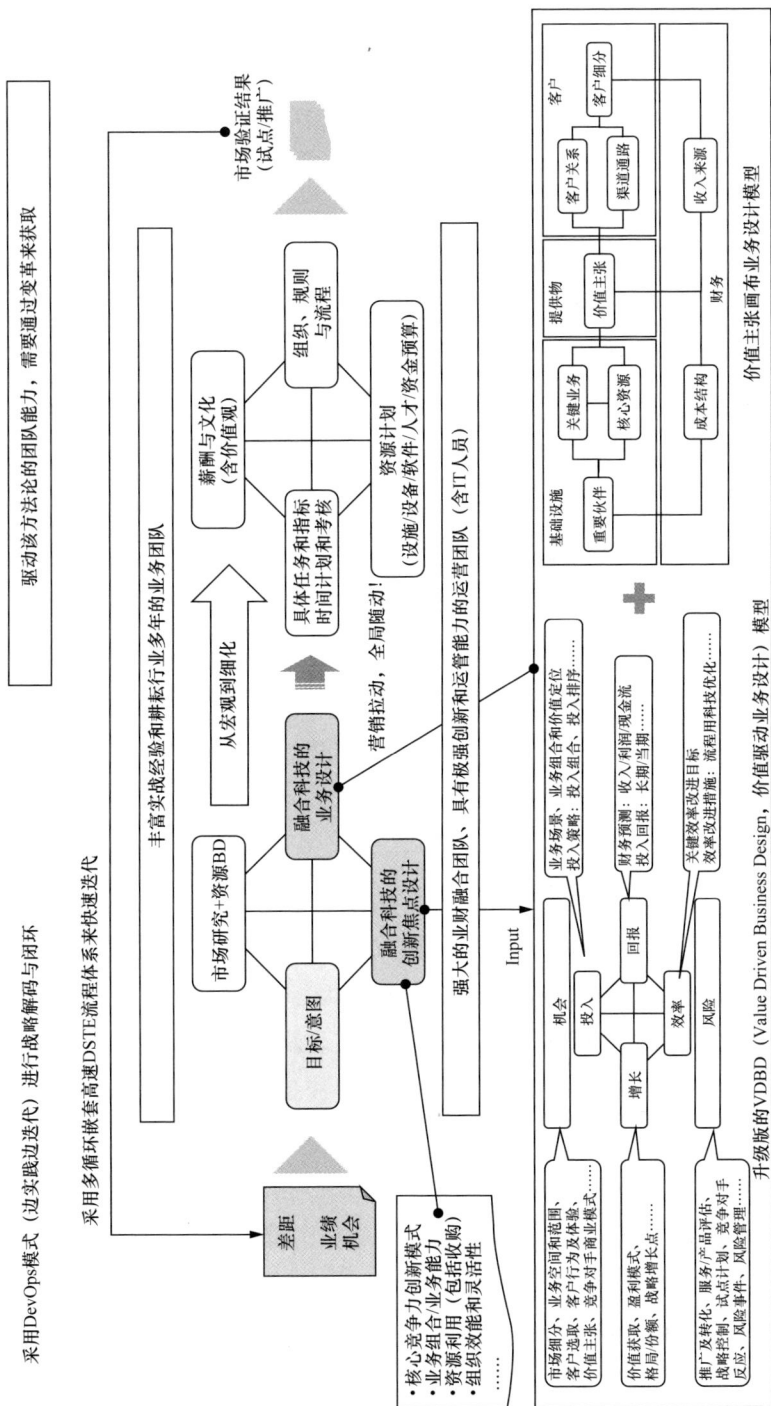

图 6-5　升级版的 BLM 方法论

左边的四象限图中，"市场研究 + 资源 BD"涵盖了生意经营及企业管理的方方面面（如国际国内政治经济形势、市场推广、销服、财务、人力、供应链、研发、生产、科技应用，根据每一期战略规划的实际需求，不一定全部包含，但是至少超过 3 个）。

过去很多时候，企业做市场研究都很快，也并不很难，如购买一些机构的研究报告和数据、上网收集资料、采样走访一些企业和个人、结合过去的见识与经验等，就可以完成了。但是商业发展到今天，"内卷"严重、市场环境恶劣，所以能够轻易成功的道路已经不存在了，最终企业都是在旷日持久的竞争中抓住竞争对手的各种失误细节，最后堆积出己方优势获胜。所以企业现在做市场研究，必须先持续地、有技巧地摸清行业情况和大量的竞争对手的经营细节（尤其是其商业机密），再聚合大量行业人才进行深度分析，充分暴露风险，然后再"置之死地而后生"地不断实践试探，拼出一两条可能的活路。

根据这一两条可能的活路，企业要做初版的"融合科技的业务设计"——精细化完成价值主张画布业务设计模型和升级版的 VDBD（Value-Driven Business Design，价值驱动业务设计）模型，从中提炼出核心提升点或强化优势，即"融合科技的创新焦点设计"。这是整个业务设计的核心，如果不具备可行性那么模型就不成立，企业必须接受这种情况，千万不能自欺欺人。"融合科技的创新焦点设计"必须是一个高门槛的设计，它可以体现在产品力的 4 个维度，最终和竞争对手比拼的是企业的经营管理、研发能力。

完成"融合科技的业务设计"和"融合科技的创新焦点设计"后，如果和当初的"目标 / 意图"有较大分歧，那么就要选出与"目标 / 意图"接近的那些可能的活路或者稍微改变目标 / 意图，最坏情况是重新进行市场研究和以上设计。

完成以上这一轮工作之后，企业要执行"资源 BD"，这是确定以上设计可行性的关键步骤。

什么是资源 BD？资源 BD 也称为战略 BD，指的是根据企业的业务设计需求来寻找合作伙伴或资源，并与资源方谈判合作，设计商务、合同条款，审核合同，跟踪监控合作具体执行细节、效果，调整或迭代合作（伙伴或资源）；向相关政府、协会等机构宣讲企业成就和计划，做好企业形象与公关，并沟通以寻求支持和争取资源。

资源 BD 是一场围绕业务发展的持久战。从其定义我们就已经知道其工作内容了。这一步骤有几个关键注意事项。

（1）要做好资源规划，然后有策略地 BD，不一定第一次就能 BD 到最好的资源，或者没有必要找到最好的资源。

（2）业务设计必须先做出来一版，企业才能开始和多个资源（合作伙伴）展开具体谈判，然后初步确定合作意向。

（3）必须有一些保障机制、组织，才能激活双方涉及人员的积极性或者正确认知，保证效果到位，这时新的企业运转模式下 CoE 大运营体系的 PMO 和链接外部顶尖战力的机制就很关键了。

如果在左边的四象限图中循了一圈，效果不尽如人意，就要再迭代循环一圈或者几圈，直到效果达到项目组可以去股东会（肩负投资决策职责）汇报的程度，否则项目组会面临较大的压力，具体考核机制 6.2.2 节讲。

左边的四象限图的工作完成并验收通过后，就进入最为关键的战略解码环节——右边的四象限图。一些不用大调整的业务可以根据业财融合的历史数据微调推演出预算、任务和考核、资源计划、变革调整等，这里的关键是企业业财融合体系建设质量必须过硬；另一些需要大调整或者孵化的业务，就非常考验相关项目团队的能力了，其战略解码是通过红蓝军对抗开展的。

## 6.2.2　最强红蓝军对抗及易位挑战

战略解码为何需要高能力的团队严谨地完成？因为企业在做战略规划的时候并不能集齐需要了解的全部真实信息，这导致做出来的战略规划充满了不确定性，因此需要高能力的团队通过战略解码，去充分挖掘和研究这些不确定性。

尽管如此，企业仍然担心传统的"纸上谈兵的战略解码模式"会因为遗漏了大量实践中的未知元素而最终导致企业战略规划执行失败。

因此，为保证战略规划在未来 5 ～ 10 年内的准确无误和强劲有效，在战略解码和执行过程中，企业必须要严格执行升级的红蓝军机制，及时暴露问题，并且马上派出修正的团队接手战略规划迭代。

在传统企业运转模式中，做战略规划、进行战略解码时，高层一直扮演蓝军角色，为了强化蓝军能力，企业还会邀请 / 聘请很多外部专家来辅助高层。然而，由于高层和外部专家对很多内部细节以及外部先进科技研发细节掌握不够，这种情况下，由于制定战略的团队也是临时抽调拼凑的，因而蓝军和红军很难制定出精准有效且大胆激进的战略；而且战略执行的各种细节也难以配套补齐，需要中基层人员在具体执行过程中摸索着补齐，于是红蓝军往往为了保险起见，只会制定中规中矩的战略。例如，某化妆品生产企业打算亲自做 2C 直销，考虑到针对 2C 的市场推广自己不擅长，组建团队难度高、速度慢，于是 2022 年花费较大金额收购了一家较大的广告公司。可是随着 ChatGPT 和 Sora 的推出，这家广告公司面临优势快速消失的风险，这样看来，该化妆品生产企业自己组建团队更划算、更合适，但很显然该企业战略上没有预见到这一点，花了冤枉钱买了入不敷出的广告公司，走了没有性价比的一步棋。

华为的红蓝军对抗机制是华为内部的一种战略管理方法，旨在通过模拟竞争对手的策略和行动，推动企业不断自我批判和改进。具体来说，红军代表华为现行的战略发展模式，而蓝军则代表竞争对手或创新型的战略发展模式。蓝军的存在使得华为能够时刻保持危机意识，避免在竞争中处于被动地位。红蓝军对抗机制在华为内部得到了广泛应用，不仅在高层管理者中推广，还渗透到各个部门和业务场景中。

在本书讲述的新的企业运转模式下，升级的红蓝军对抗机制依托于 CoE 大运营体系，在每一次战略评审和每一个迭代循环的关键节点，由 PMO 组建的临时蓝军项目组都会强力挑战红军项目组的设计和执行。蓝军项目组的人才必须跨越好几个行业（相对于企业所在的行业）。例如，企业自身行业、相关上下游行业、有可能跨界入侵的行业、人工智能行业、机器人行业、元宇宙行业。而且，他们的身份差异都很大。例如，市场营销专家、资深程序员、算法数学家、算力建设工程师、材料研究专家、大型工程设计师等。他们提出的有效观点、有效设计都会被记录在册，这些观点和设计在该战略的全生命周期之内都有效，一旦其预测的状况真实发生了，无论企业是否采用或者是否遭受损失，都必须大力奖励他们，这个规则相当重要。

当蓝军与红军开始对抗，CoE 大运营体系会联合董事会召开听证会（每个季度进行一次），双方展开激烈论证，这也是业务需要大调整或者孵化新业务的战略解码的开始，蓝军的有效观点和有效设计适用于战略全生命周期奖励机制。

红蓝双方具体的论证方式如下。

（1）双方合力建立各种分阶段商业模型、业财融合模型，给出各种底层业务执行的达标参数、预算计划等。如果分歧严重，双方可以各自建立一套模型，但是要展开理论性辩论。

（2）如果裁判团觉得参数的达成具有可行性，就可以进入实践环节。对于不用大调整的业务来说，这就算是今年的 BP 被同意执行了，不用再通过实践探索来进行迭代了；对于需要大调整或者孵化的业务，红军项目组和相关业务部门需要开启实践探索，他们必须在自己承诺的时间内达成第一阶段的参数。无论是以上哪种情况，蓝军都会作为观察员全程跟踪参与。

（3）红军项目组会不断调整业务执行策略、资源运用计划，推动相关业务部门达标；蓝军也会从红军的实践探索中获得反馈，不断完善自己的模型，试图等待机会扳倒红军。

（4）如果蓝军获胜，将获得重组红军项目组的权力：蓝军项目组成员会获得全额奖金报酬，并且转成红军后的外部原蓝军成员可以持续获得报酬，而红军项目组成员则成为他们挑选的对象，其成果也会由新组建的红军项目组继承。失败的红军项目组的 PM 和关键子 PM，如果不能最终协助上位的新红军项目组扭转战略颓势，导致企业遭受巨大损失，将会承担主要责任，受到严厉惩处。如果红军获胜，该期（通常按季度）蓝军项目组成员只会获得少部分报酬。

关于蓝军的市场调研、参观考察活动如何开展及时间如何配合等问题，我们可以这样设定。

（1）如果和红军的考察调研需求相同，那么 PMO 向蓝军公开红军的考察调研资料。如果需求不同，蓝军可以自行解决或者由 CoE 大运营体系安排，费用计入战略项目评审这个类目。

（2）蓝军何时组建？蓝军项目组何时运转？蓝军项目组和红军项目组同期组建，只是其常驻人数非常少，只有少量骨干，但是他们会组建出完整的团队，只是大部分成员长期只需要进行跟踪观察和"纸上谈兵"。整个战略项目生命周期内，这些少量骨干大部分时间甚至都会和红军一起共事，在半年度 / 年度等关键节点到来的一个季度之前，他们会获得授权紧急召集团队（业务执行体系的一些团队 / 部门、CoE 大运营体系的一些运营 BP 会临时被抽调加入他们，一些专家也会临时加入他们）开始"逆袭"作战——进行资源 BD、导入资源推动相关业务部门完成一些关键性动作等（如签署一些新的战略合作意向书、谈下某些 VIP 客户的订单等）。蓝军的骨干当中，可以包含部分董事或者股东联席会成员，这些人必须都是当前红军战略方案和许多执行细节的反对者，他们的身份地位、人际关系资源对于蓝军的"逆袭"作战都有非常好的助力效果。蓝军的成员只要做出了贡献，就会被记录和奖励。

接下来，重点来看一下前文提到的战略解码，其实战略解码的成果是年度商业计划书，既然是商业计划书，那就必须要有严格要求，因为这是"投资方"（股东会）是否愿意继续投资的重要依据。我们来看看关于商业计划书的内容。

商业计划书是一份全面描述企业或项目的商业前景、运营策略、财务规划等关键方面的文件。

它通常包括以下主要内容。

（1）项目概述：对商业模式、产品或服务进行简要介绍。

（2）市场分析：研究目标市场的规模、趋势、竞争状况等。

（3）产品或服务：详细描述所提供的产品或服务的特点、优势和创新点。

（4）营销策略：说明如何推广和销售产品或服务，包括财务模型、渠道、定价等。

（5）运营管理：涉及企业的组织架构、人员配置、生产或服务流程。

（6）财务规划：建立"金字塔"型全套量化模型，预测收入、成本、利润，并制定资金预算和融资需求。

（7）风险评估：识别可能面临的风险，并提出各种应对预案。

商业计划书的目的是向潜在的投资者、合作伙伴、债权人、企业股东等展示商业机会和可行性，帮助企业自身明确发展方向和策略，是企业融资、规划和决策的重要依据。

以上定义的商业计划书和风投常用的商业计划书是同一个东西。专业的风投机构在对一家企业进行投资时，是非常注重商业计划书的，他们会让自己的人才来做合格的商业计划书，或者组织专门的人才来评估企业投递的商业计划书（通常要求有 2 ～ 3 年的详细商业计划内容），通过评估了风投才愿意投钱给企业。风投对资金的 ROI（Return On Investment，投资回报率）是非常严肃的，这是金钱拥有者对待金钱的应有态度，那么作为企业"投资方"的股东会也必须这样做。

但是反观很多企业，对待年度商业计划书的态度就非常不负责任。如果企业没能力做好从商业计划书的编写（战略解码）到审核的工作，就不要随便批准执行（必要的生产活动不能停止，可以优先批复通过）。可惜的是，往往企业高层迫于企业各部门不能停止运转，只能草率地完成审批，尽快拨付预算资金维持企业运转。于是，企业大量的资金又被低 ROI 消耗掉了。

在新的企业运转模式下，企业最关注的其实就是年度商业计划书，这里介绍一下年度商业计划书的制作方法论与内容（这些就是战略解码）。

（1）根据图 6-5 中的左边四象限图的方法论，企业会得到未来 3 ~ 5 年战略整体规划，里面包含战略意图、商业模式设计及财经测算的模型（见图 6-6）等规划成果。企业首先要把这些设想分解成能够一步步实现的任务和指标，并将它们落实到各个基层团队或个人身上（见图 6-7），其中不必按照现有的组织架构来分解，可以按照能够完成任务的新组织架构来分解，后面可以通过变革来完成组织架构的调整。

| 事业部部分 | 2021年度 | | 毛利空间分配标准 | 实际整体毛利空间 | 备注 |
| --- | --- | --- | --- | --- | --- |
| | 比例或指标 | 金额 | | | 单位：元 |
| 含税商品销售收入额 — 主食一部 | | 17,778,442.67 | | | |
| 含税商品总销售收入额 | | 17,778,442.67 | | | |
| 其他收入额 | | 139,429.53 | | | |
| 主食一部 — 业绩提成 | 0.27% | 50,519.66 | 0.250% | 0.27% | 提成以合作经营者、客户实际出货销售量为准 |
| 区域经营中心合伙人收益分成（暂不实施） | 0.00% | | | | |
| 区域运营中心收益分成 | | 6,260.03 | | | |
| 专卖商收益分成 — 主食一部 | 11.00% | 42,991.50 | | | |
| 厂商返点收入—主食一部 | 8.00% | 41,209.48 | | | |
| 预留费用支出 — 主食一部 | -0.30% | -1,551.15 | | | |
| 事业部收入合计 | | 155,121.77 | | | |
| 变动成本 | | 17,661,711.11 | | | |
| 商品含税销售成本 — 粮油一部 | | 17,661,711.11 | | | |
| 商品销售毛利额 — 主食一部 | 0.37% | 66,211.90 | 0.30% | 0.33% | |
| 终端费用 | 0.00% | | | | 按后台收入设定比例控制 |
| 销售提成 — 主食一部 | 0.00% | | | | 暂不提成，以整体提成形式操作 |
| 税费 | 1,000.00 | 12,000.00 | | | |
| 变动毛利（边际贡献） | | 143,121.77 | | | |
| 变动毛利率 | | 0.81% | | | |
| 固定成本 | | 26,750.00 | | | |
| 场地租金（办公、仓储） | | 6,000.00 | | | |
| 车辆折旧 | | 3,000.00 | | | |
| 车辆费用 | | 2,000.00 | | | |
| 办公费用 | 2,500.00 | 6,000.00 | | | |
| 餐费 | | 1,350.00 | | | |
| 固定销售费用（除固定工资部分） | | | | | |
| 人员固定工资(文员+财务+仓库3500) | 3,500.00 | 8,400.00 | | | |
| 资金占用费（月利率1%） | 计提月息1.00% | - | | | |
| 保本点 | | 3,322,858.14 | | | |
| 事业部利润 | | 116,371.77 | | | |
| 所得税 | | | | | |
| 事业部净利润(贡献) | | 116,371.77 | | | |
| 事业部净利润率(贡献率) | | 0.65% | | | |
| 事业部合伙人A分成 | 80.00% | 93,097.42 | | | |
| 事业部合伙人B分成 | | - | | | |
| 事业部合伙人C分成 | | - | | | |
| 事业部合伙人D分成 | | - | | | |
| 剩余发展基金 | 20.00% | 23,274.35 | | | |
| 事业部综合收益 | 60.02% | 93,097.42 | | | |

图 6-6　财经测算模型

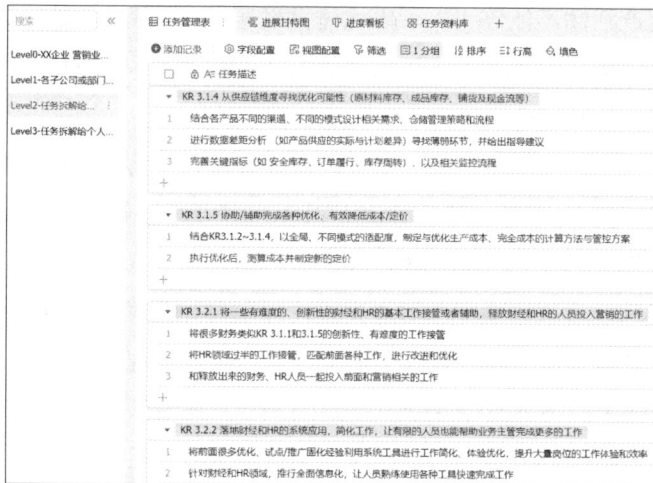

图 6-7　任务工作分解结构（Work Breakdown Structure，WBS）分解示意图

（2）然后，企业能够推导出可以完成战略的新组织架构和各级职责能力，得到了组织变革的方向。接下来，就开始设计整体流程框架（见图 6-8），落实更多的流程细节及职责指派，并且透过各个流程细节的建设顺序（含 3 ～ 5 年详细建设内容）来确定“科技 +”的建设顺序（配套的“科技 +”建设计划也必须含 3 ～ 5 年详细建设内容）。

| 序号 | 流程名称（L1~L5） | 对应的四级/五级流程图集编号 | 相关的各种机制、SOP文档 |
|---|---|---|---|
| 1 | 顶层架构建立与新企业运转模式运行 | | |
| 1.1 | L2-T0101 股东会建立/运维及运行（可选） | | |
| 1.1.1 | L3-T010101 新股东寻找与谈判 | | |
| 1.1.1.1 | L4-T01010101 新股东引入预研究 | L4/5-T01010101 | |
| 1.1.1.1.1 | L5-T0101010101 新股东引入的必要性、定位和作用研究 | | 《新股东引入研究报告》 |
| 1.1.1.1.2 | L5-T0101010102 新股东的权益研究 | | 《股东权益重新分配可行性报告》 |
| 1.1.1.1.3 | L5-T0101010103 影响及风险评估 | | 《企业实控人风险预测》 |
| 1.1.1.2 | L4-T01010102 新股东寻找与谈判 | L4/5-T01010102 | |
| 1.1.1.2.1 | L5-T0101010201 材料准备及任务安排 | | |
| 1.1.1.2.2 | L5-T0101010202 新股东BD | | |
| 1.1.1.2.3 | L5-T0101010203 谈判及确定 | | 《投资要约》 |
| 1.1.2 | L3-T010102 股东会建立及新股东引入 | | |
| 1.1.2.1 | L4-T01010201 股东会组建 | L4/5-T01010201 | |
| 1.1.2.1.1 | L5-T0101020101 章程设计 | | 《XX企业股东会章程》 |
| 1.1.2.1.2 | L5-T0101020102 股东权益分配设计 | | 《股权架构变更与股东权益变动方案》 |
| 1.1.2.1.3 | L5-T0101020103 股东会成员任命 | | |
| 1.1.2.1.4 | L5-T0101020104 股东会召开程序设计 | | 《股东会筹备及召开流程》 |
| 1.1.2.2 | L4-T01010202 新股东引入 | L4/5-T01010202 | |
| 1.1.2.2.1 | L5-T0101020201 新股东权益分配设计及确定 | | |
| 1.1.2.2.2 | L5-T0101020202 股东会批准 | | |
| 1.1.2.2.3 | L5-T0101020203 股东会新成员任命及新权益格局发布 | | |
| 1.1.3 | L3-T010103 股东会运维及运行 | | |
| 1.1.3.1 | L4-T01010301 股东会运维 | | |
| 1.1.3.1.1 | L5-T0101030101 章程修改 | | |
| 1.1.3.1.2 | L5-T0101030102 股东权益分配修改 | | |
| 1.1.3.1.3 | L5-T0101030103 股东会召开程序修改 | | |
| 1.1.3.1.4 | L5-T0101030104 股东会相关流程修改 | | |
| 1.1.3.2 | L4-T01010302 股东会运行 | L4/5-T01010302 | |
| 1.1.3.2.1 | L5-T0101030201 数据收集和议题准备 | | 《股东会会议材料准备-数据收集要求》 |
| 1.1.3.2.2 | L5-T0101030202 国资委及监事会审核及批准材料和议题 | | |
| 1.1.3.2.3 | L5-T0101030203 议题材料提前推送和讲解 | | |
| 1.1.3.2.4 | L5-T0101030204 股东会召开及决议任务分解和落实 | | |

流程框架介绍　企业顶层活动流程 1~5级　企业生产活动流程 1~5级　AL1 01 流程族谱　AL1 02 流程族谱

图 6-8　流程体系示意图

| No. | 一级流程名称 | 型号 | 类别 | 流程族谱编号 |
|---|---|---|---|---|
| 01 | 开发与管理产品、服务 | 主流程 | | AL1-01 |
| 02 | 市场推广和销售产品、服务 | 主流程 | 企业核心价值流A：物流 | AL1-02 |
| 03 | 生产和供应链 | 主流程 | -产品流领域 | AL1-03 |
| 04 | 建立服务能力 | 主流程 | | AL1-04 |
| 05 | 向2B客户/渠道交付产品、服务 | 主流程 | | AL1-05 |
| 06 | B2B直销模式下的收款与付款 | 主流程 | | BL1-06 |
| 07 | 渠道销售模式下的收款与付款 | 主流程 | 企业核心价值流B：现金 | BL1-07 |
| 08 | 采购管理和供应商支付 | 主流程 | 流-回款流领域 | BL1-08 |
| 09 | 制定愿景和战略 | 辅助流程 | | SL1-09 |
| 10 | 管理企业COE | 辅助流程 | | SL1-10 |
| 11 | 兼并收购、投资及投后管理 | 辅助流程 | | SL1-11 |
| 12 | 发展和管理商业能力-基于COE设计，包含：企业项目管理(含IPD)、流程管理、持续监督监察管理（内控）、持续变革管理、经营分析 | 辅助流程 | 大运营领域 | SL1-12 |
| 13 | 管理科技（不仅仅是IT,还包含智能化、自动化） | 辅助流程 | | SL1-13 |
| 14 | 人力资源管理 | 辅助流程 | | SL1-14 |
| 15 | 财经管理 | 辅助流程 | | SL1-15 |
| 16 | 资产管理 | 辅助流程 | | SL1-16 |

| ‹ › ›I | 流程框架介绍 | 企业顶层活动流程1~5级 | 企业生产活动流程1~5级 | AL1 01 流程族谱 | AL1 02 流程族谱 | AL1 0 … |

图6-8　流程体系示意图（续）

（3）接下来，企业锁定第一年的建设内容，完成各种流程细节的设计和"科技＋"工具的功能设计［输出物是整套产品需求文档（PRD）］，就可以设计新的岗位职级表了（见图6-9）。依据这份新的岗位职级完成人才盘点后，也就能给出人力资源的年度工作计划了。

| 职位小类 | 职位编码 | 核心能力与职责 | 1 实习生/应届生/业务 A/B/C/D | 2 普通员工 A/B | 3 资深员工 A/B |
|---|---|---|---|---|---|
| | | | | 转职到运营对应职级： | 01-1/01-2 |
| | | M-市场领域 | M1-1 | M1-2 | M1-3 |
| 品牌管理 | BIZ01001 | ·品牌的建立、推广、维护和提升·品牌助理 | 品牌助理 | 品牌工作人员 | 品牌专员 |
| 公关传播管理 | BIZ01002 | ·通过平面、电视、网络等形式，传 | | 公关传播工作人员 | 公关传播专员 |
| 市场推广 | BIZ01003 | ·领域产品或行业产品及其信息化推 | | 市场推广工作人员 | 市场推广专员 |
| 网络营销 | BIZ01004 | 网上推广、宣传和促销 | | 网络营销工作人员 | 网络营销专员 |
| 公共关系管理 | BIZ01005 | ·发展外部战略合作伙伴，形成产业 | 公关关系助理 | | 市场专员 |
| 市场综合 | BIZ01006 | ·同时具备上述两项以上职责·和市 | | | 市场专员 |
| 部门管理 | | 负责市场部门综合管理执行 | | 由运营体系（Marketing运营BP）联 | |
| | | S-销售领域 | S1-1 | S1-2 | S1-3 |
| 客户拓展 | BIZ02001 | 面向直接客户销售，完成销售任务，· | 助理客户代表 | 客户代表 | 资深客户代表 |
| 销售伙伴管理 | BIZ02002 | 面向伙伴批发销售，建立、维护伙伴 | | | 渠道专员 |
| 网络销售 | BIZ02003 | ·利用网络完成销售任务，完成网络 | 助理客服 | 客服 | 客服专员 |
| 商务支持 | BIZ02004 | 联合运营体系完成各种市场竞争策 | | 商务工作人员 | 商务专员 |

图6-9　岗位职级设计示意图

（4）企业再根据以上切割成3～5年的建设内容，完成第一年的绩效考核设计、业财融合的可行性预测和预算，整个年度商业计划的初步设计就完成了。

（5）最后，企业开始执行年度商业计划，并且通过红蓝军对抗保持对它的快速迭代。

无论是年度商业计划执行阶段没有红蓝军对抗的情景，还是有红蓝军对抗的情景，其快速迭代、及时调整都非常关键，这对商业能否成功、企业风险可控都是至关重要的。

此外，参与年度商业计划制作及执行闭环跟踪的人才，其能力是否足够、是否尽职尽责直接决定了企业战略的成败，企业需要采取有效的奖惩机制来保障人才选拔质量和激活人才积极性。

### 6.2.3　战略项目生命周期内：奖惩终身制

如 6.2.2 节所述，企业为了做好战略研究，花费了很多钱，召集了内外部各路人才，PMO 带领大家开启了旷日持久的战略研究和迭代执行。这个时候，激活各路人才的积极性、责任心就变得非常关键。

能够加入战略项目组的人员，无论红方还是蓝方，都是经过精挑细选的、经验丰富的人才，他们对企业战略负责就是对企业命运负责，但是如果他们渎职懈怠，就会导致企业面临巨大风险甚至败亡。由于战略需要 5 ～ 10 年去验证，而且一旦验证失败，就无力回天了。所以，企业需要非常严肃地对待这件事，对参与人员采用长期追溯的奖惩制度，有功必赏，有错必罚，充分激活其积极性和责任心。

（1）战略必须被执行，并且获得收益，才会有意义。战略项目组的成员必须肩负起驱动企业全员去落地战略的职责，因此他们的奖金和战略落地后的执行收益（增量收益）挂钩，如果到了该年底没有产生增量收益，则他们没有大部分奖金。但是由于长远收益巨大，所以大家的精气神不会受挫。

（2）他们的考核需要达成两组指标：第一组——战略设计和执行的一系列项目管理指标；第二组——战略落地后的执行指标。如果第一组指标不达标，追究项目组大 PM 和各子项目组 PM 的责任，评定出最大责任人（不一定只有一个人），采用最严厉的处罚方式，例如，直接开除或者终身不得担任 PM 及 CoE 大运营体系任何管理岗位（基本断绝了其进入高层的通道）；如果第二组指标不达标，追究子项目组责任，评定出最大责任人（不一定只有一个人），采用最严厉的处罚方式，例如，直接开除或者终身不得担任管理岗位（基本断绝任何晋升途径）。

（3）6.2.2 节中提到的各种有效观点和有效设计，哪怕最终并没有被采纳，都会被记录，一旦以后被重新采纳或者被事实证明是对的，那么提出者 / 团队就会获得重大奖励，甚至会被重新召集加入战略项目组。具体执行这个规则的是战略项目组的 KM 专员和 PM（以 KM 专员为主），审核则由运营委员会负责。

## 6.2.4　高速 DSTE 流程实现战略落地闭环

6.1.3 节讨论了传统 DSTE 流程的局限性。本节介绍一种升级的"多循环嵌套"高速 DSTE 流程。什么是 DSTE 流程？

DSTE 流程是以华为为代表的很多著名企业使用的战略管理工具，它的英文全称是 Develop Strategy To Execution，即"从战略到执行"。这个流程是华为的 17 个一级流程之一，主要包括战略规划、年度业务规划和战略执行与监控 3 个二级流程。DSTE 流程的核心在于端到端地打通战略与执行的各个环节，强调战略的落地性。

DSTE 流程主要分为以下几个阶段。

（1）战略设计：这个阶段主要是对企业的长远发展进行规划，涉及市场洞察、业务组合的选择、目标市场的确定以及差异化竞争优势的建立。

（2）战略展开（战略解码）：在这个阶段，企业会根据战略规划的结果，制订具体的年度商业计划，这些计划将指导未来一年的具体执行活动。

（3）战略执行与监控：这个阶段涉及将战略规划转化为具体的行动计划，并对其进行执行和监控，确保战略目标的实现。

（4）战略评估：在战略执行的过程中，企业需要对执行效果进行评估，以便及时调整和优化战略。

DSTE 流程的实施有助于企业形成清晰、连贯的战略与运营流程。通过 DSTE 流程，企业能够确保战略规划的有效性，并将其转化为实际的业务成果。但是华为的 DSTE 流程可以学习，却难以复制，其他企业需要一个更加普适性的 DSTE 流程。

图 6-10 中的高速 DSTE 流程，是我们改造过的"多循环嵌套"高速 DSTE 流程，主要适用于企业面对未来高度不确定性的外部生存环境和跨界竞争挑战。这个高速的 DSTE 流程必须依托于新的企业运转模式才能运转，下面具体解析一下其运转过程。

目标分解（作业指标（参数）、体系构建）

尽量做到周期循环每年或每双周一次

**01**

MTP及企业战略设计

- MTP共创：长期目标、使命、愿景
- 规划企业级目标：5/3/1年目标梳理
- 过往3年经营和成效数据分析
- 过往3年过程数据分析
- 自上而下设计第一版战略（详见方法论）

**目标设计**

**02**

解码全部硬仗清单（到部门）

- 解码企业级硬仗项目及对应目标模块
- 设计对应硬仗的关键策略与业务动作
- 设计支撑以上内容的高阶作业指标（成效、经营、过程数据）

**03**

部门JKPI与激励方案

- 梳理部门定位：一句话定位部门
- 制定管理层KPI和OKR：高管、部门负责人
- 制定对应部门的部门激励方案（作业指标融入KPI）
- 触发各部门开始思考、BD去寻找完成办法

**04**

部门工作计划制订和调整（可以到双周）

- 责任人是高层或COO运营部门
- 设计工作计划模板（上期工作总结、下阶段工作计划、资源需求（提供历史业绩指标体系为参考和支撑）
- 组织培训、填写新的工作计划和预算（将高阶作业指标细化成为新阶段指标体系、配套做作操作与流程数字化也要有详细设计）
- 总监、多部门联合BD、调整、评审与定标（自下而上合成第二版战略、和进行冲突优化解与解决办法）

**05**

核心团队/岗位的KPI&OKR与激励方案

- 梳理核心岗位定位：定义核心岗位的功劳
- 定义并任命核心岗位和组织架构：部门负责人、模块负责人、专业序列3级及以上岗位
- 制定核心岗位KPI&OKR：全季指标继续解构指标，并开始落地
- 设计核心岗位激励方案：触发岗位个人思考完成办法，提出求助

**中调整（季度/月度）**

**试运行及数据监控**

**小调整（月度/周）**

**过程管理**

（年度/半年度大调整）

**06**

各级指标和绩效推行会议方案

- 制定各类会议流程：会前准备、会中实施、会后安排
- 制定应急预案、确定会议地点、会议形式与物资预算
- 设计所需模板框架
- 各级推行会议方案：预热、研讨（设计完善每人最小时间单元为OKR、如每周）、推行（执行OKR和KPI）
- 会议后绩效内容收集与补充

**07**

绩效仪表盘

- 展示整个作业指标体系和其实际实时数据优化操作与流程数字化系统
- 设定试运行策略，一旦发现问题能快速迭代并微调整

**08**

各级复盘方案

- 制定各级复盘形式：半年度/季度/月度/周度复盘会议
- 制定复盘报告模板：部门定位与职能、部门KPI&OKR达成情况、关键项目与计划完成情况、下阶段关键项目与计划
- 制定周报数据模板、紧索图挖数据展开优化提升研究

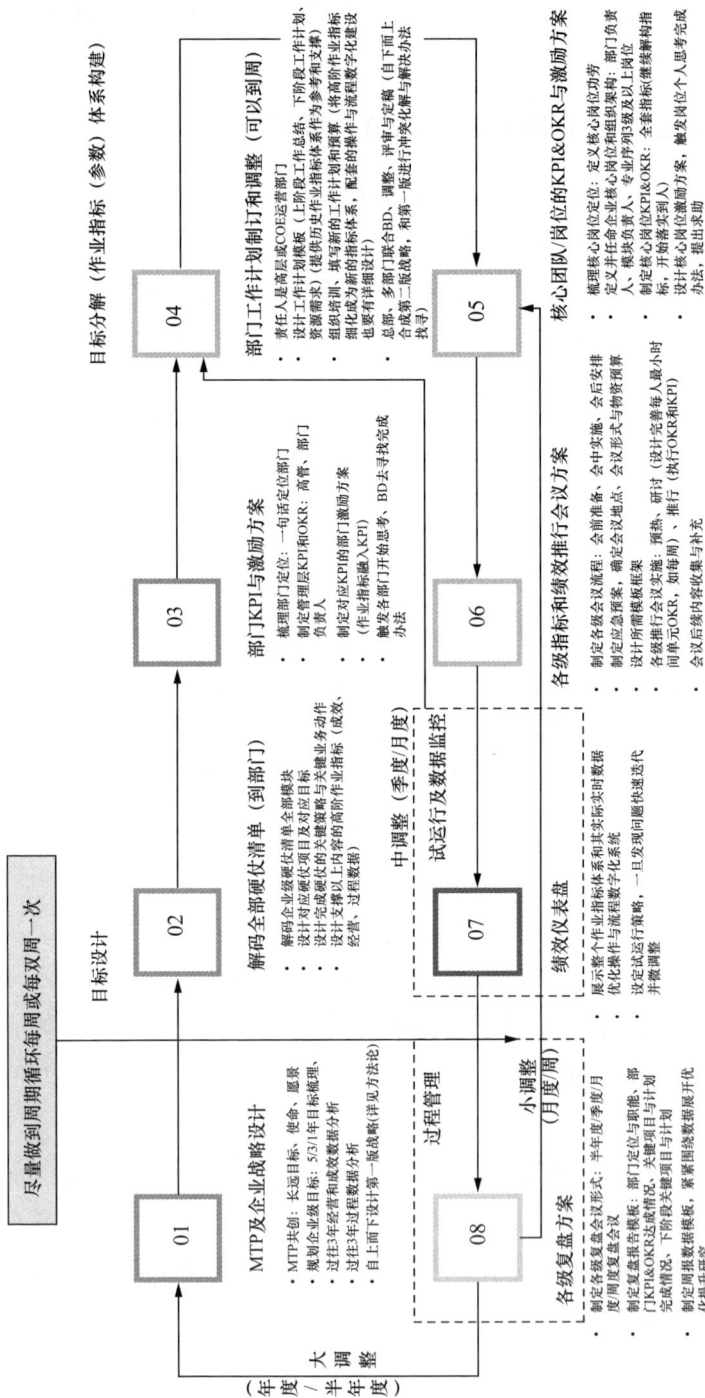

图6-10 高速DSTE流程

从步骤 01 到步骤 03，会完成一次从上到下的战略设计和解码，这是由战略项目组来完成的。完成后，战略项目组各子项目组需要和各领域的运营 BP 商讨做出大量执行细节或者根据实际情况整改步骤 01 到步骤 03 的内容，这就是步骤 04 到步骤 06 的工作内容。步骤 07 和步骤 08 则是在执行过程中监控工作内容，这需要数字化、智能化的有效支撑，由运营 BP 带领 CoE 大运营体系和业务执行体系各种资源来完成（必要的时候可以单独成立项目组）。战略项目组各子项目组成员都必须分工深入一线长期协助步骤 07 和步骤 08 的执行。这是一次大循环。

现在来看一下中循环：步骤 07 完成的管报数据监控，会直接反馈到各业务环节对应的战略项目组各子项目组和运营 BP，他们会迅速完成一次从步骤 04 到步骤 06 的快速迭代，这一步非常关键，因为它是企业高层快速指挥团队集体做出的一次调整——战略的各种执行内容、细节和考核的修订频率可以达到每月一次。

步骤 08 的复盘可以触发更小的循环——各种领域的执行体系人员的考核会刷新得很快（指导每个员工每天具体工作内容的 OKR 的修订频率可以达到每周一次），即快速完成一次从步骤 05 到步骤 08 的循环。

至此，我们可以看到整个高速 DSTE 流程其实包含了 3 个嵌套的子循环，每个子循环发生在不同的层级，及时解决不同层次的迭代问题。通过这样的设计，牵引各项目组循环迭代基层工作的各种流程、工具、考核、组织等，当累积变化或者基层提出的变革需求需要上升到步骤 04 这一步，就会触发多个领域级别的协同迭代调整（季度甚至月度）。只有经过季度、半年或者一年（又或者有必要调整企业年度目标和关键任务），才会启动最外层的大循环迭代（触发红蓝军对抗）。

之所以可以实现多个子循环嵌套，是因为新的企业运转模式培养了足够数量的复合型人才，他们可以驱动这些子循环运转。

## 6.2.5　为投资标的引入自身实践的科学顶层架构——投资谈判先决条件

新的企业运转模式对于破解 6.1.4 节中讲到的投资并购和投后管理困难，就如前面讲到的如何破解战略规划和战略执行的困难一样，通过召集人才，在战略项目组中成立周期性常设子项目组来跟踪、研究和执行。这里重点讲一下如何在投资并购谈判当中投射企业经营管理力量的影响。

随着新的企业运转模式不断运转，整个企业和员工变得非常精明强悍，这种整体印象很容易让外部感知到，从而会让标的企业的人员和团队产生仰慕强者、加入强者的心理，这对企业谈判以及未来的投后管理都会产生积极的作用。因此，企业应该把握好这一优势，同时也为将来的投后管理扫清障碍。企业应把对标的企业的变革要求、双方对接融合要求等都加入投资谈判，这无疑会产生很多谈判回旋余地，也让标的企业的团队拥有更多的知情权，同时也是对这个团队接受投后变革心态的考察。我们来看几个关键点。

（1）企业需要将自身新的企业运转模式介绍给标的企业，并且为标的企业的股东、管理层设计晋升通道，让他们看到更好的前景。这里企业可能不知道标的企业这些股东、管理层该如何归类，可以先把他们看作引入 CoE 大运营体系的外部顶尖战力。

（2）企业可以将自身战略及执行情况介绍给标的企业，帮助他们找到他们在这个大进程中的定位，以及如何融入整个战略（如加入战略子项目组或研发课题子项目组）。同时，依托新的企业运转模式，为他们设计各种创新的长期收益获取方式，让他们不必太过关注当前投资并购可获得的短期收益。

（3）企业还需要将投后管理的一些关键设计介绍给标的企业，如统一的管理模式、统一的职级和人才培养、统一的文化和福利待遇等，让他们明白这是"投资＋管理提升"的新模式，也让他们提前考虑得失利弊。

## 6.2.6　必须建立并掌控标的企业的 CoE 大运营体系

企业在对标的企业的投后管理当中，如何透传自身的优秀管理实践，使其快速完成变革和同化？这是一个非常关键的问题。任何直接改变旧有权力格局的安排可能都会触发敏感的连锁反应，除非企业有很大的把握对标的企业进行管理改革。

此外，在没有成为大股东之前，企业也并不一定能够改组标的企业的股东会和董事会，但是可以要求其新建立一个 CoE 大运营体系，由企业掌控，然后相关负责人定期向标的企业的股东会汇报工作，而其董事会仍然指挥其现有的业务执行体系，一切变化都不大。不过标的企业的业务执行体系和 CoE 大运营体系的人才循环机制必须开启，这样企业才能开始同化、培养变革力量，同时尽快掌握标的企业的各种业务细节。标的企业业务执行体系的人才进入 CoE 大运营体系后，会得到学习和提升，再返回其业务执行体系时会极大地提升组织战斗力和对企业的向心力。

这是 CoE 多级模式的早期形式，企业可以先让其运转起来，逐步变革标的企业中基层和推行各种投后管理变革，到后面再找契机进行标的企业的顶层架构变革，让其正式可以自己大规模培育变革力量。如果有机会，企业可以对标的企业进行比较彻底的变革，可以把自身最佳实践的新企业运转模式直接裁剪适配给投资标的企业，但是会把它们的 CoE 大运营体系融入企业的 CoE 大运营体系，这样能真正开启成熟的 CoE 多级模式。

综上所述，无论是哪种情况，标的企业的董事会只能虚线管理 CoE 大运营体系，而企业的 CoE 大运营体系才能直线管理，如图 6-11 所示。

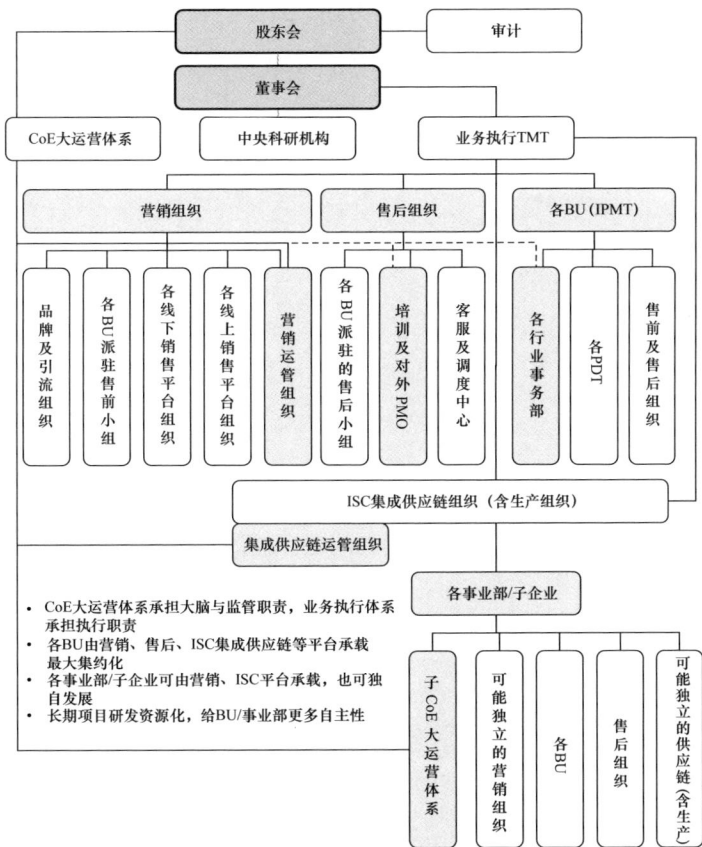

图 6-11　CoE 大运营体系的多级设置

在这种多级的 CoE 大运营体系当中，一些核心功能或组织会由企业的 CoE 大运营体系共享出来，如 PMO、战略项目组（常设虚拟组织）、人力资源部门、财经部门、流程及业务智能化部门、科技设施部门等，子 CoE 大运营体系甚至也可以设计纵向的人才循环机制以逐步孵化自己的这些部门和功能。在没成为全功能的子 CoE 大运营体系之前，它相当于一个强化的运营 BP 小组，把标的企业原有的财务、人力、IT 等部门都纳入了这个运营 BP 小组。至于标的企业的供应链的集成化、营销一体化、研发协同化等变革，也是由子 CoE 大运营体系来牵头执行的。

标的企业的董事会成员会成为这个运营 BP 小组的副组长，部分领导和骨干也可以加入企业总部的 PMO 人才资源池，参与与自己企业相关的项目。

有了先进的企业运转模式，加上能力强、野心勃勃的各路人才组成变革力量，无论是在行业"内卷"还是在跨界入侵中，企业都能从细节中战胜竞争对手，实现"向战略要扩张出路"。

# 第 **7** 章

# 第六步：通过变革支持扩张，企业开启全球征程

　　无论企业是继续行业"内卷"还是跨界入侵，都必须面对与各种头部企业的激烈竞争。营销服部门作为一线直接接战部门与企业战略拉动的火车头，企业家们往往都会亲自执掌甚至始终奋战在第一线。

　　为了适应第 1 章中预测的未来新的营商环境，在"营销拉动，全局随动"的企业战略执行思路的指引下，企业要重新厘定战略定位，主动出海，以及将多条增长曲线孵化起来，因此营销服部门必将进行大幅变革以配合上述行动。

## 7.1 战略定位设计

战略定位，作为企业营销服建设的中心指导策略，在这个时候就变得至关重要了。

先来看一下战略定位的定义：战略定位是企业在市场竞争中为了获得优势地位而采取的一种策略行为。它根据企业的资源、能力、市场环境和客户需求等因素，通过分析和规划，确定企业在市场中的独特地位和角色。

战略定位的核心在于差异化，即企业通过提供与众不同的产品或服务，或者以独特的方式满足客户需求，从而在客户心中形成独特的品牌形象。

战略定位通常包括以下几个方面。

（1）目标客户定位：明确企业的目标客户群体，了解他们的需求和偏好，以便更有效地满足其需求。

（2）产品定位：根据目标客户的需求，设计和开发具有竞争力的产品或服务。

（3）品牌定位：通过塑造独特的品牌形象和价值观，建立与竞争对手不同的品牌。

（4）价格定位：根据产品或服务的价值、成本和市场接受程度，确定合适的价格策略。

（5）分销渠道定位：选择合适的销售和分销渠道，以便产品或服务能够有效地传递给目标客户。

（6）销售手段定位：选择合适的销售手段，以便更加有效地触达客户及抢占市场。

战略定位不是一成不变的，随着市场环境的变化和企业资源能力的发展，企业可能需要调整或重新确定其战略定位，以适应新的市场条件和竞争态势。具体来说，有以下几种战略定位策略。

（1）战略定位策略一：科研突破，实现国产替代。营销服必须选择"2B VIP大客户营销"策略，甚至研发体系和VIP大客户研发团队开启战略合作，进行"生态研发/联合研发"。

（2）战略定位策略二：控制上游资源，提高自供率。营销服必须选择"泛 2B 客户营销"策略，利用产品价格优势快速抢占市场并维持较高的产能利用率。

（3）战略定位策略三：控制下游，直达最终客户。营销服必须选择"2C 直销 / 准直销"策略，采用一切手段获取并稳住市场占有率。

（4）战略定位策略四：全产业链布局，这种策略与比亚迪、华为使用的策略类似。营销服必须选择全部策略（"2B VIP 大客户营销"策略、"泛 2B 客户营销"策略、"2C 直销 / 准直销"），分裂成很多事业部或者营销子公司，但是品牌实行统一建设。

不同战略定位策略带来的营销服改变都是巨大的，不同的营销服体系做法"隔行如隔山"，共通性很小，因此建立多套营销服体系，工作量巨大，挑战难度也高。现在很多中国企业已经做了几十年西方企业的跟随者了，但是在今天的中西方"脱钩"趋势下，我们已经无法跟随，需要直面西方企业的竞争。只有这样做，主动改变者才能抢夺存量市场，一切的目标就是尽快成长为头部企业，未来国内市场格局会变得愈发明显，全国统一大市场等政策会不断助力国内优秀企业做大做强，然后去国际市场与国际巨头企业竞争。

在主动求变的过程中，营销服的数智化、国际化都是帮助企业达到目的的手段。接下来就来看一下不同战略定位策略中，不同营销模式的数智化、国际化怎么做，新的企业运转模式具备怎样的优势去实现它们。

## 7.2　2B VIP 大客户营销模式

### 7.2.1　融合数智化后的具体模式

2B VIP 大客户营销模式，顾名思义就是服务好数量有限的 2B VIP 大客户，和他们深度绑定，轻则签署战略合作协议进行联合研发，重则全面融合开启 IDM（Integrated Device Manufacturer，集成器件制造商）模式。

IDM 一词来自半导体行业，IDM 模式指的是一种商业模式，意指多个企业联合起来，打通半导体芯片的设计、制造、封装和测试等全部环节。这种模式使得参与联合的企业拥有完整的产品生命周期控制能力，能够保证产品质量和工艺领先性，同时降低生产成本，最关键的是可以提高创新速度。

企业和其 2B VIP 大客户采用 IDM 模式进行深度合作，也会获得类似半导体行业多企业联合的效果。例如，当升科技和清陶能源关于固态及半固态锂电池的战略合作，涉及技术上的联合研发、长期供货承诺、全球产能布局协同、全球金融及资本合作等。

要想与 2B VIP 大客户深度绑定，企业就要推动两个最关键的行动。

（1）在流程和组织管理上，做好销研产融合（见图 7-1），并且在图 7-2 的"F 客需满足和商务洽谈"流程上对接 2B VIP 大客户研发和采购，可由客户随时发起流程，企业能快速响应他们的需求。

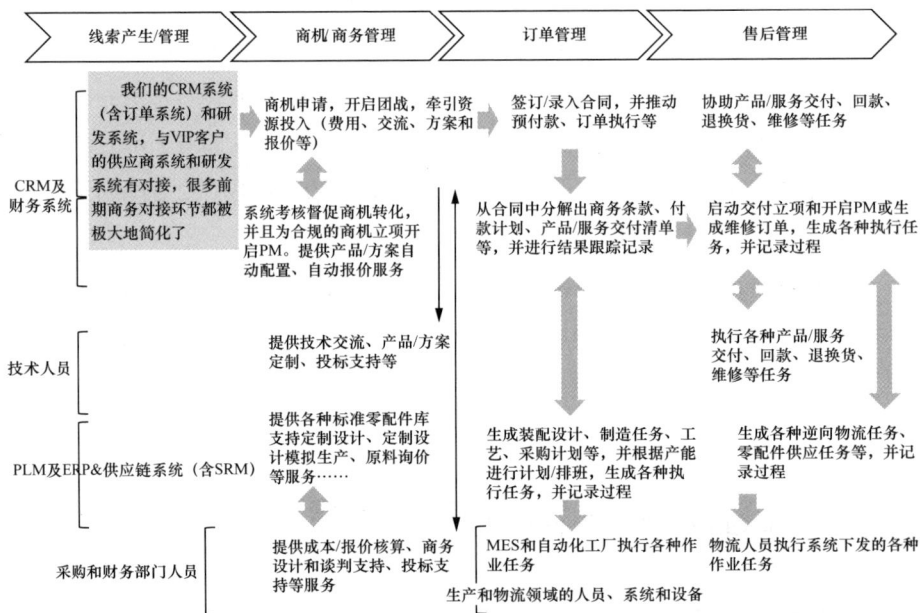

图 7-1　销研产融合工作内容示意图

（2）销研产融合使用数字化和智能化支撑运转。如图 7-1 所示，企业的CRM 系统（含订单系统）和研发系统，已经与 VIP 客户的供应商管理系统和研发系统对接，很多前期商务对接环节都被极大地简化了。一旦客户产生需求，企业的系统马上自动完成"商机申请"并监督"对外项目 PMO"联合产品线技术部门安排技术人员组成对应研发项目组"开启团战"。项目组尽快使用 PLM 系统及基于高性能计算（High Performance Computing，HPC）的模拟仿真系统给出解决方案 / 产品设计，然后项目组会作为中坚力量去驱动后端的 CoE 大运营体系各个部门配合，和客户进行技术交流、产品 / 方案定制，并完成投标或商务谈判等最终商务活动。在这个售前过程中，由于流程和系统均已实现销研产融合，数据是共享和准实时流通的，因而计划、采购及生产（供应链）领域的各个系统也均能提前综合运算（如果已经建立 AI 辅助，速度会更快）给出产品售价、产能、货期等准确度很高的商务关键决策数据，辅助售前过程顺利进行。

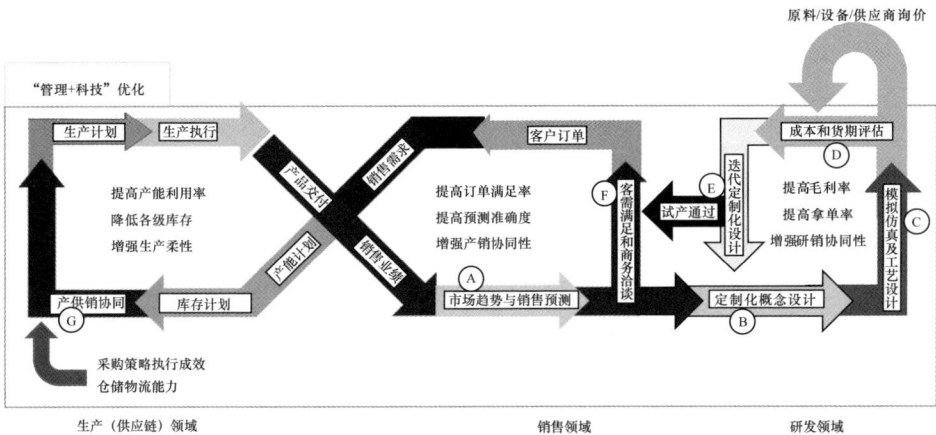

图 7-2　销研产融合步骤串联示意图

最终，企业的目的就是确保双方日常合作的整个过程体验和最终结果完全符合甚至超越客户的期望，让对方很难找到替代企业或者替代的代价很大，这样企业就能与客户长期绑定了。

### 7.2.2　构建 / 运转中的困难及解决办法

要实现以上的科学模式，企业必须克服很多现实中意想不到的困难。

（1）在流程和组织管理上，做好销研产融合。这需要企业先在各个领域内部建设完善的流程和组织（如研发体系要建好 IPD 体系及让其数字化），否则虽然大流程贯穿了多个领域，但是这些领域内部很低效和混乱，就会成为瓶颈。以上工作并不轻松，然后企业需要跨多个领域建立非常精确的成本测算模型（这是业财融合的重要内容）、全局库存模型、排产与物流模型等。

这些模型的计算方式可以不使用系统，但是却必须保证各岗位人员执行日常操作时非常严谨，这样才能让这些模型有效，这要使用过去劳动密集型的工厂的管理模式才行（严格训练和要求员工，处罚相当严厉，而且基层巡查非常频繁，一旦有错漏就会连坐，等等）。可惜的是，很多时候过往企业这种落后的管理模式在今天行不通了，因为劳动相关法律的执行越来越严格，而且新一代员工的自我权益维护意识已经很强，企业管理员工不能再采用粗暴、压迫性的管理方式。于是，如果遇到行不通的情况，那么企业就必须要考虑使用先进的数智化、自动化的手段来辅助实现人性化、公平化管理。

此外，如果销研产融合作业过程中出现了意外状况，各领域权责如何区分？这是组织设计上非常关键的部分。这里可以按照项目制和非项目制两种场景来分析。

A．项目制场景。销售人员/商务人员、研发团队、生产团队、售后团队根据客户或者产品品类组成项目组（这类项目采用非内部事务项目制，由 CoE 大运营体系的 PMO 下辖的外部事务 PMO 来管理），PM 通常由企业业务执行体系的某个高管担任，如果实在没有人选了也可以从 CoE 大运营体系的 PMO 中选出一名能力差不多的 PM。当作业过程出现了意外状况后，PM 将作为第一授权人去处理，维护的是客户满意度和企业的利益。PM 对项目组成员具有奖金考核权，可以调动项目组内部资源工作，对于项目组以外的资源，PM 需要和具体业务领域主管或者对应领域的运营 BP（或者运营 BP 小组组长）商议调用。具体的责任追溯，分别在项目组内和项目组外（由运营 BP 协助）完成，处罚机制和财务核算方式也不同。

B．非项目制场景。销售、研发、生产＆供应链 3 个领域只使用流程和系统进行连接，每个领域的各个环节/工序具体由谁负责都由排班来安排。这种情况下如果出了状况，3 个领域波及范围的各业务主管必须组成临时工作组来处理问题（如调查事故根源、拆分责任等）。工作组负责人必须是有权管理 3 个领域的业务执行体系领导（如 CEO/总经理），追溯责任也由各领域内部自行完成。

（2）销研产融合使用数智化支撑运转。这里最关键的就是启动运转需要的原始临界数据的准备，什么是原始临界数据？它指的是各种阈值数据（如研发对需求的响应时间）、各种沉淀成果（如各种零件的电子图纸、各种工艺配方）、各种经验数据（如客户某种需求场景只能适配某种工艺 / 解决方案或者有重要注意事项）等。这些数据的准备必须达到运转的最小要求（临界），才能驱动流程和组织精密运转。而准备这些数据具有很高的难度。

A．阈值数据。需要将各种流程和管理细节进行数据化，并在实践中不断修正，最终得到这些阈值数据。此过程最大的难度在于将各种现实细节数据化。业务执行体系的人员是没有整体能力去完成这个任务的，整个过程需要新的企业运转模式下的运营团队主导才能很好地完成。

B．各种沉淀成果。要想将旧版本的沉淀成果转化成为数据格式，需要做大量的工作。例如，用 3D 软件来重新绘制 2D 的图纸及建立齐全的 3D 零件库，将特殊的工序工艺及产线重新在数字孪生系统当中建模，重新编制 BOM（Bill Of Materials，物料清单）码等。企业不能要求业务执行体系的人员去额外做这些工作，因为他们已经满负荷了或者没有能力做到，所以整个过程也需要新的企业运转模式下的运营团队成立各种项目组才能很好地完成。

C．经验数据。这部分是整个数据体系最难完成的，因为很多人才不愿意将自己的毕生所学贡献出来，一旦上文所说的各种经验模型、数据体系被建立起来，他们基本上就对企业没有什么特殊价值了。对此，需要新的企业运转模式下的激励机制来解决这个问题。大体解决思路是：CoE 大运营体系将这些特殊人才吸收为 PMO 专家池里面的专家，他们负责参与各种模型 / 数据体系建设项目，当模型 / 数据体系被建立后，都由他们来运维，他们还要肩负起培训 AI 的重任；与之匹配的，他们会获得专家级别的长期特殊待遇和 AI 成果的长尾收益，这让他们可以一直为企业做贡献。

当前众多企业在建设 AI 应用方面，就遇到了数据准备的问题。目前国内已经有了很多平台级的大模型，基于这些大模型，许多软件企业和软件人才都能够为不同行业的应用场景设计出好的 AI 逻辑，那么接下来就需要获得高质量的数据和 AI 语料，然后运用算力去训练 AI 逻辑，最终就能得到各种场景的 AI 应用。在这当中，高质量的数据和 AI 语料就是最大的难题和关键，它们的获取途径有两种。

（1）优秀企业的数字化体系产生的记录类数据（事务数据、业务数据、日志数据）和主数据（如 BOM 编码等）。

（2）经验数据。这就是上文指出的由人才将自己的宝贵经验转化而成的数据。

这些数据其实代表的是各种场景的最佳实践，有了它们就可以训练出优秀的 AI。这就相当于给 AI 请了好多最厉害的老师，最终 AI 肯定青出于蓝而胜于蓝。但是哪个企业愿意无偿把自己的最优实践和数据贡献出来？哪个人又愿意轻易把自己的宝贵经验和独门绝技公开和贡献出来？对于个人问题，可以采用前面讲述的新企业运转模式来解决；对于企业的问题，需要国家这个社会最大权威组织来解决。

2021 年 11 月，上海数据交易所挂牌成立，它是在上海市人民政府指导下组建的准公共服务机构，承担数据要素流通制度和规范探索创新、数据要素流通基础设施服务、数据产品登记和数据产品交易等职能。2023 年 7 月，上海人工智能实验室、中国科学技术信息研究所、上海数据集团、上海市数商协会、国家气象中心、中央广播电视总台、上海报业集团等单位联合发起的大模型语料数据联盟正式成立。

解决企业的 AI 学习问题仍然任重道远，企业目前还是把重点放在内部变革上最实际，通过新的企业运转模式让内外部人才愿意把自己的经验数据 / 模型化，这样企业在 AI 应用上就能够领先大部分竞争对手了。

### 7.2.3　国际化快速破局办法

2B VIP 大客户营销模式的国际化是最容易快速实现的，而且难度也比较低，下面分几种场景来解析。

（1）产品和技术国际一流，价格和质量又具备绝对优势。多参加一些国际顶级的展会或者学术交流会，自然就可以对接到客户了。一旦获得客户认可，他们会派代表进驻中国对接各种事项，务求企业尽快完成和他们的融合。这种场景最省事。

（2）客户提出了要求，让企业配合其全球市场及生产布局。例如，客户在中东市场有特殊产品型号，并且建设了工厂；在北美市场有不同的特殊产品型号，也建设了工厂。这种情况下企业可以借助客户在当地的可靠资源（如财税、法务、场地、政府关系、人员等）注册分支组织，快速派遣团队和客户对接，这种场景只涉及人员交流和在线设计 & 仿真，没有涉及研发和试产环境 / 设备落地建设。分支组织团队构成绝大部分都是企业从中国本土派出去的中国员工，企业只需要在当地招募极少数海外双语华人帮忙做好对外联络即可，和客户进行的各种文件翻译和技术交流均可以通过先进的 AI 工具完成；而且这些从中国本土派驻出去的中国员工都是可以半年轮岗的，他们以技术人员为主，商务、财税人员占比非常少，后者在中国远程支持即可。注册分支组织主要也是为了给相关人员商务旅行签证提供便利，因此企业在当地工商注册事务很少。

（3）客户提出了协同研发要求，这涉及研发和试产环境 / 设备落地建设（因为有些工艺或者设备是企业核心商业机密）。企业考虑到当地有多个客户，愿意在当地采用重资产投资模式，这种模式会涉及比较多的当地工商注册和海关进口事务。这些虽然也能借助客户的可靠资源完成，但是企业还必须配备具有比较完整的功能的运营、研发、生产团队，其中营销服和运营组织架构如图 7-3 所示。

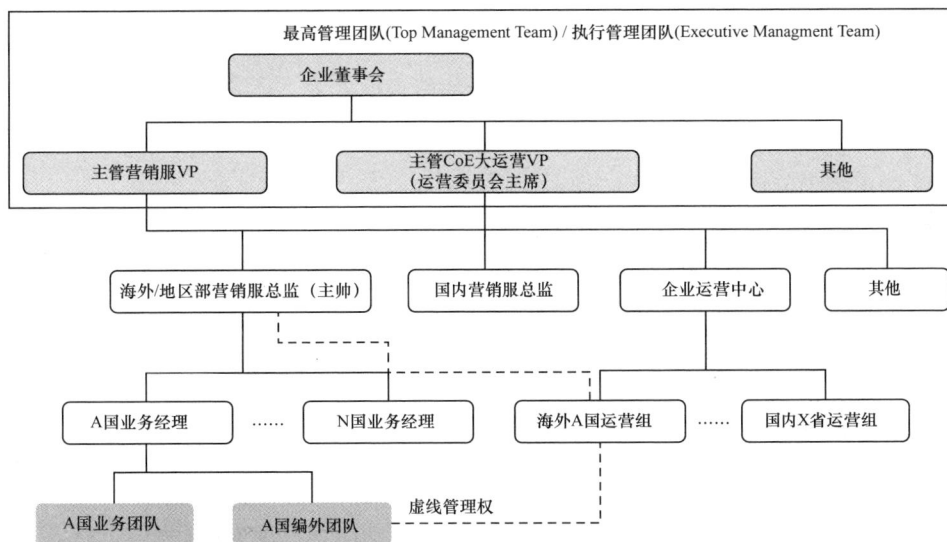

图 7-3　2B VIP 大客户营销服和运营组织架构

为何要如图 7-3 这样设计？因为每个国家 / 地区的薪酬待遇、人员素质 / 能力、劳动法、习俗文化和个税政策不同，企业需要在当地为当地员工建立一套独立的人力资源和财务体系，这包括职级、组织＆岗位、薪酬、文化、财税等。A 国业务经理有着两个身份，既是当地企业的主管，又是国内企业总部业务执行体系的中层干部，A 国业务团队由其直接领导，该团队绝大部分是中国本土派驻去的轮岗员工，只有少量的本土员工；A 国编外团队是指非业务团队员工，主要是财务人员（当地财务人员只处理当地分支企业相关的财务事务）、人力资源人员、行政人员、IT 运维人员、安保人员、国内"海外 A 国运营组"临时派驻运营 BP 等，该团队也由 A 国业务经理直接领导（国内"海外 A 国运营组"临时派驻运营 BP 除外）。

这里并没有采用传统的海外分支组织建设办法，即绝大多数员工是当地人，逐步培养当地骨干并打造当地团队。这种办法耗时太长，也存在很多意外和风险，如文化冲突和劳务纠纷多、员工效率低、商业机密难保守等。早期当地分支企业和国内企业总部可能只是代理代销产品的关系（为保守商业机密）。得益于新的企业运转模式和先进数智化工具的应用，大量的复杂工作会由国内 CoE 大运营体系承担，如当地工商财税海关物流设计、匹配当地的商务设计、当地组织的管理和流程设计、当地的数智化应用建设等；国内也可以抽调出复合型人才短期轮岗到海外，因为 CoE 大运营体系培育了大量的复合型人才，也就不用再让他们承受长期驻扎海外的痛苦，于是这些人才更愿意间歇性地去海外短暂派驻。关于这种办法的更多细节将在 7.3.3 节展现。

## 7.3　泛 2B 客户营销模式

### 7.3.1　融合数智化后的具体模式

泛 2B 客户营销模式，是指产品具备广泛适用性，潜在的客户非常多，不局限于数量有限的 VIP 客户，施耐德、西门子、浪潮信息、用友软件等企业都采用了这种营销模式。

这种营销模式包含代理／代销和直销两种销售方式，也融合了 O2O。这种营销模式融合了数智化后的具体模式如图 7-4 所示。

有序管理大量营销活动——数智化MTL+LTC

| 品牌推广及市场布局 | 线索产生 | 线索管理 | 客户管理 | 商机/商务管理 | 订单管理 |

广告KM及效果反馈分析

系统根据规则分配线索

系统根据触发商机/商务/竞争策略调整

丢单数据触发商机/商务/竞争策略调整

系统分解合同，产生一系列订单

产生订单

系统根据策略进行安排

货期/产能排产

系统执行流程并将采集数据跨部门呈现

订金&生产跟踪

系统执行流程并将采集数据跨部门呈现

支付PM&回款跟踪

系统提醒/监管执行利益分配

落实利益分配

活动筹备及成果管理

干系人录入管理

关系维护及资源投入管理

线索建档要求并分配线索

销售人员录入或者系统自动获取数据

为潜在客户建档

赢单利益分配记录、奖单追责及统计记录

系统计划商机/商务协同

商机PM及商务协同

验证线索

记录客户互动和资源投入

合同结束记录合同

预测数据

跟踪及提醒销售人员执行

完善客户信息和竞争情报

商机根据流程和规则驱动触发商机

商机立项/变更及分配资源

系统根据规则推动触发发商机

系统根据商机规则建档商机升级

触发商机转化/升级

客户咨询官方入口或销售人员

渠道合作伙伴推荐

推动销售人员改进

加大线索获取

系统根据管理规则实现商机转化

品牌广告投放

客户行业协会渗透/销售扫街

展会产品展示

学术科研体系合作渗透

行业标准渗透

生态合作伙伴推荐或带货

渠道合作渗透

VIP客户战略投入造样板

VIP客户战略合作份额

合作伙伴管理

- 各种官方入口+SCRM+CallCenter建设和运营
- 销售行为管理及AI分析
- 销售KM和培训、效果分析及迭代
- Multi-Channel线索池建设及维护

生态合作伙伴推荐或带货

VIP客户推荐带货

合作伙伴管理

商机/项目组绩效管理

客户管理

"数字化铁三角"全程执行

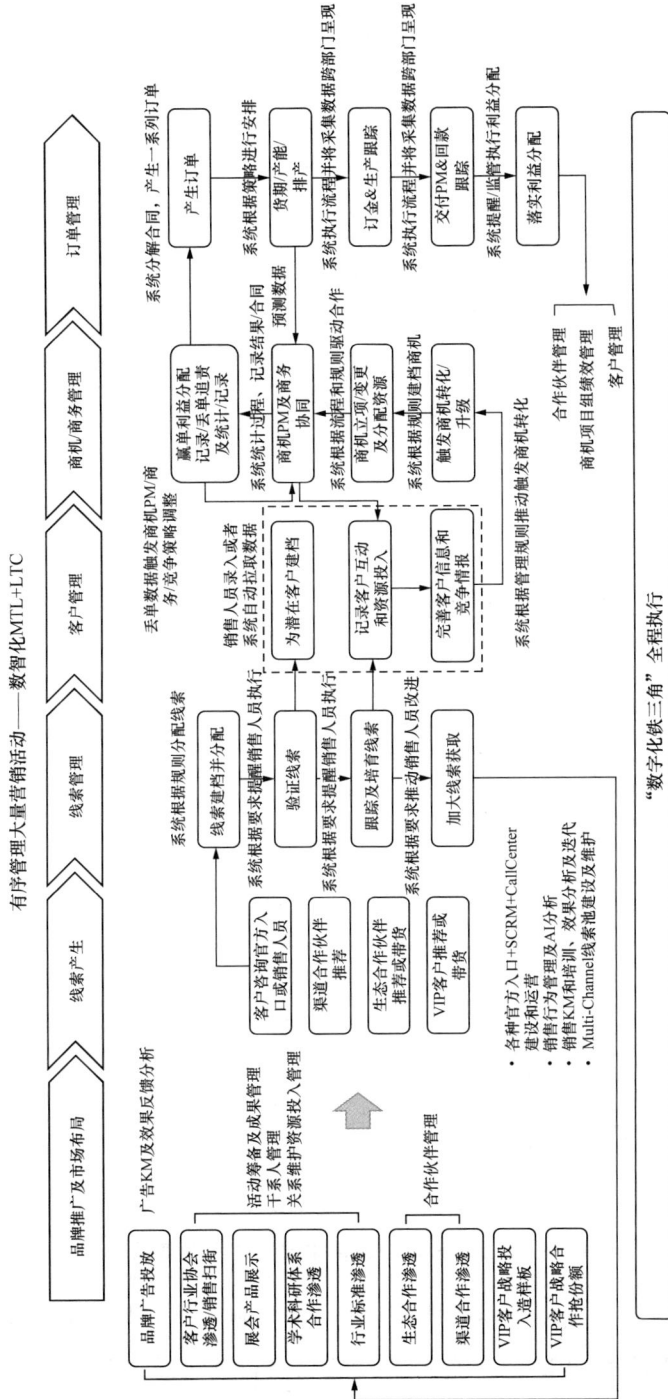

**图 7-4　泛 2B 客户营销模式与数智化融合示意图**

　　为什么企业需要如此复杂而庞大的数智化体系来管理"泛 2B 客户营销"场景当中的营销服工作？因为客户数量实在是不少，销售人员和渠道合作伙伴数量也很多，他们产生的有交集的各种订单数量庞大，日常进行的市场到线索（Market To Lead，MTL）+LTC 的各种生产活动细节和信息量也很庞大，因此企业必须依靠科技的力量才能严谨高效地进行管理。华为的 MTL+LTC，也是在前后两任"老师"（IBM、埃森哲）的帮助下才依靠数字化全面落地，并在后来凭借华为自己发展起来的数智化青出于蓝而胜于蓝。

　　下面以线下现场活动（讲座或发布会）和线上公众人物直播两个场景为例，来详细讲解更多细节（假设企业已经建立了图 7-5 所示的数智化营销体系）。

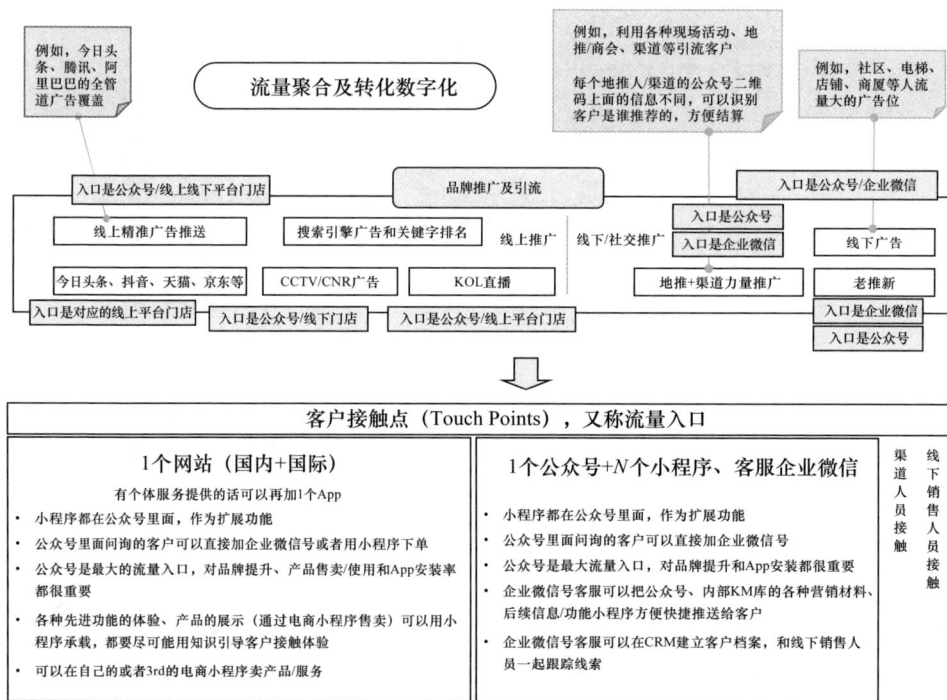

图 7-5　泛 2B 客户数智化营销体系示意图

　　（1）线下现场活动（讲座或者发布会）。企业会议筹备组可以使用第三方的 AI 设计软件或者 CRM 系统自带的设计功能快速设计邀约宣传海报和短视频（上面有会议报名小程序二维码），通过图 7-5 所示的数智化营销体系中的线上、线下各种管道推送触达客户。客户如果感兴趣就会扫码报名（销售人员也可以代替答应到场的客户填写资料报名，这样该客户和该销售人员就会被系统绑定）并关注公众号用以获取更多的会议信息和通知，其到场参会将会获得预留座位或者纪念品等。与此同时，系统还会在会议临近 1 ～ 2 天发短信给客户提醒其参会。当客户到达了现场，就可以扫码签到（需要客人手持名片或者工牌证明身份并拍照，或者拍脸部照片并上传系统备案），然后领取座位号和纪念品。至此，参会客户的身份、资料都会被确定，后台客户关系管理（Customer Relationship Management，CRM）系统会自动根据客户情况为其分配不同的销售人员，并通过短信和邮箱推送销售人员信息给客户。客户到了现场参会后，可以根据自己的需要关注企业的网站、网店或者安装企业的 App（通常是为无法访问企业微信公众号的外国客户提供的），对企业产品、服务进行更加专业、全面的了解。

客户如果想要和企业人员对接以进行更多的商务互动，可以在企业 App 或公众号当中和客服沟通，公众号后台和基于企业微信开发的 CRM 系统（又称 SCRM 系统）对接，能够及时回复每一位在公众号提问的微信用户，并且征得微信用户同意后，企业客服人员的企业微信账号能添加微信用户的微信账号实现一对一沟通，并同时推荐此前 CRM 系统已经安排的销售人员和客户对接。

（2）线上公众人物直播。企业直播筹备组可以使用第三方的海报设计软件或者 CRM 系统自带的海报设计功能快速设计邀约宣传海报（上面有会议报名小程序二维码），通过图 7-5 所示的数智化营销体系中的线上、线下各种渠道推送触达客户，并且在直播进行中买流量让客户打开抖音、今日头条等各种 App 就能看到，如果客户感兴趣就会继续观看直播。直播过程中，系统和客服人员会不断提醒及答复客户可以去扫描海报二维码或去公众号下载感兴趣的资料、观看更多细节或者进行更多的互动（公众号后台和基于企业微信开发的 SCRM 系统对接，能够及时回复每一位在公众号提问的微信用户，并且征得微信用户同意后企业客服人员的企业微信账号能添加微信用户的微信账号实现一对一沟通）。直播后台也会统计客户在直播过程中在线询问的问题，并凸显频率最高的一些问题反馈给直播公众人物进行统一解答或者由筹备组迅速修改宣传材料来扩大范围进行解答。

另外，泛 2B 客户营销业财融合建设要求如图 7-6 所示，庞杂的营销活动导致费控和报销活动频繁，产生大量的审批 / 审计任务和票据数据核对工作（图 7-6 中圈出的内容），这也必须靠数智化才能做好。

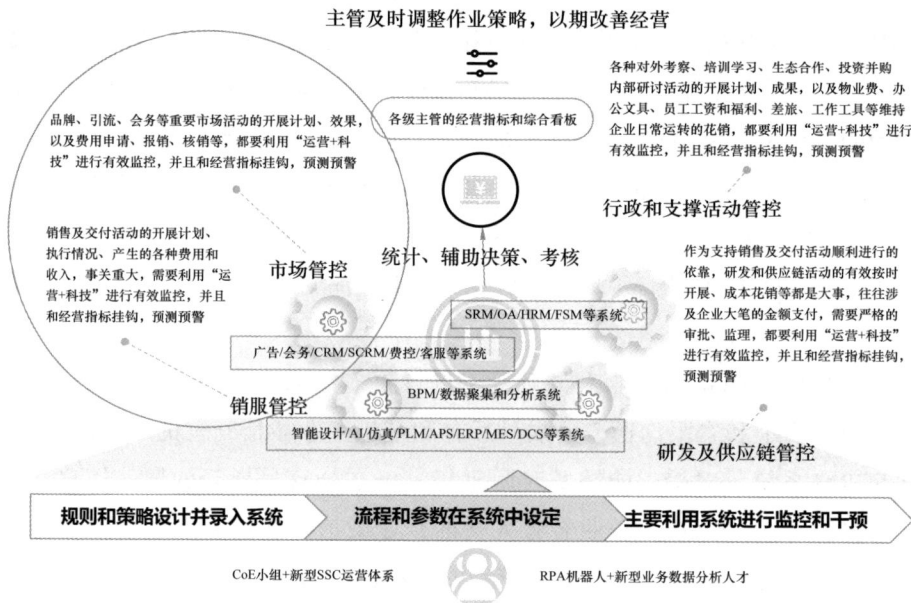

图 7-6　泛 2B 客户营销业财融合建设要求

费控方面的数智化效果在 5.2.2 节的"场景一"中已经描述过了，图 7-6 中除了圈出的内容，剩余的两部分也需要进行数智化改造：统计图 7-5 中各种市场营销手段的效果、统计图 7-4 和图 7-7 中各种营销活动的效果并利用图 7-4 中展示的流程推动营销活动（流程已经录入系统，可以借用系统的力量自动督促监察）。

除了以上这些，还有大量的渠道、合作伙伴会和企业的营销部门产生大量的日常事务，这些日常事务都需要采用数智化的手段来规范和提效，图 7-7 中所展示的正是渠道 / 合作伙伴如何通过系统和厂商一起完成营销行为。

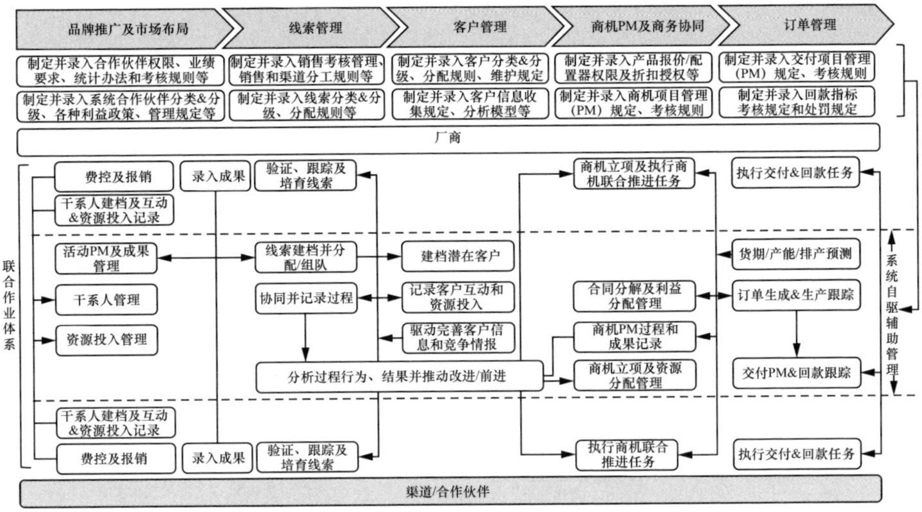

图 7-7　泛 2B 客户营销模式渠道联合作业示意图

渠道 / 合作伙伴可以通过系统直接调用厂商的售前技术、研发技术、商务人员等资源，无须厂商的销售人员作为"二传手"。同时，系统作为厂商发布的"渠道 / 合作伙伴政策"的执行平台，会让渠道 / 合作伙伴看到公平、严谨的效果，不会再出现厂商人员作弊破坏公平的现象，让渠道 / 合作伙伴信任并依赖。随着大量渠道 / 合作伙伴使用该平台，该平台将获得更多一线数据，这可以督促渠道 / 合作伙伴的行为，也可以判断出其能力或者合作意愿的强弱。

最后，企业内部"营销服研一体化"的多部门协同作业也需要依赖数智化来完成升级改造。图 7-8 中展示的是营销和技术团队是如何通过数智化技术紧密有序配合、完成销售工作的，这就是过去俗称的"铁三角"。

图 7-8 中标着 1 的三角形代表市场营销人员，标着 2 的三角形代表售前技术人员，标着 3 的三角形代表售后服务人员 / 研发人员。到了今天，有了新的企业运转模式后，企业复合型人才大量诞生，企业往往会把 2 和 3 两种角色都让一个团队的人员担任，甚至这个团队直接隶属研发部门。

无论组织上如何变化，3 种角色的职责都还是没有太大变化的，以售前技术人员为例。首先，他们需要撰写大量市场营销文档来配合销售工作，这些文档包括各种活动的演讲材料、产品 / 技术宣传材料等，需要写得恰到好处：既能

181

引起客户的兴趣、让他们加深品牌印象，又不过多泄露商业机密以免被竞争对手或者客户窥破；既要表现高性价比，又不能过多泄露竞争价格。其次，为了配合各种市场营销活动，他们还要搬运设备／产品到现场，调试和安装好，以供演示、展示，或者需要录制各种视频配合线上产品／技术展示，并做好技术交流工作。最后，他们还要完成为客户定制解决方案、投标等繁重的商务工作。

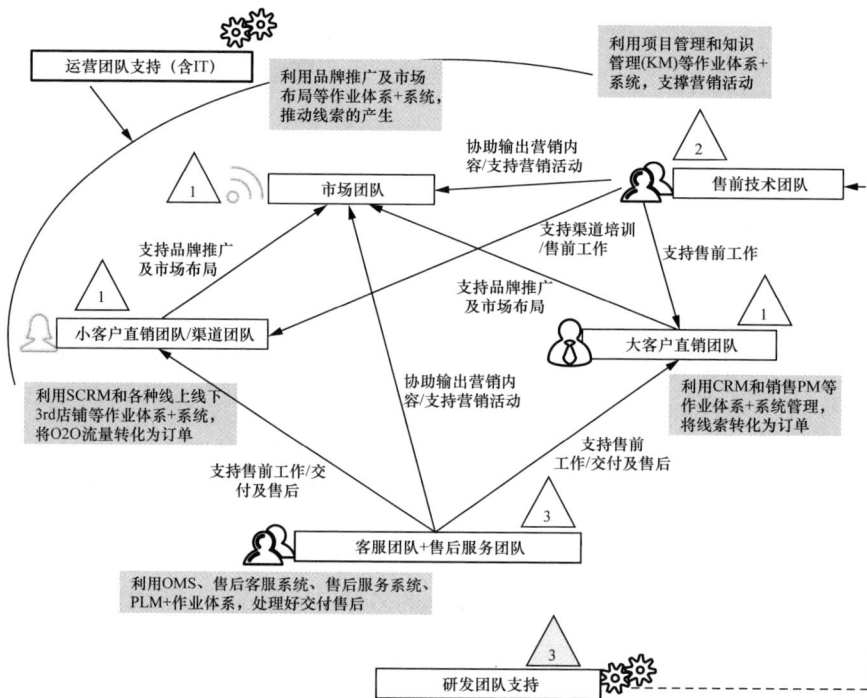

图 7-8　泛 2B 客户营销模式"铁三角"作业示意图

当企业完成了以上这些"泛 2B 客户营销模式"的数智化变革，就会得到图 7-9 所展示的整体体验效果，这些效果是从客户、渠道的感知维度来描述的，是企业大量使用数智化所追逐的目标。

表 7-1 展示的则是企业经营管理、决策需要的统计数据。企业可以在这些统计数据的基础上设置更多的 BI（Business Intelligence，商业智能）、RPA 机器人，甚至 GenAI 来进行管报自动分析和精准快速自动化企业管理。

| | 获客阶段 | 客户交流及采购阶段 | 客户要货阶段 | 客户安装阶段 | 客户售后阶段 |
|---|---|---|---|---|---|
| **客户·爽点** | 可以直接接触厂商，厂商的营销客服都非常专业，可以直接接洽采购，厂商的价格和厂商渠道的价格相差很小 | 谈价格很容易，找渠道和厂商都很快，仿佛它们是一体的，客户很有安全感 | 厂商和渠道都能很好地配合，感觉渠道和厂商都是一体的，服务体验很好 | 厂商和渠道联合作业或者厂商直接派人安装，让客户很放心 | 做什么事情背后都有厂商背书或者直接介入，感觉很有安全感 |
| **客户·体验** | 可以方便快速地接触厂商的流量门户，内容丰富齐全。而且到处都是宣传该厂商的，网上口碑也非常好 | 无论和渠道还是厂商接触，基本都是在做技术和商务交流，很专业，而且向厂商直购或在渠道购买都很方便 | 货期和过程可查询，信息准确，可以随时问询问渠道和厂商客服，得到的回复都是一致和及时的 | 配送和安装虽然是分开的但是有专门App可以查进度，有专门售后接待也非常好，很方便 | 厂商直接提供远程专业指导，很快解决问题；非常快速地派现场人员到渠道很专业地解决问题 |
| **客户·需求** | 可以方便快速地找到性价比高、质量好、服务好的产品 | 可以方便快速地获得很好的解决方案，报价性价比高，有诚意，商务解释和沟通也很好 | 货期信息准确，不现误事情 | 干活专业，不现误事情 | 服务响应快速，能解决问题，不现误事情 |
| **渠道·需求** | 渠道之间有效能合作，客源不断 | 厂商在售前技术、商务和价格上很给力，拿单很轻松 | 货期和过程可查询、信息准确，不用压货或者少压货 | 指导准确、方便快速，产品利润能够覆盖配送和安装 | 指导准确、方便快速，配件好购买，厂商能够覆盖产品问题导致的维修费 |
| **渠道·体验** | 厂商宣传O2O影响力足够，流量门户"高大上"且资料齐全。厂商经常搞活动，联合渠道做营销引流 | 厂商远程响应支援非常快速，且提供很多科技手段给渠道使用，如提供AR眼镜盒子、测量报价自动生成App。解决方案和AR眼镜相结合 | 货期和过程可查询、信息准确，而且渠道的压货款变成众筹款，只有货品开始制造才会扣除相应的费用，剩余的钱可以随时取走，变成精准压货 | 厂商流量门户有各种详细精准的视频指导，也有客服工程师可以远程视频指导（甚至可以使用AR眼镜互动） | 指导准确、方便快速，配件好购买，厂商能够覆盖的维修费。指导准确、方便快速，产品由于其他渠道的人看到，很多时候厂商专门指导客户自行解决 |
| **渠道·爽点** | 渠道越努力配合厂商线上线下的活动，厂商推送的，厂商经常做营销活动。还至有时候渠道厂商有机采购，渠道线上直接有优惠，渠道啥也不用干就能分到钱 | 通过App可以看到针对渠道的特殊折扣财务核算情况，商务大多数时候自己做；遇到需要厂商确认的配合也能看到，厂商全程跟进，渠道之间沟通也有分钱 | 通过App可以实时看到利得渠道的压货款（众筹款）变化情况。客户可直接付款给厂商，一旦回款的回款情况也能看到，回款和利润amount都显示结算 | 在任不用渠道配送和安装（除了一些偏远地区）；偏远地区的配送由渠道做，一旦来到付款渠道只需要关注并帮助项目型订单的回款即可 | 除了偏远地区需要渠道协助，维修都不需要渠道操心，其余地区渠道只需要关注并帮助项目型、售后服务有专门的售后负责响应商负责 |

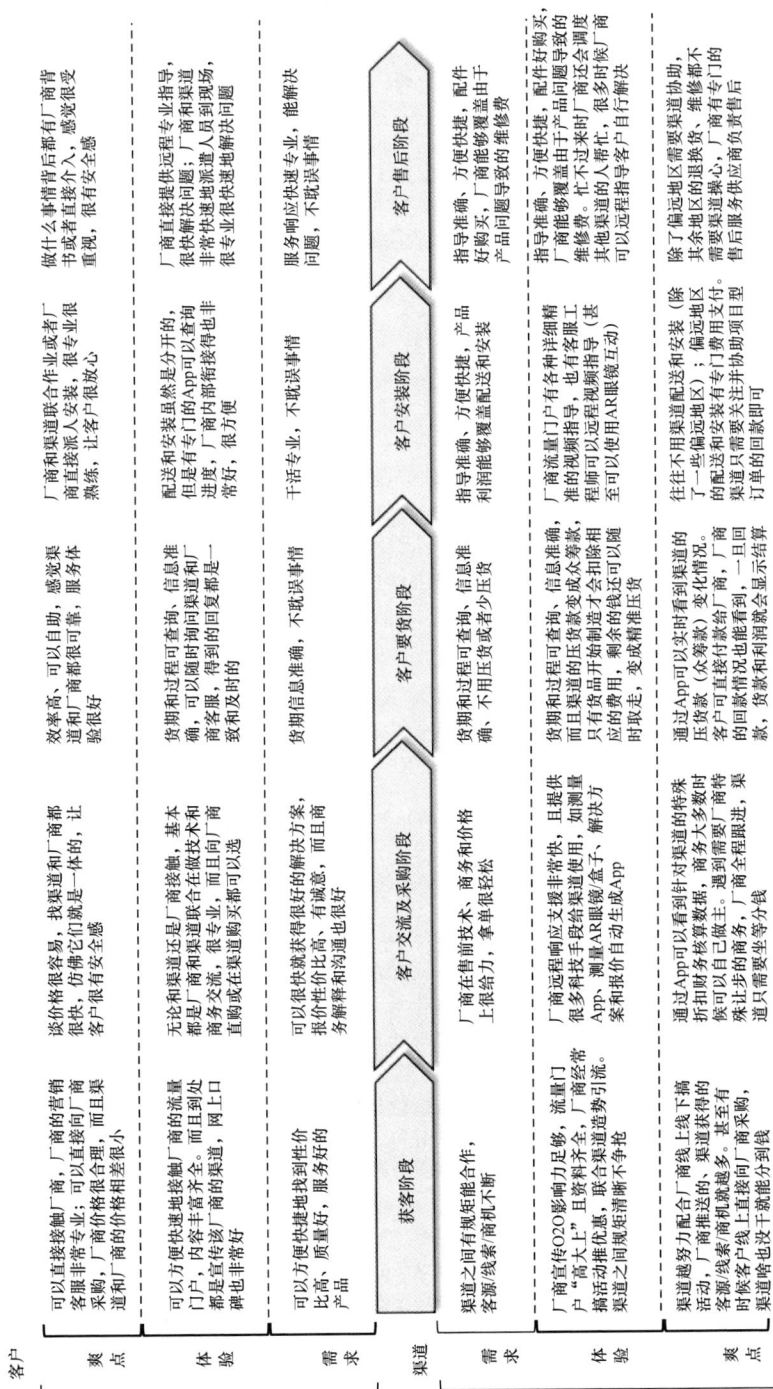

图 7-9　泛 2B 客户营销模式数智化体验效果

表 7-1　泛 2B 客户营销模式经营管理、决策需要的统计数据

| | 数据分类 | 寻找线索阶段 | 线索阶段 | 商机阶段 | 交付 / 售后阶段 |
|---|---|---|---|---|---|
| 过程数据 | 客户行为数据 | 对广告的反应数据、对接触的反应数据、接触路径（门户、代理 / 伙伴、销售、展会 / 活动）数据等 | 画像数据（企业背景、需求、联系人档案等）、沟通数据等 | 画像数据（企业背景、组织架构、需求、决策链干系人档案等）、要求和沟通数据等 | 需求细节、沟通和配合数据、解决数据、满意度数据等 |
| | 竞争对手数据 | 广告策略 / 接触路径布局数据、客户反应数据等 | 竞品数据、促销 / 折扣数据等 | 竞品 / 解决方案数据、促销 / 折扣 / 商务数据、赢单关键数据等 | 关键交付数据、满意度数据等 |
| | 营销行为数据 | 广告策略 / 接触路径布局数据、地推 / 社交引流数据、销售拜访数据等 | 线上线下路径运行数据、产品数据、促销 / 折扣数据、销售与客户互动数据等 | 项目作业数据（客户沟通、技术交流、内部沟通、投标 / 谈判、合同签订等） | 项目作业数据（客户沟通、交付作业、验收回款等） |
| 成效数据 | 广告投入产出数据 | Impression（展示次数）、CTR（点击通过率）、CPC（每次点击成本）、CPT（展示时长成本）、CVR（转化率）等 | ROAS（广告支出回报率） | | |
| | 订单数据 | | | 成单率、回购率、总 / 平均金额、订单数分布等 | 订单执行率、按时完成率、有效交付率等 |
| | 路径布局产出数据 | 日接触数、DAU（日活数）、活跃度、活动参与率 / 人数分布、各路径挖潜数据等 | 各路径产生线索数量分布、各路径潜在客户转化率、客户使用路径统计等 | | |
| | 客户数据 | 品牌 / 产品认知率、需求认知率、市场增量客户 / 竞争对手客户分布等 | 联系人岗位分布、企业实力分布、需求大小和紧急分布等 | 决策链模式分布、企业实力分布、需求大小和决策因素分布等 | PM 能力 / 配合能力分布、验收决策模式分布、项目周期分布等 |
| 经营数据 | 产品、利润数据 | 需求类型分布、对应产品 / 服务 / 解决方案排名和分布等 | 产品大类 / 具体产品购买排名 / 分布、利润率分布、竞争力合成数据、复购率等 | 库存消耗分布、周转率、调度数据等 | 产品交付和运维情况反馈数据、利润数据等 |

| | 数据分类 | 寻找线索阶段 | 线索阶段 | 商机阶段 | 交付 / 售后阶段 |
|---|---|---|---|---|---|
| 经营数据 | 交付、回款数据 | | | | 交付平均响应时间、平均时长、平均次数 / 人数、日 / 周 / 月收支数据、回款分布等 |
| | 成本、产值数据 | 日 / 周 / 月引流 / 挖潜成本、成本分布等 | 路径费效比、线索转化费效比等 | 商机转化费效比、营销部门人均贡献等 | 最终成本和分布、最终收入和分布、ROI、营销服部门人均贡献等 |

## 7.3.2　构建 / 运转中的困难及解决办法

以上泛 2B 客户营销模式数智化变革过程中遇到的困难，除了有类似 7.2.2 节所讲述的困难外，还有很多新的营销创新挑战，具体如下。

（1）2B VIP 大客户营销模式只需要为不同的大客户设置不同的策略，甚至建造不同的体系，数量少（一般最多十几个）也不会很复杂。但是在泛 2B 客户营销模式下，不同区域各种配套生态、客户习惯 / 体验、竞争对手不同，因此渠道的种类、数量配比、策略都会不同，这些排列组合可能多达几百上千种。这对设计、管理的要求都非常高，压力也很大。

（2）不同区域还要采用不同的商务竞争策略。不同区域竞争对手的种类、数量、强弱不同，客户的购买力不同，这都需要有针对性的竞争策略和优惠促销预案，于是，排列组合数量会更多。

（3）不同国家 / 地区（或线上线下）的资源、人才、土地、政策、市场、合规标准等区别比较大，所以可能会导致定价不同，甚至必须使用不同的产品型号来应对。

第 6 章讲过"营销拉动，全局随动"，能够支撑以上 3 点营销创新的研发、生产、供应链体系必然是不简单的，企业要想模仿对手出招，并且还可以持续见招拆招，就要对后端做很大的变革。因此，企业要提前在战略设计中融合好以上 3 点涉及的内容，推动后端做好配套变革，主动实现"营销拉动，全局随动"。

这样的做法对于采用旧的企业运转模式的企业来说太难做好了。所以过往很多企业往往都是"被动应战",即面临竞争对手的挑战或者销售业绩出现下滑，才聚集众人商量对策，模仿竞争对手出招，却又发现竞争对手的很多招数无法模仿，最终被击败。

因此，面对这样的情况，还是要靠新的企业运转模式来应对。

在 PMO 中，企业可以建立一个常设虚拟组织——商务商业竞争研究组（"客户与市场跟踪研究项目组"这个执行商战的秘密小组转变为其子项目组）。这个组织可以和战略项目组并列（大型企业的做法），也可以作为战略项目组的子项目组存在（小型企业的做法）。它的研究成果会作为战略项目组的重要输入，但是战略项目组的市场研究涵盖更广范围，如很多和自己不同的行业、国内国外宏观政治经济形势等。

所以，商务商业竞争研究组的主要职责是设计与迭代执行以上 3 点中的策略和模型，并负责推动设计建造好 7.2.1 节中提交的内容——其可以扩建项目群或者加入战略项目群去指导相关项目组完成相关设计落地。该组织既然是常设虚拟组织，那么也遵循"铁打的营盘流水的兵"原则，设有专职 KM 和助理（他们日常工作都归秘书处管）。进入该虚拟组织历练的人才通常都是营销、管理、科技三栖复合型人才，他们会成为第 8 章出现的商业成功中心的核心骨干。

泛 2B 客户模式中还有一种特殊的场景：产品是服务的各种软件开发类企业、工程类企业、集成类企业，如埃森哲、北方华创、中软国际、中控技术等。

在这种场景中，企业往往比较难依靠合作伙伴的力量服务好客户，需要发展大量自己的交付力量，但是有些企业可能仍会感觉交付力量捉襟见肘、交付成本高、利润率低、拼价格拿单困难。

这种涉及管理众多人才的"销服研产一体化"场景是最考验企业精益管理能力的，尤其在客户普通需求急剧减少、行业"内卷"严重的当下。对于这种最为特殊的场景，企业不能使用常见的企业运转模式，而是要将研发、交付、营销彻底打通，形成新的企业运转模式。

（1）交付中使用研发最强力量，要让研发冲在一线最有价值的项目上，搞定售前和交付。

（2）研发将大量成果与能力模块化、科技化，降低交付成本和提升交付效率。

这种新的企业运转模式如图 7-10 所示。

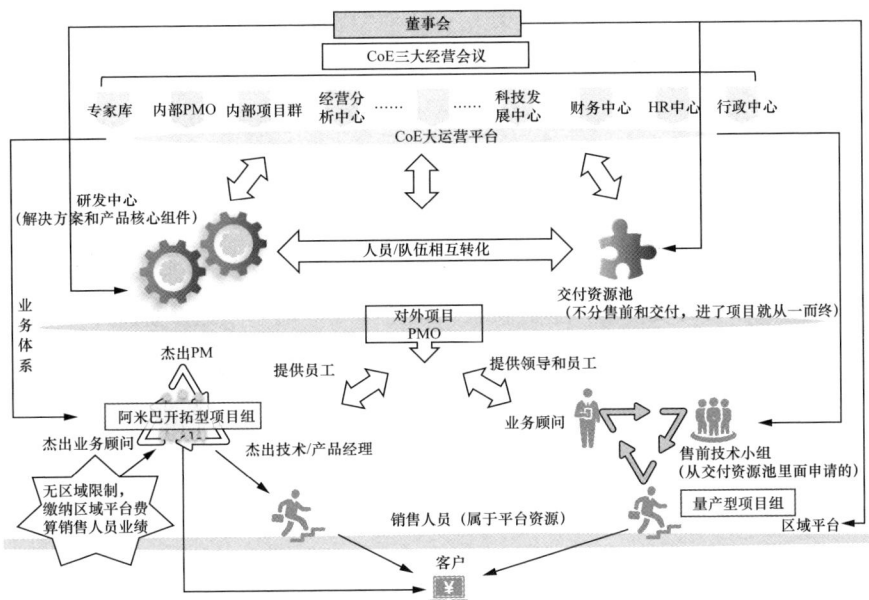

图 7-10　新的企业运转模式

首先，研发和营销不分家。杰出技术人才（来自研发体系）、杰出业务顾问（来自 CoE 大运营体系）和 PM（来自对外项目 PMO）组成阿米巴开拓型项目组，始终奋战在第一线，越战越强。后端研发组织将其成果和经验逐步模块化和科技化，然后培养提升交付资源池能力，一方面输送力量给阿米巴开拓型项目组，另一方面组成更多量产型项目组。

其次，阿米巴开拓型项目组自负盈亏、独立核算、精益管理。在成员能力和积极性都足够的情况下，项目交付往往都会保质保量保进度，项目收益不错，里面的人才基本能够获得高额回报。

最后，配合采用前面 4.2.2 节讲述的内部长尾收益激励，阿米巴开拓型项目组会非常高效地推动市场样板项目建立、竞争，也会非常高效地推动后端研发的"量产型交付"能力建设，并且会大力推动量产型项目的交付。

在这当中，企业一定要变革好通道，保证这些阿米巴开拓型项目组中的人才，在完成了以上这些工作后能够上升到各关键岗位。因为这种新的企业运转模式会驱动人才们的经验成果被同事们快速迭代，它很难实现长期产品标准化 / 模块化，也不适合产品的长期固化，这会让每一代阿米巴开拓型项目组人才拼命创新，压力很大。企业要给他们设计好职业规划，让他们没有后顾之忧。

总而言之，这种新的企业运转模式是特别的，对精益管理的要求也是特别的。其根本原因在于：企业的高层并不能完全掌握如此大范围的知识，不能依靠自己和大量低端人才就完成企业生产活动。因此，企业的高层需要大量中高端人才来完成企业生产活动。

采用传统制造型企业运转模式的创新型企业往往都过得不好，因为随着企业高层不再担任顶尖研发力量，企业就很难维持了（老的研发人才变成了利益阶层，却挑不起大梁，又没法对新的研发人才进行高激励）。所以创新型企业就要采用新的企业运转模式，就是要不断吸纳、培育新的人才，旧有人才退位让贤，但是又能活得体面并继续发光发热，这样一代代人才才会倾力奉献。如今，在市场普通需求大量减少、高级需求得不到满足且国产替代力量又青黄不接的情况下，新的人才对于企业的生存、发展至关重要。

### 7.3.3　国际化快速破局办法

企业不同业务模式的出海策略如图 7-11 所示。2B VIP 大客户营销模式通常是 OEM（Original Equipment Manufacturer，原始设备制造商，俗称代工生产）模式或者 ODM（Original Design Manufacturer，原始设计制造商，指根据客户的需求和要求，进行产品的设计、研发和制造，并负责产品的整个生命周期管理）模式这两种模式对企业快速出海布局中国以外的国家具有普适性，但是泛 2B 客户营销模式的出海只适合那些和中国建立友好贸易关系的国家。因为泛 2B 客户营

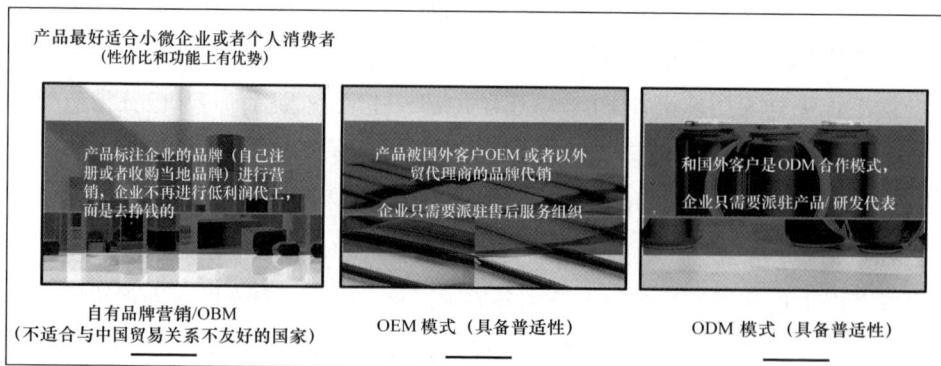

图 7-11　企业不同业务模式的出海策略

销模式在海外市场通常都会以自有品牌进行营销，或采用 OBM（Original Brand Manufacturer，原始品牌制造商，即代工厂经营自有品牌）模式营销。

这种模式更具挑战性：首先，企业必须做好产品的本土化适应改造，因为当地市场有其特定的气候和环境、人文和习惯、购买力和理念、合规和投资政策等；其次，企业必须确保自身的产品在当地市场具备很高的性价比或者先进的功能，否则很有可能会在与西方阵营竞争对手的竞争中败下阵来，最终失败撤离；最后，企业需要在当地建设较大规模的分支机构，甚至工厂，就是在当地重资产投资，长期扎根。

这里必须设立几个前提条件，因为后面要讲述的内容都是基于这几个前提条件成立的假设之上的，不满足这几个前提条件的企业（即使是采用泛 2B 客户营销模式的企业），不建议出海。

● 真的是向海外销售产品 / 服务，而不是返销国内。返销国内的模式属于供应链全球布局，第 8 章会讲。

● 海外市场所追求的利润率至少和国内市场一样或者最终的 ROI 能赶上国内市场的 ROI，否则就变成了费更大的力气出去挣更少的钱。

● 去海外市场面临的也是存量博弈，就是与当地市场的竞争对手竞争，因此必须有优势才出海，不要错误地觉得到了当地就会有优势。

● 要善于利用国内的先进科技优势、本土产业优势来与当地竞争对手竞争，而不是依靠当地的资源和政策优势，因为这些当地竞争对手也能获得，不是门槛。

● 低价不算优势，高性价比才算优势。如果去比中国落后的市场，当地竞争对手产品的价格已经很低，中国企业再打价格战的空间很小，去了也没意义；如果去比中国先进的市场，来自其他第三世界国家（如越南、马来西亚）的产品往往比本地生产的产品或者中国出口的产品更具价格优势，所以中国企业打价格战也很难获胜。

根据以上假设，企业出海参考思路如图 7-12 所示。中高端市场产品大部分零部件在国内生产，运到当地后采用当地的配套配件来组装，甚至可以将组装工作交给当地配套商完成。而营销服工作则可以采用类似于格力旧的加盟机制（格力过去会和各地加盟伙伴成立合资营销服公司，开设的门店都是直接挂牌格力门店）的机制来完成。

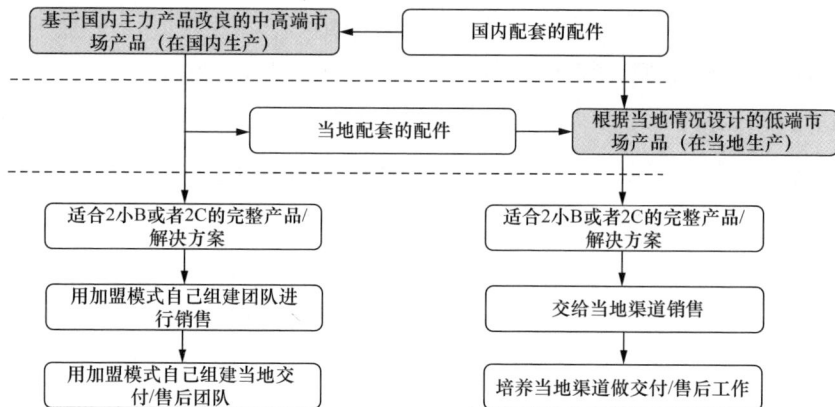

图 7-12　企业出海参考思路

　　而低端市场产品则大部分零部件都在当地生产，核心零部件从国内出口，组装也在当地完成，销服工作都由当地渠道完成，市场品牌推广工作还是由企业完成。

　　在这个过程中，有一些经验可供参考。

**早期起步阶段**

　　（1）利用当地华人商会或者大使馆获取初步落地资源，优先和华人商会／大使馆推荐的资源合作，合力拓展人际关系。

　　（2）迅速组织国内研产，完成产品／服务落地的各种合规和试用，先做高端市场产品。保障好物流，国内组织好并派遣服务力量，保障产品交付，稳定好第一批高端客户。

　　（3）必须坚持使用自有品牌或者收购的品牌在当地拓展，企业始终应坚持"以我为主"原则，保持核心地位，取代外贸代理和当地总代理。

　　（4）除非针对当地市场有专门型号的产品，否则不要轻易以开拓市场的理由大量批发低价产品给渠道，以免破坏自己和当地市场的价格体系。

**打开市场后的阶段**

　　（1）企业在当地站稳脚跟后，在有可能的情况下，务必扩大加盟模式（尤其是和当地华人商会／大使馆推荐的资源），获得人力、资本和当地政治的加持，加快当地业务发展和新根据地的开拓，但仍然要坚持"以我为主"原则，不可轻易失去主导地位。

　　（2）随着加盟模式的推行，收集更多客户反馈和需求、竞争态势和竞争对手动向，国内研发部门需要构建专门的对口组织有针对性地开发产品，确保产品在当地始终保持高性价比优势，逐步以此为核心，控制渠道或直达最终客户。

（3）要大量使用先进的"业务＋科技""管理＋科技"，逐步确保本土主力员工可以独立有效管理海外体系，弱化外籍员工辅助作用，打造"铁打的营盘流水的兵"模式。

（4）最后，企业基本实现了以上 3 点后，可以有效利用国内和国际资本在当地布局，获得更大的规模优势，"以本伤人"，快速击垮大量不强的竞争对手，完全获取它们的市场份额，争取中高端市场产品市场占有率在当地排前 3 名。但是低端市场产品市场占有率暂时尽量不要在当地排前 3 名（避免引发当地的社会／政权忧虑），要等完成第 8 章的任务，和当地政权协商好合作再说。

要想快速做好这一系列的布局，迅速站稳脚跟，需要新的企业运转模式演化出海外多级版本，如图 7-13 所示，这是一个比图 7-3 所示的组织架构更复杂的组织架构。

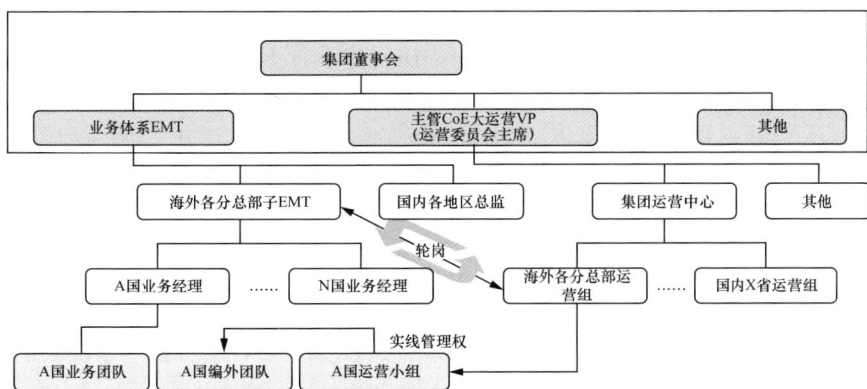

图 7-13　泛 2B 客户营销模式海外组织架构示意图

业务执行体系和 CoE 大运营体系都设立了海外分总部团队，而且海外的这两个体系也实现了彻底分离，这和华为等企业近几年来的全球架构非常接近了，有所不同的是图 7-13 中的企业在海外分总部子 EMT 和运营组之间开启了轮岗子循环（仅限于中国本土派驻员工）。依靠这样的组织，企业出海玩的是"团战"模式，而不是派遣一个高管去海外从零开始组建和培育整个体系，这样太漫长。

海外分总部运营组是最先被组建的组织，隶属 CoE 大运营体系的集团运营中心，这个组织为了出海事宜，会组建一个项目群，迅速完成筹备 BD 和各种设计

（包括数智化）；然后到了执行阶段，各子项目组会紧密配合共同去当地成立 Tier1 运营组，本土的海外分总部运营组成了 Tier2 运营组。

Tier1 运营组会完成一系列的早期落地事宜，如工商税务注册、场地购买 / 租赁等。然后逐步培育出大部分必需的当地 CoE 大运营体系功能（如流程与 IT 分支、采购分支、商务商业竞争研究组分支等，甚至有临时 PMO 分支）并开始进行大量落地建设工作，Tier2 运营组和 Tier1 运营组人员轮岗，并且开始培育 / 输出业务执行体系的海外分总部子 EMT 成员、各国业务经理；当业务执行体系的骨干人才到位后，Tier1 运营组开始组建海外分总部编外团队，为招聘当地员工做准备。

海外分总部编外团队组建起来后，企业会完全建立一套符合海外分总部所在地要求的管理体系，这适用于全部当地员工，但是每个国家或地区的海外分总部编外团队不归 Tier1 运营组管辖，而是被 Tier1 运营组下辖的每个国家或地区的运营小组管辖。每个国家或地区的海外分总部编外团队也会建立一套符合当地要求的管理体系去适配当地员工，当这些管理体系建立起来后，数字化和智能化的营销服作业体系也建立起来了，那各级业务执行体系骨干就可以去招聘本地员工来组建团队然后工作了。

最后来讲讲海外分总部体系的数智化建设，这是一个关键点，它不能快速完成的话，会导致无法和总部庞大的数智化体系对接，使总部大量的资源无法输出去支援整个海外组织的快速建立。

过去，企业认为可以考虑全部使用海外先进的各种 SaaS（Software as a Service，软件即服务）、PaaS（Platform as a Service，平台即服务）系统来快速搭建远胜于国内现有 IT 体系的全新海外 IT 体系，因为这样做性价比非常高，可以节省大量的 IT 投入成本、企业管理成本和人力成本。但是这种思路是不对的，不能匹配新的企业运转模式演化出的海外多级版本。企业能够快速建设海外团队和业务，靠的就是和国内一体化的管理、数智化，要让国内的复合型人才到海外也有熟悉的规则、工具和后勤，这样他们全力做好新市场的业务即可。

所以，企业应尽可能把国内的数智化工具为各地海外分总部也部署一套，当然，为了适配当地的情况，进行一定的定制开发是需要的。不过各地海外分总部编外团队却可以使用海外先进的云工具，这些工具短期内无须和国内的工具贯通。

位于海外的和国内相同的科技工具需要和国内交换数据时，可以通过国内云供应商跨国云的数据传输技术，采用延时传递的方式来完成，配合业务上的流程设计，这样就不会对业务造成影响。

这一系列的数智化建设必须在企业完成了第 5 章的变革，具备了"科技 +"建设能力后才能完成。

## 7.4　2C 直销 / 准直销模式

### 7.4.1　融合数智化后的具体模式

面向消费者的直销模式（见图 7-14）、B2B2C 准直销模式，比泛 2B 客户营销模式更依赖数智化。到了今天，由于互联网巨头们对流量分割把持的格局已经形成，所以很少企业可以再发展淘宝、京东这种平台式 B2B2C 准直销模式了，于是 B2B2C 准直销模式只剩余一种路径——加盟模式，如海底捞、瑞幸、喜茶的加盟店模式，如图 7-15 所示。

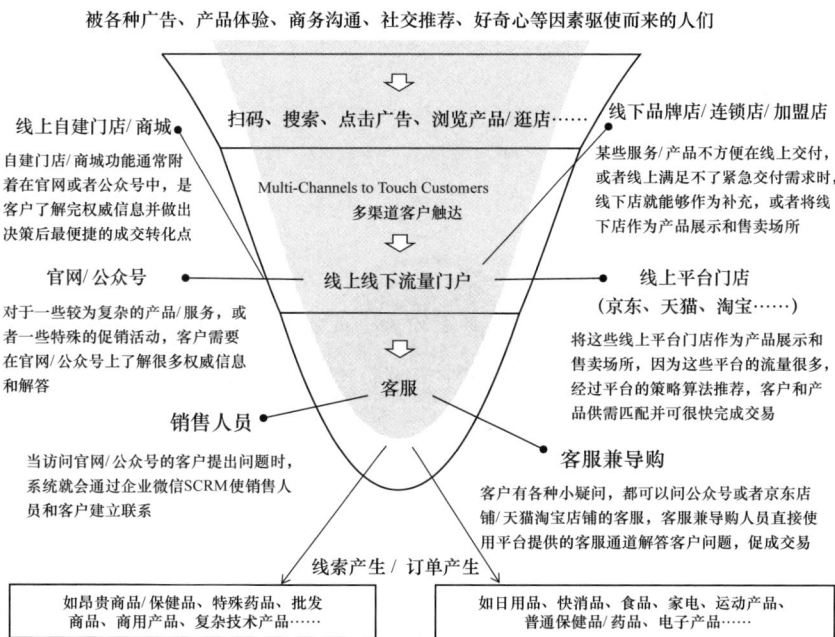

被各种广告、产品体验、商务沟通、社交推荐、好奇心等因素驱使而来的人们

扫码、搜索、点击广告、浏览产品/逛店……

**线上自建门店/ 商城**
自建门店/商城功能通常附着在官网或者公众号中，是客户了解完权威信息并做出决策后最便捷的成交转化点

**线下品牌店/连锁店/加盟店**
某些服务/产品不方便在线上交付，或者线上满足不了紧急交付需求时，线下店就能够作为补充，或者将线下店作为产品展示和售卖场所

Multi-Channels to Touch Customers
多渠道客户触达

**官网/公众号**
对于一些较为复杂的产品/服务，或者一些特殊的促销活动，客户需要在官网/公众号上了解很多权威信息和解答

线上线下流量门户

**线上平台门店**
（京东、天猫、淘宝……）
将这些线上平台门店作为产品展示和售卖场所，因为这些平台的流量很多，经过平台的策略算法推荐，客户和产品供需匹配并可很快完成交易

客服

**销售人员**
当访问官网/公众号的客户提出问题时，系统就会通过企业微信SCRM使销售人员和客户建立联系

**客服兼导购**
客户有各种小疑问，都可以问公众号或者京东店铺/天猫淘宝店铺的客服，客服兼导购人员直接使用平台提供的客服通道解答客户问题，促成交易

线索产生 / 订单产生

如昂贵商品/保健品、特殊药品、批发商品、商用产品、复杂技术产品……

如日用品、快消品、食品、家电、运动产品、普通保健品/药品、电子产品……

图 7-14　面向消费者的直销模式

| 体验推广及引流 | 大规模招商式的品牌推广 | 供应链战略 | 原材料战略 |
|---|---|---|---|
| 一系列线下门店要开在目标客户群体密集流动的地点，并且提供不弱于竞争对手的产品体验…… | 掌控一定的私域流量后，开启大规模招商，通过严格的数智化管理，将产品体验和优惠迅速推广，形成连锁品牌…… | 不断优化供应链（含生产），从部分采购逐步发展到自己生产，从供应链获取利润…… | 在产品体验上发力，超越竞争对手，这需要企业逐步掌握关键原材料的自主权和议价权…… |
| 利用大力度优惠，线上线下吸引流量，然后用很好的产品体验将流量变成私域流量（公众号、小程序、App）…… | 大规模进驻各种电商平台、流量平台，形成包围式的品牌影响，变现更多私域流量，同时助推招商加速…… | 供应链加强数字化和自动化改造，进一步获取利润…… | 通过优质原材料和升级的工艺完成产品体验的超越，新产品价格抬升，目标客户群体升级…… |
| 在私域流量中持续推广优惠信息、便捷服务、高质量体验，增强黏性，提高忠诚度和复购率…… | 发动内容攻势，率先抢占消费者心智…… | 从供应链获取到的利润填补了前期的优惠亏空，逐步缩小亏损甚至达到盈亏平衡…… | |

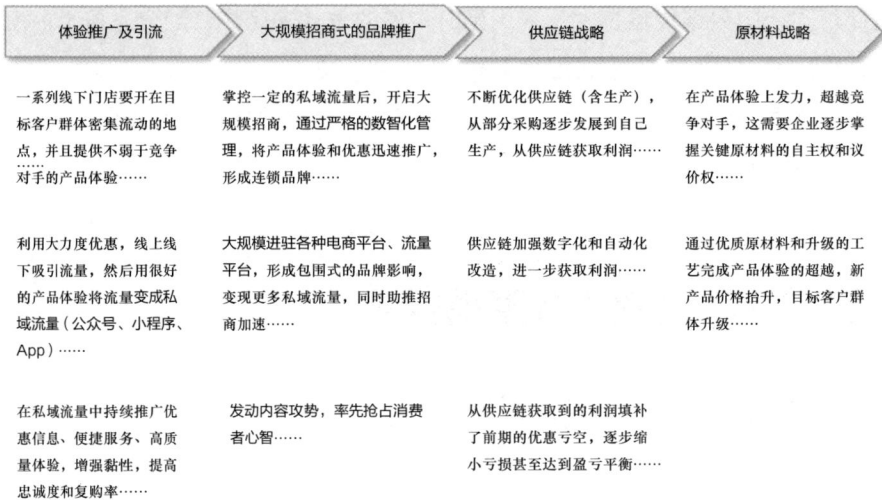

图 7-15　加盟店模式

无论是哪种模式，2C 直销 / 准直销模式需要接触海量客户，因此不能再像泛 2B 客户营销模式那样使用"人＋数智化"的战术来做营销服和客户洞察了，而是要以 4C4S4R4V4I4E 理论（见图 7-16）为指导，融合科技的力量来打造自己的"营销服客户互动"自动化、智能化（见图 7-17）。

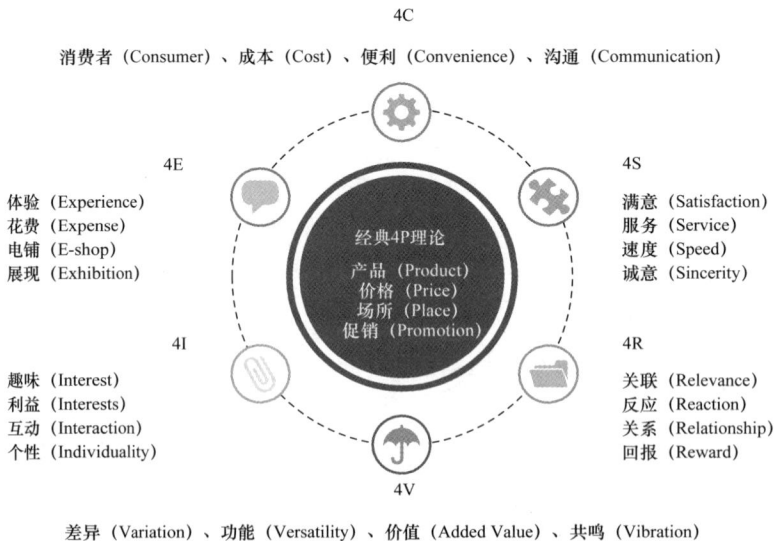

4C
消费者（Consumer）、成本（Cost）、便利（Convenience）、沟通（Communication）

4E
体验（Experience）
花费（Expense）
电铺（E-shop）
展现（Exhibition）

4S
满意（Satisfaction）
服务（Service）
速度（Speed）
诚意（Sincerity）

经典4P理论
产品（Product）
价格（Price）
场所（Place）
促销（Promotion）

4I
趣味（Interest）
利益（Interests）
互动（Interaction）
个性（Individuality）

4R
关联（Relevance）
反应（Reaction）
关系（Relationship）
回报（Reward）

4V
差异（Variation）、功能（Versatility）、价值（Added Value）、共鸣（Vibration）

图 7-16　4C4S4R4V4I4E 理论

客户

**行为**

针对习惯性需求，客户会附近逛访各种线上线下店铺，精确购比价、比量；针对其他性质的需求，客户都需要进进、快速的便，只要产品质量和品牌去比价，基本不会再去比价……

**心理**

习惯性需求（定期购买/囤积食材）
好奇性需求（噢？这里开了家×××）
触发性需求（该做饭了，去看看人了）
突发性需求（突然来客人了）
……

**体验**

线上品牌塑造
线下店铺正规，产品介绍精美细致
线下连锁店铺品牌管理正规，店内展示的产品，外观和质感要高级……

倾向于在安全高概率满足需求的线上/线下营实环境中花费时间浏览产品……

习惯性需求（直奔主题）
好奇性需求（期待惊喜）
触发性需求（获得灵感）
突发性需求（查看细节）
……

食材质量放心有保障&各种预加工精细、预制菜品类丰富，商家收集和宣传有各种靠谱供应商上门服务……

停留在这个思考阶段的在线时间很关键，客户往往会因为反复反复看，浏览前的切换购物车页面而留货架

多方对比（多方对比）
好奇性需求（排排计划）
触发性需求（最后搭配）
突发性需求（解决问题）
……

折扣带是惊喜，良好的氛围是纽带，这些会给客户留下很深的印象，温暖和贴心……

果断付款

买吧，不吃亏。果然是正规大企业，安排周到……

还有配送费减免下次优惠
券赠送

产品黏性，品牌逐步变成
客户心理首选

产品质量和售后质量影响
客户心理影响很关键……

配送及时、产品质量好，
服务人员靠谱……

商家

**策略**

O2O品牌建设及引流

做好产品展示及线下门店现场体验管理，在保障客户信心的同时用性价比冲击市场……

折扣性的优惠需要及时呈现，同时线上系统操作便利，线下店面氛围要轻松舒适导购导流够物的贴心关怀……

线上利用好系统提供的各种工具手段（如配送费减免、线下及时告知优惠）减免和优惠

不同场景的配送对接对接不同的平台、厨师服务采用生态合伙态、自行解决

厨师服务监管调度、VIP客户逆向物流和补救策略客户逆向物流和补救策略

**行为**

将对客户的消费引导融合进各种线上线下互动和广告广告

动态价格调整，使其接近竞争对手产品价格，但是折扣暂不显露

线上根据客户行为、记录、画像推送优惠种类
线下提供科技便利、现场氛围、营造心愿围

线上线下优惠打通，线下助客户操作获取优惠

复购、回购率全靠产品质量和物流服务

**获益**

高效高质量满足客户幻想中的需求

扫描除客户动机产生的最后障碍

决策瞬间的任何一个念头都可能导致客户放弃。所以任何后续努力都是浪费

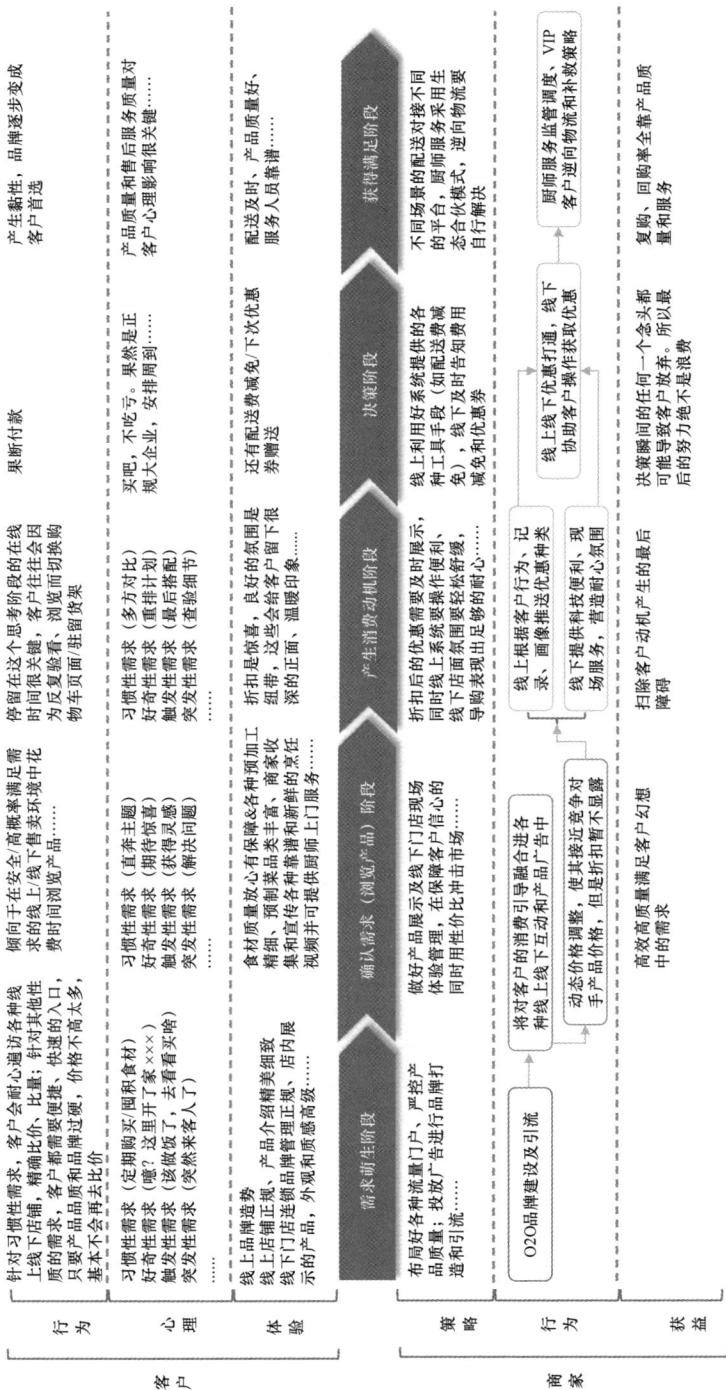

图 7-17　2C 直销/准直销"营销服务客户互动"自动化、智能化

在迭代实现 4C4S4R4V4I4E 理论的过程中，用海量数据来驱动整个智能化、自动化营销服体系非常关键，具体的流程如图 7-18 所示。

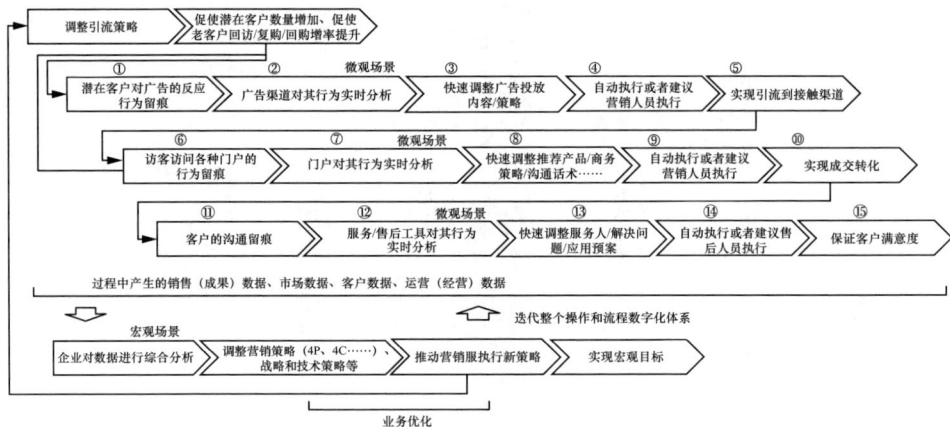

图 7-18　数据驱动流程图

步骤①：潜在客户对广告的反应行为留痕。大量的线上线下广告、自媒体信息、促销活动触达客户后，需要收集各种数据来闭环研究推广效果，这需要企业把各种触达渠道中的客户行为数据汇总到分析系统中。

步骤②～④：对数据实时分析并闭环到执行。这需要企业分析汇总的数据，建立好模型，并且将各种分解的规则在各种广告渠道工具上面建模，这些工具就能根据结果进行参数调节，或者企业相关人员改变广告投放 / 触达策略。

步骤⑤～⑥：广告投放 / 触达策略奏效，成功引流并对到访各门户的访客行为留痕，例如，访客在产品页面的停留时间、对购物车的操作、搜索了哪些关键字、问机器人客服哪些问题，等等，把这些数据收集起来。

步骤⑦～⑨：对访客行为留痕数据实时分析，并闭环到成交引导的执行上。各门户会自动调整对访客的产品推荐、推送优惠，机器人客服也会主动提醒 / 回答各种有用信息等。

步骤⑩～⑫：促成成交，并将成交过程中和客户的沟通、客户的行为留痕，收集好这些数据后进行实时分析，记录客户的特征、关切点和给予的承诺，形成客户画像。

步骤⑬～⑮：自动提交订单执行要求，并跟踪执行到位，确保客户满意度。

出现了各种状况会自动触发已经设计好的应急预案。

以上全部步骤产生的数据也会被汇总到企业大数据平台进行智能化分析，然后推动 CoE 大运营体系调整营销战略 / 战术策略或者迭代数字化 / 智能化体系。表 7-2 是数据收集和统计的效果示例。

表 7-2　2C 直销 / 准直销数据收集和统计效果示例图

| | 数据分类 | 引流 | 订单转化 | 订单交付 | 售后服务 |
|---|---|---|---|---|---|
| 过程数据 | 客户行为数据 | 画像数据，包括性别、常住地、故乡地、喜好偏向、知名品牌倾向（近一年消费额度或者比例）、消费能力（季度 / 半年度 / 年度）、近一年主要消费场所（渠道）、近半年日常消费品类、汽车品牌及型号（有汽车用品消费记录）等，以及对广告的反应数据、访问渠道（门户）路径…… | 访问数据（访问时段分布、总停留时间分布、页面停留时间分布、页面访问路径统计……）、购物车行为（优惠和加购物车时长关联分布，加购物车后和产品页面访问率、间隔分布与频率分布，加购物车后在规定时间内发生的购买概率分布……）、搜索记录、消费记录（最近记录、频率、额度）…… | 要求和沟通记录、满意度数据…… | 退换货记录和理由、满意度数据…… |
| | 竞争对手数据 | 广告策略 / 门户布局数据、客户反应数据…… | 竞品数据、促销数据…… | 发货率、库存和周转数据…… | 满意度数据…… |
| | 营销行为数据 | 广告策略 / 门户布局数据、地推 / 社交引流数据…… | 线上线下门户运行数据、产品数据、促销数据、导购客户互动数据…… | 客服作业数据、发货率、按时发 / 到货率…… | 退货挽救率、换货一次成功率 / 换货转退货率、退换货效率、客服作业数据…… |
| 成效数据 | 广告投入产出数据 | Impression（展示次数）、CTR（点击通过率）、CRM（千次展示成本）、CPC（每次点击成本）、CPT（展示时长成本）…… | CVR（转化率）、CPA（每次行动成本）…… | | ROAS（广告支出回报率） |
| | 订单数据 | | 回购率、客单价 / 单次最高金额、订单数分布…… | 订单执行率、按时完成率…… | 有效交付率 |

197

| | 数据分类 | 引流 | 订单转化 | 订单交付 | 售后服务 |
|---|---|---|---|---|---|
| 成效数据 | 渠道（门户）数据 | 日浏览／点击量、日访数、日活数、活跃度、活动参与率…… | 渠道留存率、日购买人数／比例、订单贡献数据…… | | 沟通使用的渠道(门户)数据…… |
| | 客户数据 | 初访率、回访率等 | 客户留存率、次日留存率、退出率、流失率、交易人数分布（画像分类、时间、额度等维度）、日支付客户比例、GMV（商品交易总额）…… | | 退货率、换货率…… |
| 经营数据 | 产品、利润数据 | 产品大类访问量排名／分布、具体产品访问量排名／分布、新旧客户分布…… | 产品大类／具体产品购买排名／分布、利润率分布、竞争力合成数据、复购率…… | 库存消耗分布、周转率、调度数据…… | 产品开箱／使用情况反馈数据、维修数据、利润数据…… |
| | 交付、回款数据 | | | 交付平均响应时间、平均时长、平均次数／人数…… | 日／周／月收支数据、回款分布…… |
| | 成本、产值数据 | 日／周／月引流成本、成本分布、引流／渠道费效比…… | 订单转化费效比、营销部门人均贡献…… | | 最终成本和分布、最终收入和分布、ROI、营销服部门人均贡献…… |

综上所述，2C 直销／准直销模式，其数智化、自动化应用程度已经非常高，并且各种创新的商业模式、营销策略在完成业财融合建模后都已经被应用在了各种系统工具中。

## 7.4.2 构建／运转中的困难及解决办法

基于数智化的 2C 直销／准直销模式的构建是难度最高的，对企业复合型人才的能力要求、驾驭科技的能力要求、组织融合科技做业务的能力要求都非常高。

相信如今很多做 2C 生意的企业家对此已经深有体会——因为做 2C 生意成功的企业都是这样做的，如果其他企业不进化，只会逐渐被边缘化。企业要真正转型是一件大事，绝对不是简单地让技术部门去对接一下各种大型流量平台即可，而是需要打造一支能够理解技术并运用技术来重塑业务的队伍。这里企业需要面对三大困难。

### 1. 组织变革

为了适应新的变化，培育人才，打造队伍，组织变革肯定要先完成，但是很多企业在内部没有人才与能力的时候，是很难设计出好的组织变革方案的，除非提前完成了本书第 2、3、5 章提及的变革。于是很多企业就想着等把关键人才培育出来或者企业内部骨干学好了再说，但是这个过程太漫长了，留给企业的时间不够了。

这种情况下，企业可以一边进行第 2、3 章提到的变革，一边组建"业务与科技融合"的临时组织以解决燃眉之急，如图 7-19 所示。这里介绍这种 CoE 的早期形态，主要是考虑到很多企业不一定做了第 2 章和第 3 章提到的变革，但是又迫切需要完成本节提到的建设内容。

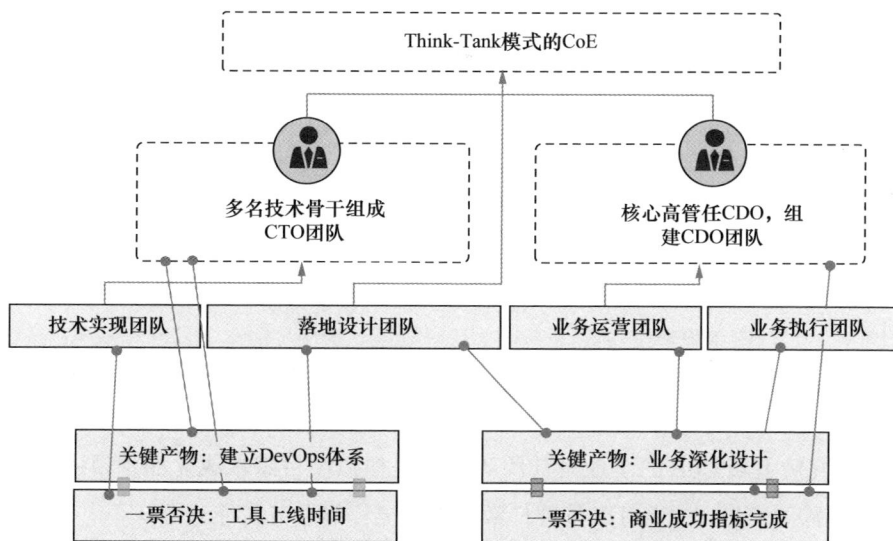

图 7-19　"融合科技去做业务"的临时组织

图 7-19 中的"Think-Tank 模式的 CoE"的职能是研究转型战略、制定执行方案、核算 ROI、验证可行性、申请研发立项、执行项目管理、执行业务上线引流推广、监督运营等。

CDO（Chief Data Officer，首席数据官）团队则是以后的"商务商业竞争研究组"（大型企业模式）或"运营分析中心"（小型企业模式）的领导小组，CDO团队是一个业务顾问 + 产品经理的混合型人才队伍。首先要有资深产品经理，其应有丰富的实战经验，尤其对细节的把握要非常优秀，还要具备生意的思维；其次是要对业务非常精通的人。这样 CDO 团队随时能够把工具、运营用于实现业务（最细致的实现）。

CTO（Chief Technology Officer）团队是以后运营体系"科技实施"部门的领导小组，技术骨干一定要是年富力强、具备很强动手能力、理论和实战经验丰富的科班出身人物，太多光环笼罩的人或者身居高位的人一定不是适合的人选，喜欢搞技术研究并且一直未曾中断研究的人才是最佳选择。

"落地设计团队"是早期的关键组织，也是 CoE 大运营体系中"流程及业务智能化"组织的前身，企业会为这个团队引入很多外部的顶尖战力来增强能力。下面来看看关于这些组织的更多的职责表述。

- CTO 团队如何建设数智化企业是需要 CDO 团队及落地设计团队的输入的，因此 CDO 团队作为火车头非常关键。

- CDO 团队作为"参谋部"，要不断协助 CoE 和 TMT 看清迷雾，然后根据"统帅"的决策计划好一切细节，算无遗漏，然后发送指令给各种功能部门。

- 隶属业务线的业务执行团队要负责商业成功实现，业务运营团队要跟踪他们各种执行效果并且不断联合落地设计团队发起优化提议草案给 CoE 决策与推行。

- CDO 团队旗下的业务运营团队，一定要具备很强的业务能力和工具使用能力。

- 直接隶属 CoE 的落地设计团队可以是根据项目需求成立的项目团队（有重大创新需要突破），也可以是做日常优化的流程与业务智能化团队。

- CDO 团队的商业成功执行计划一旦展开，环环相扣，其中最关键的就是工具，CTO 团队如果不能守住"工具上线时间"这个生命线，就会导致一切崩溃。所以 CTO 团队要打造一支能打硬仗的技术团队，这支团队将会成为这个企业的核心竞争力的一部分。

- CTO 团队的知识面和见识一定要广，思路要开阔，不是所有东西都要自己从零开发的。要善于利用内外部资源保障生命线，而且要主动和很多强大的团队或者机构实施很多预研项目。

- 逐渐，CTO 团队旗下会有多个技术实现团队，负责不同的业务领域实现。

### 2. 关键人才获取

前面讲到的落地设计团队主要包括两类人才：业务顾问和产品经理，他们需要紧密配合。众多实践经验表明，业务顾问必须是复合型人才，而且必须从技术人才发育而来，这样才能有效带领企业完成"业务与科技融合"。互联网企业的复合人才基本上就是这样发育而来的，所以最终众多互联网企业都能够实现"业务与科技融合"，改变了游戏规则，跨界入侵实体经济。

（1）业务顾问和职责

① 能够理解并承接 CDO 团队的宏观设计，带领业务和技术团队做好融合性的深化设计，主要包括：4C4S4R4V4I4E 综合竞争力全局合成设计，各局部模块要求指标和功能设计，L3 分解指标和流程作业范畴，L4 流程图、各种规定细节、角色职责、工具功能、L5 人机 SOP 与机器 / 系统时序图、各种细节参数、数据结构，组织架构、人力规划和指标考核，建造计划与成本核算。

② 带领业务团队做好内部测试 / 体验工作，并且不断从业务、流程、人机配合角度给出创新解决办法，降低技术团队的工作难度。

③ 培养好业务运营团队并完成好向业务运营团队交接的工作。

（2）产品经理的职责

① 辅助好业务顾问，在技术实现可能性、供应商产品研究选型、技术课题分解等偏技术方向上帮助业务顾问做稳妥。

② 带领技术团队完成技术基础架构设计，主要包括数据治理、各种软件互通的集成架构、各种 PaaS 集成架构、各种 IaaS 集成架构。

③ 带领技术团队确定各种具体技术路线，如 Node.js 的 VUE 架构（指的是 Vue.js 的整体架构设计，Vue.js 是一套用于构建用户界面的渐进式框架，它采用了一种组件化的架构方式）、微服务技术架构。

④ 开发过程中组织业务团队 / 业务顾问给技术团队不断解析各种业务细节、概念，组织供应商给技术团队解析产品细节和 SDK/ 接口使用等，甚至要亲自下

场带队开发，解决关键卡点问题。

这些关键人才，早期可以作为关键外部顶尖战力引入，或者从"觉醒者"中引入，后期就不能简单地从外面引入了，因为普通实业企业没有留存他们的环境和职业通道，所以社会上很少有企业能培养出来这些人才。最终企业还是需要进化出新的企业运转模式，然后再招聘一些有潜力的人才，用外部顶尖战力来帮助企业把他们快速培养起来。

### 3. 技术队伍构建

现在外界充斥着各种数智化转型的呼声，各企业纷纷招标各种外部供应商帮助自身开启数智化转型之路。完全依靠外力（各种供应商）来实现数智化转型是不安全的，而且这种模式 TCO（Total Cost of Ownership，总体拥有成本）也是最高的。因此培育自己的"科技 +"建设力量，自建部分技术团队，由该团队带领外部资源来实现数智化转型，是目前多数企业的最好选择。

但是传统企业很难自建部分关键软件团队，例如，一家钢铁厂或者轮胎厂要自建技术团队，能力强的技术人才会去吗？没有前途、不能学到更厉害的技能，能力强的技术人才一般是不会去的。

所以技术团队的快速构建对于传统企业来说是最有难度的事情，首先，CTO团队必须得是真正实力很强的人，他们带过来的骨干能够和他们撑起技术团队技术路线、集成开发环境建设（如 DevOps 技术开发环境）、团队管理等，这些都是企业在构建技术团队时要评估的。其次，CTO 团队和他们的骨干应该是长期在一起共事的，每一次跳槽基本都是全部一起的，这样的人才才有很强的战斗力和很高的默契度，所以企业要想招募他们，需要做很多准备。

企业没做好准备就着急地强行自建团队，最终很可能作茧自缚——被劣质的团队忽悠、蒙蔽和捆绑了，高层断绝了和外界先进团队接触的可能。因为没做好准备之前，愿意进来的人都是被业界淘汰或者水平很低的人，他们为了不彰显自身的无能或者受到见识、学识的限制，一般都会拒绝和优秀的外部资源合作，也不敢 / 不能创新；他们还会因为方法和思路落后、学习能力弱，一直在错误地引导企业和资源配置，或者为了自身的稳定和缓慢成长，拖慢企业发展的步伐。

那么企业要做什么准备？首先是变革出新的企业运转模式，让技术团队获得广大生存空间；其次是制定真正的"业务与科技融合"战略，并像互联网企业一样赋予技术人员分享商业成果的权力，激发大家的工作热情；最后就是具备识别和寻找 CTO 团队的能力。

### 7.4.3　国际化快速破局办法

2C 直销 / 准直销模式的国际化，很多地方都可以借鉴 7.2.3、7.3.3 小节中讲述的内容。这里我们重点研究文化冲突如何解决，因为毕竟要面向当地的客户进行营销，企业需要重视当地文化对业务的影响，所以营销服部门会频繁地与很多当地同事协同工作。

在营销服 3 个领域，营销领域的客户采样调研、广告创意设计、地推（线下现场活动举办、小商家 BD、商超巡查或者联络等）、线下门店经营培训等环节，以及客服领域的投诉建议环节需要当地员工。其余环节均不需要当地员工，销售、客服环节都会由中国本土员工在翻译工具的辅助下远程线上完成。

除了上述设计之外，企业还要对内部的很多政策做较大调整，具体如下。

（1）远程在线工作的非派驻中国本土员工的待遇按照国内情况而定。但派驻当地的中国本土员工的薪酬待遇、住宿餐饮、办公待遇必须要优于当地员工和非派驻中国本土员工。这关系到中国本土员工愿意外派、当地员工和客户对企业的印象和敬畏之心，也关系到中国本土员工能否立威并统领"辅助团队"（企业只需要当地员工从事辅助工作，不指望他们承担主力任务，所以他们扮演"辅助团队"的角色）。

（2）企业必须严格认定"海外分部必须成为主要利润贡献者之一"，海外分部不能获得高利润，就违背了企业出海的初衷和本质，就不值得成立这么严密科学的组织，而且也不值得投入这么多能力强的人才在海外历练。因此，海外分部在定位和最终实现的效果上，都必须是企业整体利润的主要贡献者之一，这是一切的核心与根本。

（3）企业必须严格认定"企业内部形成'海外分部淘金'的共识"，当海外分部是企业主要利润贡献者之一，那么企业在上面的投入就会大，相应的员工待遇就会好。这就会让企业内部想挣钱的有能力者积极投入海外分部，这样人才就在国内外流动起来了，从而形成图 7-20 所示的良性循环。很多人也会积极争取派驻的机会，因为派驻的待遇最好。

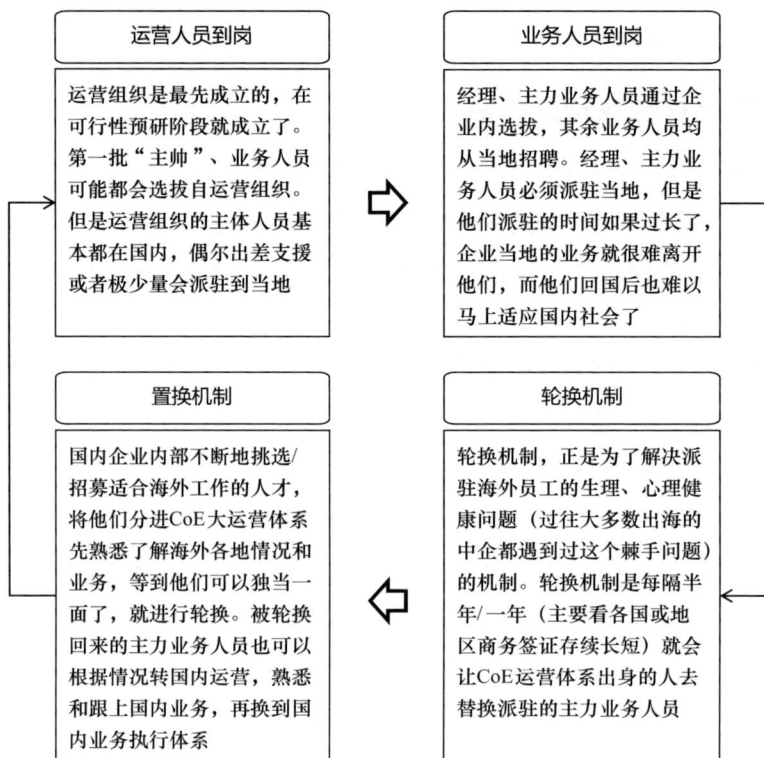

| 运营人员到岗 | 业务人员到岗 |
|---|---|
| 运营组织是最先成立的，在可行性预研阶段就成立了。第一批"主帅"、业务人员可能都会选拔自运营组织。但是运营组织的主体人员基本都在国内，偶尔出差支援或者极少量会派驻到当地 | 经理、主力业务人员通过企业内选拔，其余业务人员均从当地招聘。经理、主力业务人员必须派驻当地，但是他们派驻的时间如果过长了，企业当地的业务就很难离开他们，而他们回国后也难以马上适应国内社会了 |
| **置换机制** | **轮换机制** |
| 国内企业内部不断地挑选/招募适合海外工作的人才，将他们分进CoE大运营体系先熟悉了解海外各地情况和业务，等到他们可以独当一面了，就进行轮换。被轮换回来的主力业务人员也可以根据情况转国内运营，熟悉和跟上国内业务，再换到国内业务执行体系 | 轮换机制，正是为了解决派驻海外员工的生理、心理健康问题（过往大多数出海的中企都遇到过这个棘手问题）的机制。轮换机制是每隔半年/一年（主要看各国或地区商务签证存续长短）就会让CoE运营体系出身的人去替换派驻的主力业务人员 |

图 7-20　企业人才国内外循环示意图

（4）企业必须严格认定"在海外分部独当一面的经历是晋升的必备条件"，对于管理者而言，海外更是他们展现独当一面的能力、做出重大贡献的好机会，国内由于各种条件成熟可能没有机会了，但是如果管理者想要晋升为高层，那么就可以去海外分部历练一番。

# 第 **8** 章

# 第七步：通过变革正式成为跨国企业

随着营销服在海外市场打开局面，企业的研发、生产、供应链就要快速跟进，确保订单被履行、布局被落实、利润目标被实现。本章介绍新的企业运转模式能够如何帮助企业在全球范围内实现"营销拉动，全局随动"。

## 8.1　供应链全球化

供应链全球化成了企业为了保障营销服的战果规模扩大而要完成的任务，它是指在全球范围内配置资源和生产活动，通过跨国界的生产、贸易和服务活动，完成产品和服务的生产、加工、分销和销售，最终确保利润目标被实现。这一过程涉及全球各地的供应商、制造商、物流服务提供商、零售商和最终消费者，各方形成了一个复杂的网络体系。

供应链全球化的主要特点如下。

（1）地理分布广泛：供应链的各个环节（包括原材料的采购、半成品的生产、最终产品的组装、物流配送以及销售和服务）可能需要在世界各地完成。

（2）资源配置优化：企业可以根据各地的资源禀赋、成本优势、技术能力等因素，选择最佳的生产和服务地点，实现资源的最优配置。

（3）生产效率提升：供应链全球化可以提高生产效率，通过专业化分工和规模经济降低成本，提高产品质量和竞争力。

（4）风险分散：通过在不同地区建立供应链，企业可以分散地缘政治风险、自然灾害风险、市场波动风险等。

（5）响应速度加快：供应链全球化使得企业能够更快地响应市场变化，快速调整生产计划和物流安排，满足消费者需求。

（6）技术和信息共享：供应链全球化促进了技术和信息的全球流动，企业可以更容易地获取新技术和管理经验，提高创新能力和运营效率。

然而，供应链全球化也带来了一些挑战，如供应链的复杂性和不透明性增强、对供应链管理的要求提高、跨国协调和沟通的困难、对环境和社会影响的担忧以及对全球政治经济形势剧变的应对等。例如，全球范围内，SK 海力士、三星电子和美光是 HBM（High Bandwidth Memory，高带宽存储器）市场的主要供应商，这形成了"三分天下"的局面，它们就是全球供应链和销研产供一体化的代表，其供应链全球化表现得尤为明显：设计在美国完成，而生产（包括晶圆制造、封装测试等环节）则可能分散在多个国家 / 地区（马来西亚、美国、韩国等）。目前 HBM 市场需求随着 AI、云计算等技术的发展而高速增长（根据 TechInsights 2024 年 12 月发布的预测，2025 年 HBM 的出货量预计将同比增长 70%），导致 DRAM（Dynamic Random Access Memory，动态随机存取存储器，是生产 HBM 的重要组件）原料芯片预期价格上涨幅度超过 25%（这会导致很多客户可能会推迟建设计划），同时生产工艺上良品率仍然小于 60%（这又会浪费很多原料），可是美国政府实施了该类产品对中国的禁运政策而导致 HBM 厂商无法在中国快速扩大产能、也无法获得全球需求量最大的中国市场，所以预计未来两年 HBM 厂商的全球供应链产能不会剧增、产品不能薄利多销、成本也无法大幅降低，对订单的支撑十分吃力。

销研产供一体化是供应链全球化中后期的进化形态。随着企业深度扎根各个国家 / 地区的市场，每个国家 / 地区的主营业务、主打产品甚至当地发展战略都会产生巨大差异。例如，德国大众集团在全球各个主要市场的布局都不同，所以每个国家 / 地区实现自己的销研产供一体化就变得有必要了。

本书的案例中的企业大部分都是世界一流的企业，包括华为、阿里巴巴、京东等企业，那普通企业的供应链全球化和销研产供一体化要不要做？下面分场景来看。

（1）2B VIP 大客户场景最容易决策。因为销研产供本来就和这些客户紧密绑定，所以一体化是必然的，而如果客户实现供应链全球化并且对企业提出了要求，那企业就必须再实现供应链全球化。至于做到什么程度，通常客户都会给出要求和进行指导。

（2）泛 2B 客户场景最难决策。这种场景下，市场竞争往往非常激烈，产品优势不会有太明显的作用——低价、高质量、高性价比都不一定会带来好的市场表现，因为客户采购、竞标过程中有太多潜在的因素会影响结局，除非出现非常明显的技术差异。

无论是在发达国家市场还是第三世界国家市场，都要首先注重营销，发达国家市场需要销研产供一体化支撑，第三世界国家市场则不需要；经过市场激烈竞争的检验，市场营销覆盖面广、前景好、利润高、有科技优势、需求量大的产品可以考虑供应链全球化。这样一来可以支持海外市场营销（在市场当地快速送样送检、定制生产等）；二来可以就近利用资源（如矿产、电能、上下游产业链等）。不同时满足市场营销覆盖面广、前景好、利润高、有科技优势、需求量大这 5 个条件的产品，不建议企业进行供应链全球化。

（3）2C 直销 / 准直销场景必要性最小。由于门槛很低，第三世界国家当地的企业和利益集团都会很大程度地垄断当地市场，而发达国家则会开放市场让众多第三世界国家的产品进入并展开充分竞争。在这种难以在当地市场获得产品力绝对优势的情况下，除非能够在海外当地获得巨大的资源优势或者基础设施优势，否则不建议企业进行支撑海外市场的供应链全球化。但是，企业可以考虑建设集中供应链（如在资源丰富、政策优越的国家 / 地区建设工厂）支撑全球市场销售。

总结起来，我们可以把供应链全球化分为两种场景：支持海外市场营销或海外 VIP 客户生产；为了就近利用资源，降本增效。下面来分别看看两种场景的构建困难和解决办法。

## 8.1.1　供应链全球化的困难

在场景一当中，如果是为了支持海外 VIP 客户生产，通常需要在 VIP 客户的工厂当地就近建设工厂作为配套（因为海运存在太多的风险），这是重资产投入方式，在当前复杂多变的国际政治经济背景下，企业必须重视重资产投入无法收回的高风险；如果是支持海外市场营销，则通常只需要在当地建设仓库，但是这种方式往往由于东西方"供应链切割"导致贸易自由受限而很难维持（实际上以美国为首的西方国家主导的"供应链切割"或"供应链站队"就是为了阻止海外企业和中国优秀企业贸易，把中国优秀企业排除在美国主导的全球供应链之外）。下面来具体分析一下。

（1）以美国为首的西方发达国家已经在加速和中国进行"供应链切割"，中国的供应链如果还想支持中国企业在海外发达国家市场的营销，则可能要把生产基地从中国或者东南亚搬到能够长期和西方发达国家进行贸易的国家 / 地区。下面可以从两大类商品来分析"供应链切割"的残酷现实。

第一类是中国高性价比的商品。例如，外贸"新三样"（新能源汽车、锂电池、光伏产品）。但是，以美国为首的西方国家会进行贸易保护，阻止这些商品继续进入其市场。例如，2023 年 8 月 18 日，美国商务部公布了针对中国光伏产品反倾销和反补贴措施的反规避调查终裁结果，认定泰国、柬埔寨、越南和马来西亚 4 个被调查国家在全国范围内存在规避行为，8 家反规避调查强制应诉企业中，比亚迪、阿特斯、天合光能、隆基乐叶与新东方太阳能 5 家企业被暂时认定为存在规避行为。2025 年 5 月 21 日，美国政府贸易委员会正式通过裁决，认定从柬埔寨、马来西亚、泰国和越南进口的太阳能电池及组件对美国本土制造商构成威胁。这意味着自 6 月起，美国将对这 4 国的太阳能产品加征高额关税。此次关税的征收幅度因国家而异，柬埔寨、越南、泰国和马来西亚的平均税率分别为 3521%、396%、375% 和 34%。具体到企业层面，晶科能源在马来西亚的组件需缴纳 41.56% 的综合税率，天合光能在泰国的产品税率达 375.19%，晶澳太阳能从越南出口的组件则面临约 120% 的关税。

为了应对这种情况，企业需要将自己甚至核心产业链搬迁到以美国为首的西方国家不会制裁的国家 / 地区，但是这些地方不一定有大量的优惠政策和优质基础设施，甚至和中国也没有便利的贸易框架和物流条件，以便国内的产业链外围力量支撑企业继续获得优势。那么，为了规避制裁而进行的供应链全球化的难度就很高了。

第二类是以美国为首的西方国家希望中国企业可以大量出口的商品。例如，高端先进大型机械设备、需要消耗大量能源或污染环境才能生产的各种价廉物美的消费品和化工 / 医药原料，某些稀土贵金属（如铷、铯、镓等）。针对这些商品，中国也会进行限制，相关手段有"拉闸限电"控制产能、严格查控出口、地方国有实控企业变成中央国有实控企业（如稀土企业）等。

（2）如果是为了海外 VIP 客户在当地建设配套工厂，中国企业需要考虑好和 VIP 客户的紧密程度，深度研究 VIP 客户的经营状况和发展战略，更要预测未来政策和市场的巨大变化。最近 3 年，国内很多锂电池龙头企业在海外（欧洲居多）建设了动力电池工厂，但是当这些工厂建成并正准备生产之际，遇到了突发状况：2023 年 12 月，奥迪官方宣布，会放缓推出电动车的速度，短期内继续推出内燃机、插电混动汽车；2024 年 3 月，奔驰在年度财报发布会上宣布，鉴于新能源汽车的普及速度未达预期，不再坚持 2030 年全电动化计划，同时保证继续改进其燃油车，这一表态引发业界热议，有人估计，这意味着奔驰"全面放弃电动化"；通用汽车、福特也在 2023 年年底和 2024 年一季度释放了电动汽车计划放缓的信号。这种意外，在未来只会出现得越来越频繁。

（3）对于很多不受全球政治经济形势巨变影响的工业品、日常消费品，企业需要综合考虑未来海运、通胀、当地市场购买力等因素，才能决定是继续维持当地仓库运转还是在当地投资建设工厂。首先是海运，过去几年全球多地地缘政治的事件使很多国际航线停运或者绕远道，加上全球多个重要港口仍然低效运行，拥堵问题仍然存在，所以集装箱运价仍然维持高位运行（截至 2024 年 12 月 19 日，世界集装箱运价指数 2024 年的复合指数平均为：每个 40 英尺（1 英尺约长于 30.48 厘米）集装箱 3 946 美元，比过去十年平均值 2 862 美元高出 1 084 美元）。其次是全球通胀问题，2023 年 3 月，美国消费者价格指数（Consumer Price Index，CPI）同比飙升 3.5%，为 2023 年 9 月以来最高水平。美国劳工部 2024 年 4 月 10 日发布的数据显示，3 月住房支出环比上涨 0.4%，同比飙升 5.7%；能源价格环比上涨 1.1%，同比上涨 2.1%，其中油价环比上涨 1.7%，同比上涨 1.3%，电价环比上涨 0.9%，同比飙升 5%，与此同时，以贵金属为代表的大宗商品价格仍在上涨。这一系列的变化可能会导致中国企业在海外建设和运营工厂的费用更高。最后是当地市场的购买力问题，企业和民众购买的商品 / 原料涨价，如果企业和民众的收入不能相应提高的话，那么购买力就会下降，最近两年的数据显示，西方企业和其民众的购买力下降明显。

照这样分析，继续维持当地仓库运转似乎是一个最佳选择，其实不然，因为这没有考虑汇率和运费、关税的影响。巨大的关税和汇率波动很可能吞噬企业为数不多的利润，加上去库存周期长的话，在当地市场建立工厂不失为最佳选择。

在场景二当中，如果中国企业在资源所在地建立工厂，并且资源所在地是海外国家 / 地区，最终客户是海外客户，使用非人民币的强势国际汇率货币结算，那就相当于构建了一家西方供应链当中的企业，风险会很小，但是切记不要企图把海外挣的钱转移回国内，这往往会招致以美国为首的西方国家的严重报复。目前，中国一些民营企业都纷纷把国际相关业务的分总部转移到海外（尤其是新加坡），就是为了形成这种低风险模式，国内和国外两套生意体系暂时彻底分割。如果中国企业在资源所在地建立工厂，并且资源所在地是海外国家 / 地区，最终客户是国内客户，使用人民币作为结算货币，那走的是进口模式（即子公司之间国际贸易关联交易）。这种模式的风险在于资源所在地的自建工厂或者投资并购工厂的管理，要保障其产品符合中国海关检验检疫要求。一些向国内输送稀缺资源的企业需要联合当地大使馆、领事馆一起维护好当地的政商关系，合规经营互利互惠，同时借助中国的国际影响力（政治和军事方面）维护好自身利益。下面来看两个样例。

**样例一**：国内某历史悠久的知名上市企业，主要从事海外乳制品、啤酒、粮油调味品以及谷物的开发、进口、国内销售工作，曾经被誉为国内食品进口旗手。该企业主要从德国、法国进口乳制品，由于产地的法规和作业标准完善、严谨，一直没有出现食品安全问题。但是，随着近年来进口乳制品需求锐减、成本上升导致利润下降，企业被迫扩大进口品类寻求利润增长第二曲线，相应地也扩大了供应链全球化的范围。由于没有做好海外布局与源头质量管理，食品安全问题频繁发生，这使得该企业的信誉、品牌、利润均受到了巨大损失，股价也跌入了谷底。

**样例二**："小米 48 亿资金被印度没收"的消息曾经一度在网上"刷屏"。印度执法局 2023 年 6 月 9 日发布文件称，因小米涉嫌违反该国《外汇管理法》，"向外国实体非法转移资金"，将没收此前已被扣押的共 555.1 亿卢比资金（约合 48.2 亿元人民币，这是印度当局迄今为止最大数额的扣押资金）。在大多数人看来，小米（印度）无论是向高通付款，还是向小米（中国）付款，都是很正常的事情，它可能买了高通的芯片，也可能买了高通的专利，而小米（中国）接受子公司小米（印度）的汇款更正常不过了。外企在中国开设分部，赚到钱后给自己的总部企业付专利费、授权费等，这可都是国际通行的做法。但是，当海外国家实施贸易保护或者不公平对待中国企业时，这些国际通行的做法可能就会失效，中国企业要格外小心。

综上所述，在当前和未来很长一段时间，中国企业的供应链全球化存在较高风险，每家有志于此或者已经展开行动的中国企业都需要有组织地长期跟踪研究预测与紧急应对，也需要重新设计企业组织架构、海外组织、内部关联交易，以时刻跟踪当地政策法规变化并做出合理应变为核心。很多中国企业的现有企业运转模式很难快速培育出成熟的组织架构来应对供应链全球化的各种困难和挑战，因此若中国企业贸然进行供应链全球化反而风险倍增。

## 8.1.2　CoE 大运营体系覆盖全球，解决支撑到位问题

针对当前和未来，企业要进行全球化布局，新的企业运转模式必须进一步变革，以培养强大的风控能力，涉及国际业务的 CoE 大运营体系覆盖全球形态的组织架构概念图如图 8-1 所示。

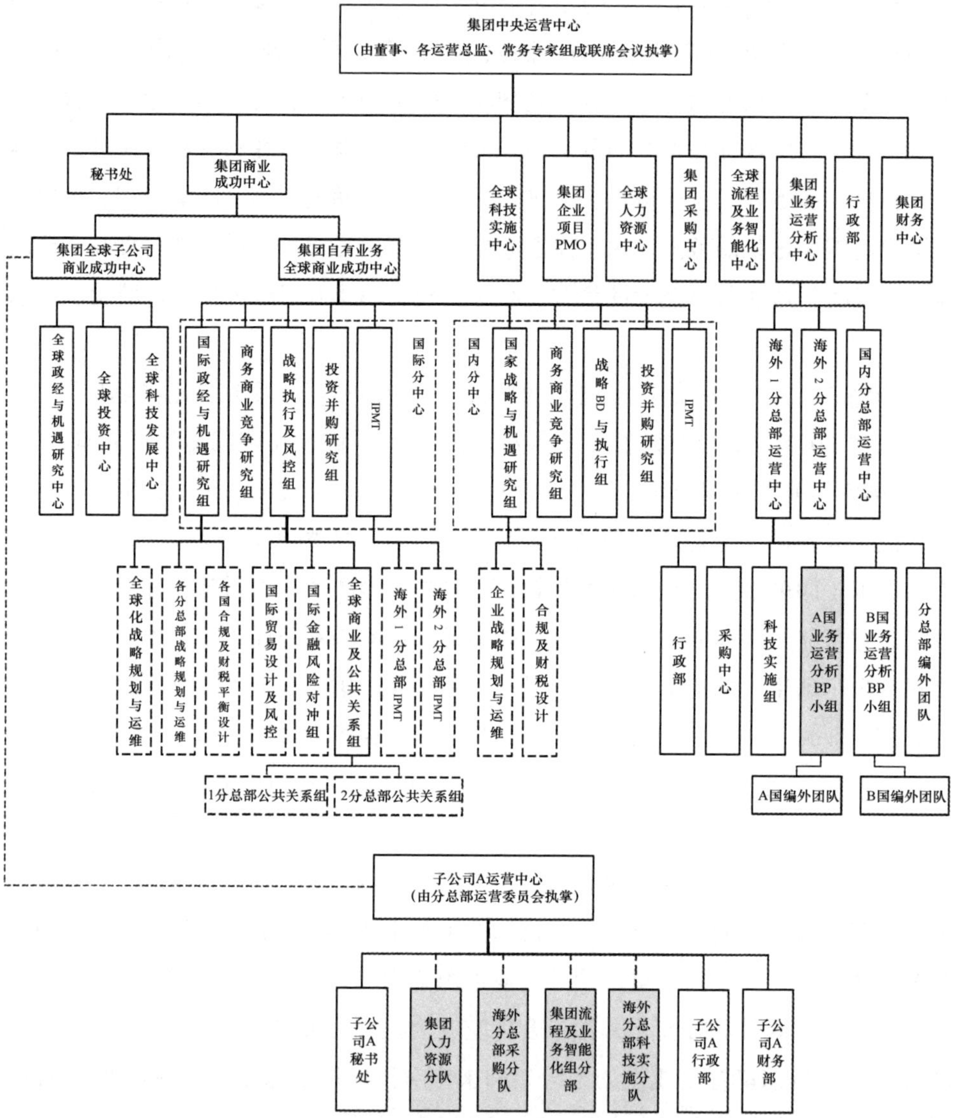

图 8-1 涉及国际业务的 CoE 大运营体系覆盖全球形态的组织架构概念图

CoE 大运营体系中，基于原有的战略项目组会发育出一个正式组织——商业成功中心，这个组织会成为整个企业的大脑，企业项目 PMO 会筹集和不断培养大量的内外部顶尖战力投入这个组织。

商业成功中心由运营常委会直接管理，可以在其发展到后期，人才辈出后，再像企业项目 PMO 一样成立半自治委员会。该中心分为国内分中心和国际分中心。

（1）国内分中心。国家战略与机遇研究组负责研究国内宏观经济、各种政策、尖端科技与趋势、各主要市场情况，然后结合商务商业竞争研究组提供的自身业务所属具体行业与市场的高质量情报，以及 IPMT 和投资并购研究组给出的产品力路标，制定国内企业战略并持续迭代。战略 BD 与执行组和投资并购研究组负责跟踪落实战略，在落实过程中可以建立各种项目群。

（2）国际分中心。国际政治经济形势与机遇研究组负责研究全球政治经济形势和各国政策，以及全球产业、市场情况，找寻商机及全球化布局机遇，难度和工作量大幅提升；其还负责牵头制定企业全球化战略及迭代运维，在东西方"供应链切割"、对抗与竞合这种长期趋势下，设计稳定的海外商业模式和财税贸易平衡、规避各国博弈打击是其核心工作指导思想。

商务商业竞争研究组的工作难度也大幅提高，因为很多国际竞争对手也是跨国大企业，其核心情报收集困难，往往需要进行商业谍战，难度非常高，而要想推断其战略意图，需要收集更多的行为情报或者招募其很多中高层人才。

战略执行及风控组的工作要求是最高的，工作量也是最大的。企业全球化布局能否盈利与持续下去，全部依靠这个组织在每场战役中的表现，下面是其下属的 3 个重要组织。

A．国际贸易设计及风控组。这个组织专门监察全球各地国际贸易的各种因素，包括各地进出口黑白名单变化、海关操作流程和检验检疫变化、关税变化、货运价格变化、港口吞吐效率变化、海洋 / 航空 / 陆路运输和接驳时长变化等。该组织会根据各种变化及时调整企业国际贸易细节策略，或者触发企业全球化战略迭代，对企业全球供应链的总体成本和效率负责。

B．国际金融风险对冲组。其主要职责是帮助企业跟踪预测人民币汇率变化、美元汇率变化（相对于当地国家货币）、大宗商品期货价格波动、全球各种稳健理财产品投资等。该组织需要利用各种投资手段、内部关联交易或者投资关系来降低这些因素对企业业务经营所得利润的影响，例如，在低位购买大宗商品以降低企业原料采购成本，当汇率对内部跨境资金支付不利时选择临时低息贷款支付。该组织还是企业国际资金大额跨境流动的最终审批节点，可以说是企业的"全球

CFO"，对企业全球业务的净利润负责。

C. 商业及政府公共关系组。这个组织是国际战略落地的执行组织，其 Tier1 成员均挂名企业某大区总裁。名义上有两个下属团队：业务体系"海外某大区分总部 EMT"（企业某大区总经理主持 EMT 工作）、运营体系"海外某大区分总部运营组"（例如，图 8-1 中的"海外 1 分总部运营组"）。Tier1 成员实际上并不能插手两个下属团队的工作，但是三者必须紧密合作。

a. Tier1 成员是企业海外某大区的缔造者，往往都是在某大区轮岗任职过总经理和运营总监后才能进入商业及政府公共关系组。当 Tier1 成员是某大区首任缔造者时，其对下属两个团队是拥有虚线管理权的。他 / 她带领运营团队和业务团队 EMT 成员（甚至可以组建项目群）进行投资并购、商务谈判和投后管理，疏通当地政商关系，获取各种经营及合规许可，长期 BD，维护及协调当地最高政商资源和中国政府在当地的派驻机构的关系，充分沟通、化解风险、获取助力，为经营保驾护航。

b. Tier1 成员是企业国际战略执行的指导员。虽然企业运用第 6 章的体系和方法论会做好战略设计及安排各分总部运营组主导中基层各种战略解码任务，随后业务执行体系的分总部 EMT 也有明确的执行任务，但是作为总部运营体系对接海外某大区反馈回来的战略迭代需求的责任人，Tier1 成员是必须深度参与战略推行和迭代整个过程的，其对企业总部国际战略的深度理解和机密信息的掌握能够指导好当地业务及运营团队的工作。

c. Tier1 成员是企业扎根当地的大先锋。如果企业希望可以在海外某个国家 / 地区深度扎根，发挥对当地经济和社会的影响力，那么扶持 / 支持一些当政者或者加入一些权威协会 / 机构，就很有必要了。这些事务一旦成为国际战略执行的一部分，Tier1 成员就是这些事务的出面执行人，分总部业务 EMT 成员和运营团队都要配合好其工作。

国际分中心的投资并购研究组的工作量也会变得更大，因为其跟踪研究的企业遍布全球，可能会因此加入很多组织和协会去海量考察企业。当然在企业早期国际化时，这个组织可以复用，不用专门为国际分中心分裂出一个组织。

在企业国际化业务壮大后，企业有了销研产供一体化需求，IPMT 也会分裂为两个完全独立的组织，国际分中心的 IPMT 甚至可能会组建海外各种产品线。

商业及政府公共关系组的 Tier2 成员会和 Tier1 成员轮岗，Tier2 成员更多地负责深度思考研究、KM 和支援 Tier1 成员，他们会参与很多国际顶级组织 / 协会、活动等，不断拓展顶级人际关系和资源。Tier2 成员的对外身份会挂名"企业国际总部副总裁"，该小组的新进成员必须先担任过 Tier1 成员，才能轮岗 Tier2 成员。

接下来，到了落实各种细节的阶段。这一阶段的企业供应链全球化主要是希望可以实现供需精准匹配、材料和成品只需准备很低的库存提前量、原料和基础设施低成本配置最终实现降本，其中涉及的细节设计比较多，如图 8-2、图 8-4 所示。国际政治经济形势与机遇研究组需要综合国际分中心各组织的信息，设计并定期刷新图 8-2 所示的全球供应链体系中的架构、配比规则和运行约束参数，具体工作如下。

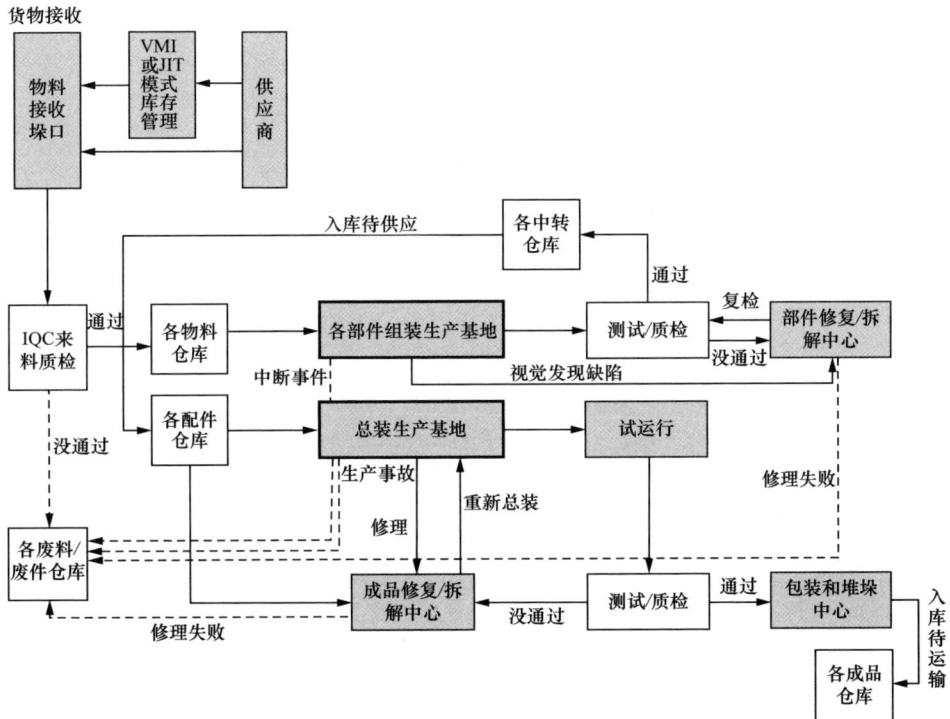

图 8-2　企业全球供应链体系

（1）构建各地 VMI 或 JIT 库存管理模式，规划各种生产基地、仓库的分布和物流。

（2）根据全球各资源地区的局势变化、期货市场变化、供应商预报价/涨降价通知等，刷新各地原材料采购策略（包含各地采购配比、供应商列表等）和计划。

（3）根据零部件供应商的供应计划执行情况及变动反馈，BD 并刷新供应商列表、供应商供应配比和供应计划。

（4）刷新各地制造中心的能力建设规划，这涉及对不同产品型号/组件的支持、各种产能、数智化改造等。

这些刷新的规划、参数会被战略执行及风控组接收，该组织会向总部 PMO 求助，组建各种建设项目组；又或者向总部运维体系推送需要调整的参数，由运维体系联合对应的运营 BP 小组（如 A 国运营小组）、具体制造中心的业务执行小组去落实，具体的方法论如图 8-3 所示。

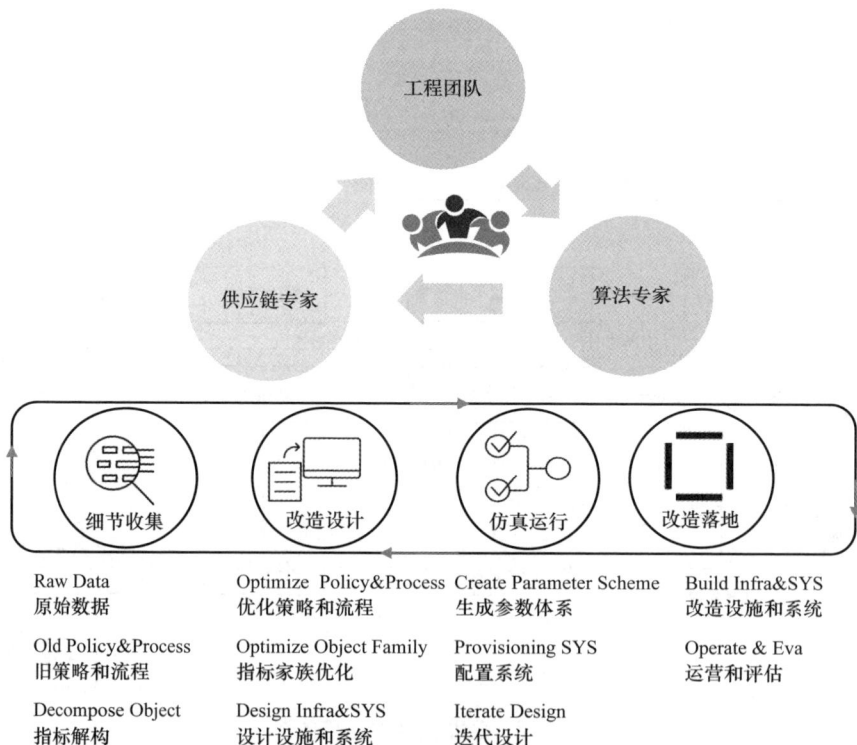

图 8-3　供应链建造方法论

此外，企业还要重点实现数智化这个"中枢神经"体系，如图 8-4 所示。战略执行及风控组同时也需要组建全球供应链数智化项目群，与国际分中心、运营 BP 小组、各种建设项目组紧密合作，保证进度完全同步。和各种前中后端合作伙伴的合作谈判都需要纳入数智化的建设要求，例如，招募各地零售商时，要求它们必须使用企业提供的 POS 机来售卖企业产品，确保订单数量和零售商的库存被企业精确监测；和代工厂进行战略合作时，要求其 ERP 与 MES 必须打通使用，同时其 ERP 和企业全局 APS（Advanced Plan System，先进计划系统）要联通；和供应商缔结长期供应合作合约时，要求它们的营销 CRM 或 OMS（Order Management System，订单管理系统）和企业的采购系统联通。

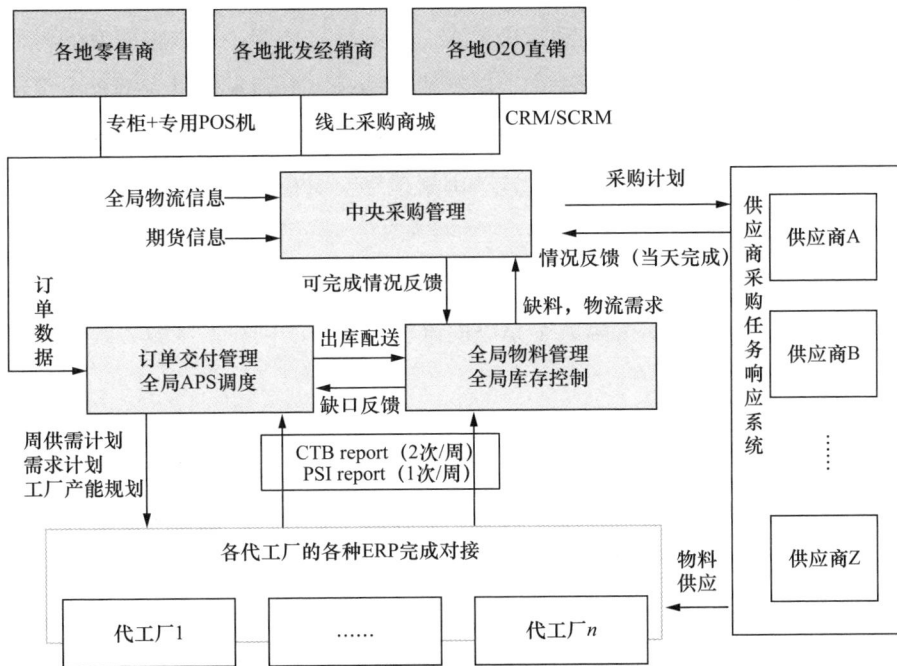

图 8-4　全球供应链数智化架构示意图

## 8.2　销研产供一体化

供应链全球化布局完成并运转成熟后，企业就可以着手实施供应链全球化的升级版本——销研产供一体化。为什么企业需要销研产供一体化？

因为企业面对的多地市场情况综合起来变得更加复杂，可能会同时采用多种商业模式，如 OEM/ODM、OBM、自产自销。这会导致全球供应链体系变得更加不透明，让前端销售难度提高，如客户需求定制比例上升、成本降低要求上升、型号品类混杂上升、交货和罚款要求上升、产能锁定要求上升、产品质量要求上升等；与此同时，企业的研发对这种复杂情况的支撑变得捉襟见肘，因为研发的技术攻关是长期投入和未来优势的保障，不能随意中断和耽误，但是市场和世界变化很快，不能闭门造车，也必须配合销售环节解决眼前的生存问题……如此多的任务，频繁切换和中断，对人和设施都是挑战，所以需要建立更多的研发分支来应对，这又会加大成本投入和管理难度；最后就是供应链面临的压力越来越大，如来自销售端的各种指标问询和承诺要求、产品规格繁多……来自研发的各种原料和工艺改进要求、成本控制要求、试产要求……以上因素对供应链提出很苛刻的要求，甚至超出了人的处理能力，所以供应链需要变得更智能、更柔性，才能应对多研发分支和复杂销售需求。这些因素最终交织在一起，就只有销研产供一体化才能有效理顺它们。

这里讲的销研产供一体化有两个维度：第一个是横向维度，每个区域有自己相对独立的销研产供体系；第二个是纵向维度，销研产供在本区域和跨区域都能实现高效精准协同。

## 8.2.1　销研产供一体化的困难

无论是哪种维度，销研产供一体化的建设都是重投入，因为可能要设立很多研发分支，还涉及前后环节各种科技工具和管理体系的拉通、多个团队的紧密磨合等。下面先分场景来看看销研产供一体化建设的必要性。

针对 2B VIP 大客户场景，销研产供一体化是拿下优质客户和订单的必备手段，其建立顺序有两种情况：一种是产品 / 服务上获得突破优势，先拿下优质客户和订单，然后和客户一起建立销研产供一体化深度对接，联合打造优质客户的产品力，共同提高市场占有率；一种是先自身重投资实现了销研产供一体化，获得了很强的产品力，然后拿下优质客户的订单。

针对泛 2B 客户场景，只能是先自身重投资实现了销研产供一体化，获得了很强的产品力，然后才能拿下大量客户的订单。所以企业如果要长期扎根当地市场，销研产供一体化是必需的。

针对 2C 直销 / 非直销场景，除非当地市场有着类似中国市场的潜力或者企业打开了高端消费人群的市场，否则不建议在当地建立研发分支，销产供的要求也没必要提高到一体化这么高的程度。

接下来，如果必须要实现销研产供一体化，第一步是整改销售环节，经过了早期的"野蛮发展"之后，有几个重要的措施要落实。

（1）做好客户信用调查和商务风险管理。对客户的信用和背景需要进行严谨的调查，同时对客户和销售人员的证词要有正式记录，追责客户和销售人员的措施和手段都要建立；要将研发和生产的风险暴露在销售阶段和合同谈判阶段，让销售和商务人员控制好风险。

（2）合同及客户承诺管理。签订合同后，除了合同中的需求，客户的各种附加需求都要被正式记录、审核，并根据实际情况验证后排序响应；响应结果和内部承诺也需要被正式记录和跟踪落实，相应的人员也需要考核激励或者惩罚。

（3）跨越 4 个环节的业财融合必须被一体化建立起来，并且将预测模型给销售人员和商务人员使用，方便他们对客户做出承诺及进行商务谈判。

要落实好这几个措施，企业需要 AI、RPA 机器人等科技手段的帮助。尤其是若企业要在全球不同的区域建设多套差异化很大的销研产供一体化体系，这对各区域组织和能力的建设（尤其是"科技 +"能力）提出了很大挑战，旧的企业运转模式很难有效应对，企业需要将 CoE 大运营体系的强大能力快速投送到当地或者在当地快速培育起 CoE 大运营体系的分支机构。

第二步是研发在当地的落地。完整的研发在当地落地，意味着企业深耕当地市场的开始——产品力大部分会在当地构建（除了少数核心技术的研发不在当地），国际分中心的 IPMT 也会忙碌运转起来。

研发会根据当地市场情况开发不同的产品型号、不同质量 / 寿命的零件、不同的生产工艺、不同的服务（基于科技实现）等，这会导致当地工厂及供应链体系做出相应的调整。如改变生产设备或者生产线、决定哪些零件 / 原料交给供应商生产、供应商列表发生重大改变等。

旧的企业运转模式很难让大量的中国本土研发人员投送到当地，只能派驻骨干去当地建立队伍，然后慢慢培养队伍，才能完成一系列的开发工作。这样效率太慢、成本太高了，企业需要用新的企业运转模式来实现中国本土研发人员的大量投送，快速在当地培育研发队伍。

第三步则是全球集成供应链要分裂成很多小的区域内集成供应链，或者跨区域集成供应链。相应地，商业成功中心的国际分中心会变得更加复杂。

到了这一步，也许有人会觉得国际分中心可有可无，如果企业不变革，采用旧的企业运转模式，那么该组织为了企业仍然可以高效运行，传统做法是：企业总部变成国际化投资公司，在全球拥有很多独立运行的子公司，企业通过管理好各子公司的股东会、董事会，并扶持高管代理人来操控企业。

我们不建议这样做，因为这种做法是企业供应链全球化后期的状态和手段，不适用于早中期阶段，而如何使用后期手段并解决后期问题会在第9章讲。在这个阶段这样做，将会使得企业全球各地分支机构／子公司内部权力政治斗争越来越复杂，企业的中央集权及核心竞争力会被严重削弱，这对尚未强壮的跨国企业来说是致命打击。

因此，当前企业仍需要应用新的企业运转模式来支撑第三步的实现，而不是早早地转变成国际化投资公司，然后放权不管了。

## 8.2.2　新的企业运转模式实现销研产供纵横双向建设

销研产供一体化纵横双向建设要求表明销研产供一体化并不是在每个国家／地区建设一套体系，企业需要集约化地考虑和规划，而且全球多套销研产供一体化体系之间必须相互支撑、联通和协同，如图8-5所示，这会挑战企业的全球总部对全球业务的全局掌控能力及布局能力。

例如，图8-5中第②个区域和第③个区域的供应链（物流体系）是共享的，第③个区域和第⑥个区域的研发是一体的，第②个区域和第③个区域内的生产是一体的（供应第②、第③、第④个区域，互有分工和配套），第⑤个区域和第⑥个区域内的生产是一体的（供应第⑤、第⑥个区域，互有分工和配套）……

接下来看看新的企业运转模式应该如何进化来解决8.2.1节讲述的销研产供一体化遇到的困难。

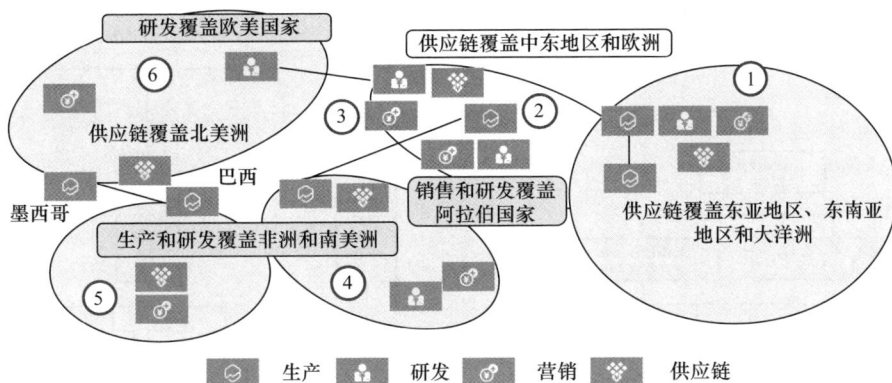

图 8-5　销研产供一体化纵横双向布局示意图

如图 8-6 所示，企业在海外分总部运营中心会分化出很多实体下属组织，并由长期派驻的中国本土员工去担任这些实体下属组织的管理者和骨干，通常派驻期最长 2 年为宜。随着海外业务不断发展壮大，再来考虑更深度的企业全球化组织架构变革，第 9 章会详细讲述。这些中国本土骨干员工会指挥管理编外团队中的当地员工，但是涉及中国本土员工和企业内部的各种事务，中国本土骨干员工只能自己合作完成，如果觉得人手或者能力不足，可以申请总部 PMO 组成项目组支援，项目组成员远程或者以临时出差的方式支援。

与此同时，总部 CoE 大运营体系的对应部门会和海外分总部运营中心的对应部门开启海外长期驻扎轮岗，即相关人员 2 年派驻期满后会回到中国任职，中国本土运营中心会选派新的人员过来替换。

商业成功中心的国际分中心则仍然是总部组织，虽然组织规模扩大了，但是人员不用长期派驻当地。无论是国际分中心还是海外分总部运营中心的改变，对于海外分总部的业务团队而言，组织架构都会跟着变得更复杂，如图 8-6 所示。海外分总部仍然隶属于集团总部，是驻外办事机构，并不签署合同及产生现金流，也不拥有资产，只有子公司才会执行具体生产活动。

对于 2B VIP 大客户场景，销售人员基本还是中国本土长期派驻人员，但是研发人员由于要和客户的研发团队深度沟通和协同，企业海外分支机构需要在当地招聘具备双语能力的助理业务经理 / 助理产品经理和中方的业务经理 / 产品经理配合完成工作。多数其余研发岗位无须长期派驻人员，在中国本土远程支持即可。

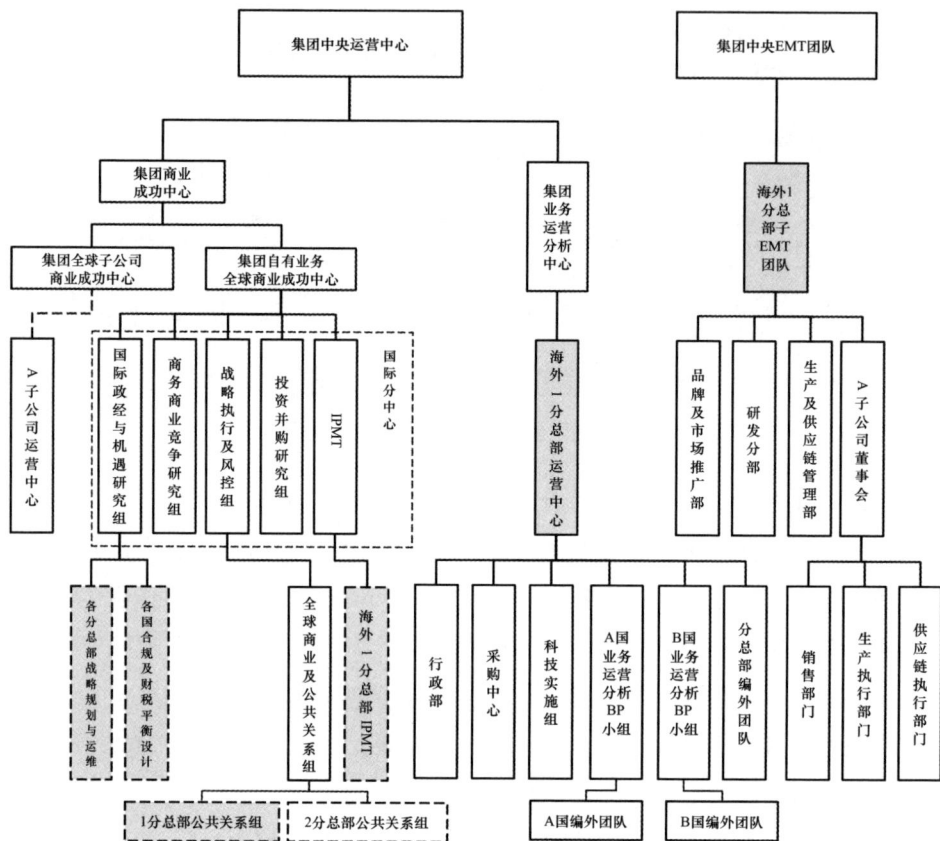

**图 8-6　海外分总部组织架构示意图**

对于泛 2B 客户场景，大量的销售和售前人员则需要在当地招募并培训，但是骨干必须具备双语能力，其需要和上级、研发人员紧密沟通，也需要担负起招募和培训的工作。销售和售前团队的主管及核心人员由长期派驻的中国本土人员担任。

对于研发，会在当地招聘少量资深双语研发人员，他们和中国本土长期派驻的研发骨干、分总部 IPMT 专家一起做好当地的竞品分析，确定当地的产品力战略和研发路标，并做好任务分解，然后寻找并确定当地优势供应商和中国本土供应商，最后当地研发联合位于中国总部的研发主力团队开始接受任务展开研发工作。位于中国总部的研发主力团队可以是正式的研发组织，也可以是临时组建的项目组。得益于中国强大的制造能力，研发主力团队可以与在中国总部和中国运营总部的采购部、科技实施部紧密合作，在中国完成工艺落地、生产线 / 生产设备落地等设计和要求，然后交给分总部的研发、生产、运营团队去当地寻找替代供应商。如果能找到有替代优势的供应商则在当地解决生产建设问题，找不到则由中国供应商去当地建设。

此外，国际分中心还会联合总部运营中心、分总部运营中心的采购部，从全球全局的高度出发，设计规划全球集成供应链如何分裂成很多小的区域内集成供应链或者跨区域集成供应链。

客户信用调查和商务风险管理，合同及客户承诺管理、跨越 4 个环节的业财融合的流程、规则和科技工具设计建造，也都是由国际分中心在总部成立项目组，联合位于当地的分总部运营中心来完成。

通过这样的新企业运转模式，企业维持住了早中期出海过程中基础的企业中央集权，并且最大限度地利用企业内部中国总部的资源和中国本土的生态资源快速构建了切实可用的海外组织与业务能力，还解决了销研产供一体化快速纵横双向建设的难题，更加快速和健壮地走向全球。

例如第 7 章所述，企业必须立足于中国的整体优势，想办法形成相对于海外各地的优势来进行全球销研产供一体化纵横双向建设，出海是为了释放优势，不是去寻找优势的。大多数中国企业目前仍然处于第 7、8 章描述的阶段，所以要端正思路，用新时代、正确有效的办法来完成出海，不能盲目地使用旧的方式，因为海外经营的风险比国内经营的风险更大。

# 第 **9** 章

# 第八步：通过变革实现跨国企业治理

　　企业经过第 8 章的变革进化，能安然渡过边扩张边建设的"野蛮发展时期"，但是整个企业各下级组织的分工、各方利益分配等也会遗留大量的问题。

　　此外，企业的战略规划也很难逐渐形成一个整体。因为每个国家 / 地区分支组织的自治需求都变得越来越多，这些分支组织越来越多，而且随着企业在各地的业务越发融入当地的国民经济，企业的分支组织会逐渐进化为当地的本土企业，不断加大投资并购和各种大手笔布局（如上下游产业链布局、跨界经营等），牵扯得越深，集团整体战略越难统一。

　　最后，这个大发展的阶段会导致企业拥有更多的分支组织、子公司、参股企业等，实体和股权架构错综复杂，企业内部组织架构、人员成分、人员协同关系、文化氛围都将更加混乱。

　　因此，本章将介绍新的企业运转模式应该如何帮助企业实现"跨国企业治理"。

## 9.1 扩张过程中的遗留问题

发展到这个阶段，企业已经是一家业务遍布全球的全球化企业，人才济济，全球各地市场占有率基本稳定下来，企业营收和利润较高。但是与此同时，由于前期高速发展，企业也有着大量的内部矛盾和隐患，还不能称之为成熟的跨国企业。成熟的跨国企业必须具备以下条件。

（1）经营范围跨越国界：在多个国家拥有生产、销售、研发等业务。该条件这个阶段的企业已经基本满足了。

（2）资源配置全球化：在全球范围内优化配置人力、物力、财力等资源，以实现成本降低和效率提高。该条件这个阶段的企业也已经基本满足了。

（3）战略全局一体化：企业战略要考虑多个国家的市场环境、政策法规、文化差异等因素，进行一体化制定和布局。该条件这个阶段的企业仍然未完全满足。

（4）能协调好不同国家 / 地区子公司的关系：需要协调不同国家 / 地区子公司的关系，有效应对文化、法律、政治等多方面的差异和挑战。该条件这个阶段的企业也仍然未完全满足。

那么企业未能成为成熟的"跨国企业"，具体由哪些内部矛盾和隐患导致呢？

### 9.1.1 大量的同业竞争子公司之间的矛盾

企业在各个国家 / 地区设立、参股或投资并购的子公司，随着发展壮大都纷纷要求启动自己的国际化进程，扩大市场范围，这样它们之间的竞争就不可避免。

对于企业自己在当地设立的完全控股子公司，这个问题是容易解决的，但是当子公司里面还有其他股东（尤其是一些当地比较有权势的股东），甚至企业是间接控股这些子公司时，这个问题就比较难解决了，不是简单的收购股东手里的股份就可以应对的。加上很多子公司的业绩正如日中天，股东们野心勃勃，如何肯放弃企业？但是放任这些子公司进行同业竞争，又会让品牌受损、客户迷茫，或者让竞争对手得利，甚至会影响一些子公司的分拆上市。如果不放任这些子公司竞争，实现优胜劣汰，而是限制各地子公司的发展，通过各种商业条约、核心技术封锁来约束它们只能做好当地的市场，这些子公司可能会逐渐丧失活力，慢慢地会无法压制当地市场竞争对手的崛起。

子公司的股东们其实内心也焦虑，希望大股东能够给出妥善的解决办法，避免这种混战局面出现，他们会不断地向企业总部商业成功中心的出面人反馈，或者游说推动各种高层去总部董事会甚至股东会反馈。这个时候企业总部尤其是运营委员会压力是很大的，董事会在催，商业成功中心也在催，新企业运转模式必须有能力有办法去解决这个困境，企业才能从"大"走向"大而强"。

## 9.1.2　子公司与优质生态合作伙伴之间的矛盾

当子公司纷纷开始扩大地盘，子公司会存在同业竞争的问题，不同国家/地区子公司的发展阶段和战略的差异可能也会比较大，所以会有不同的生态合作伙伴互补，这些生态合作伙伴可能会和另一地区跨境过来竞争的子公司进行竞争，甚至不同子公司的优质生态合作伙伴都会进行激烈竞争。还有一些跨国的优质生态合作伙伴和两地子公司都建立了紧密合作关系，结果被夹在中间难以适从。

也许在这个阶段，企业内部的各级掌权者还没有意识到优质生态合作伙伴的重要性，但是到了下一阶段企业就需要和优质生态合作伙伴紧密合作，因为企业在变得非常庞大之后，需要由量转质地发展，会更精简，聚焦做更核心的技术与平台。因此企业不能放纵旗下大量的子公司"野蛮自由生长"，导致各种市场"寸草不生"，最终和众多优秀企业为敌。

另外，近年来被以美国为首的西方国家对外大肆推行经济制裁，将跨国企业作为参与国际政局博弈的工具，联合或迫使其本国的跨国企业服务于国家战略目标。因此，跨国企业在国际政局博弈中的工具化趋势日益凸显。一方面，跨国企业成为一些国家打压和制裁中国的工具；另一方面，一些国家通过打压中国的跨国企业削弱中国的力量并获得竞争优势。全球化的跨国企业一定要有很强的政商意识，充分认识各国各地政治和商业密切的关系，只有尊重了当地的利益并实现共赢，有所得有所舍，才会被当地所保护，不会被以美国为首的西方国家围堵打压。一些海外当地的优秀企业，很多可能都是和各国各地关键政商力量关系紧密的，从这个角度来看，我们也不能任由旗下子公司和这些当地的优秀企业发生激烈竞争。

这一阶段企业做好整体治理，加强中央集权，化解当前和未来发展的各种矛盾，就是在为将来的最终形态做准备。

### 9.1.3　集团中央与各个国家当地股东之间的矛盾

集团中央在企业一路发展壮大的过程中，无疑是最大的受益者。企业在全球各地开展的业务，集团中央都能获益，但是各个国家当地股东只能从子公司的发展中受益，一旦企业为了化解各子公司之间、子公司和优质生态合作伙伴之间的矛盾而选择牺牲这些当地股东的利益，将会令他们难以接受，如果处置不妥当甚至可能会导致当地市场丢失等重大事故。

与此同时，集团中央也绝对不会将自己的股权和收益拿出来安抚这些当地股东，各方也很难再同意凑在一起去开创新的业务，因为没有人愿意舍弃现在的成就再去冒风险创业。

那些留存下来的子公司会有很好的发展前景，因为大量的市场潜在竞争对手已经被企业抹除了。但是集团中央在这个阶段试图加强中央集权也会触及这些子公司当地股东的权力，这一问题在传统企业运转模式中基本是无解的，但是在新的企业运转模式之下是有很大的操作和谈判空间的。

### 9.1.4　海外当地员工与中国本土员工升迁通道之间的矛盾

我们在第7章和第8章的企业变革中仍然沿用为每个子公司的海外当地员工都建立独立的一套人力资源体系的做法，这些体系和中国本土员工的体系是不一样的。随着企业发展壮大，中国本土员工的平均待遇福利会成为众多体系中最好的，反观海外各地子公司，其发展受到了限制，也受限于当地经济发展程度、劳动力市场价格等因素，因此员工的平均福利待遇的提升和上升通道都有限。

这种情况最终会让海外当地子公司中少量的人才离开，加入竞争对手或者创立类似的企业。此外，有限的升迁想象空间让当地子公司对人才的吸引力下降，也让企业员工少了很多奋斗的动力。

而中国本土员工和海外当地员工由于体系不同，归属感也不同，各自都有自己的社交关系网，所以在文化上基本不融合。当企业要加强中央集权时，意味着这种互不相干的局面要被打破了，此时需要更加一体化的组织、更加有归属感的海外当地员工来配合企业的中央集权强化。

## 9.2　新的企业运转模式变革进化，破解遗留困难

为了应对以上众多遗留问题，企业的海外体系在这个阶段会迎来巨大变革，所幸在新企业运转模式下，这种变革能够兼顾绝大多数人的利益，这让变革的推进变得轻松愉快多了。

一说到加强中央集权，很多人可能就会认为集团中央要对各子公司加强夺权，清除更多的不配合者。其实在新的企业运转模式下，加强中央集权有更巧妙的办法实现，而且实际上各地子公司获得了更大的业务执行自治权力。

另外，这个过程是比较漫长的，可能需要花费 3 ～ 8 年的时间，还要考虑全球政治经济形势变化。这个过程分为两个阶段：第一阶段是管理一体化、文化形成向心力，但业务执行却放权的阶段（对应 9.2.1 节和 9.2.2 节的内容）；第二阶段是核心业务逐步回收集团中央，重新集权的阶段（对应 9.2.3 ～ 9.2.5 节的内容）。

### 9.2.1　构建全球 CoE 大运营体系及海外当地员工流转体系

在变革之前，依据第 7 、8 章的运转模式，全球各地子公司的业务执行体系和运营编外体系都是独立的适配当地员工的体系，而 CoE 大运营体系则隶属集团中央运营体系，员工也基本是中国本土员工，两个体系的人员是不融合的，现在要启动融合变革了。

阶段一：各子公司的业务执行体系人员开始轮岗进入其 CoE 大运营体系，但是关系仍然保留在原来的业务执行体系。

阶段二：各子公司进入 CoE 大运营体系的当地优秀员工，会派往集团中央学习和历练，然后返回当地 CoE 大运营体系担任高级职位，很多中国本土员工会返回中国，投入 9.2.3 ～ 9.2.5 节所述的众多工作。

阶段三：全球各子公司的 CoE 大运营体系开启人员流动，实现人员与工作的动态负载均衡。

为了实现阶段三的全球 CoE 大运营体系轮岗，从各地构建子公司开始，虽然两个体系不融合，中方和外方员工交流很少，但是还是要逐渐选拔和培养一些有能力的外方员工学习中文与 CoE 大运营体系相关的知识，此外还有两个基础条件需要及早准备。

（1）全球 CoE 大运营体系数字化、智能化的建设要达到能够支持多语种工作的程度，而且该体系能依靠科技实现高度一体化（制度规定、流程、组织、工具等），流程、工具也要实现集团中央和各级子公司 CoE 大运营体系的上下互通。

（2）全球 CoE 大运营体系的 KM 积累、AI 辅助等先进程度要加速建设以达到可以有效弥补不同环境下成长起来的人才的差距的程度。

全球 CoE 大运营体系的人岗匹配设计、职级设计会变得一体化，也会变得更加立体，例如，按照不同的经济发展程度划分全球区域，不同区域人岗匹配、职级设计、长期激励 / 薪酬 / 奖金 / 福利设计、职能与考核等很多细节都会不同。人员要跨区域调动需要完成本区域业务体系的关键职位任职、CoE 大运营体系的各种轮岗、一定的跨区域升迁培训（包括语言和文化培训）和考核考试等经历。但是各区域类似岗位的名称和大体职能都接近，组织及各部门名称一样。

全球 CoE 大运营体系的员工长期激励使用的是集团中央的股票 / 股票期权，薪酬、奖金等也是由集团中央发放（集团中央会以劳务派遣等方式和当地子公司结算，集团自身也会承担一部分），但是业绩考核看的是当地子公司的业绩。各地子公司业务执行体系员工的长期激励使用的是当地子公司的股票 / 股票期权，薪酬、奖金等是由当地子公司发放。

全球 CoE 大运营体系中，员工的上升通道有两种：一是在本区域子公司的 CoE 大运营体系内升迁；二是跨区域 CoE 大运营体系平调或升迁，这种方式有试用期，如果试用期无法通过则会返回原职。

CoE 大运营体系中，当地员工还可以重新回到业务执行体系（被 CoE 大运营体系淘汰 / 裁减也会回到业务执行体系任职），但是业务执行体系的人才原则上是不会全球跨境流动的，所以要想离开本区域子公司的业务执行体系，只能在 CoE 大运营体系做出优秀成绩。

CoE 大运营体系人员如果是跨区域升迁，进入一个更高级的区域，将会给予其这个高级区域的能力对应职级和薪酬（比原来区域的待遇高）；如果是以空降方式（包含临时空降或者借调）进入一个更低级的区域，则在原有区域待遇的基础上至少上调一个小级别（如 P8A 上调为 P8B），或者上调超过一个大级别（如 P8A 上调为 P9B）。

CoE 大运营体系人才的选拔和持续任用有一条底线——认同中国文化和主流价值观，一旦发现反中思想或者行为，马上淘汰出 CoE 大运营体系。各地子公司会持续深入宣扬两国友好共赢的各种新闻、权威人士言论和在两国工作 / 居住 / 留学的人物的真实故事，让当地员工感受到自己的文化、国家被中国和集团中央充分尊重；同时，约束好派驻的中国本土员工的行为和言论，要求他们做好亲善代表；在此基础上，宣传中国的各种领先成就、优秀传统文化、主流价值观等，树立中国企业和员工的良好形象。经过这样的宣传和潜移默化的教育，如果候选人才仍然无法产生对中国文化和主流价值观的认同感，那么坚决不允许其进入全球 CoE 大运营体系。当海外当地员工进入全球 CoE 大运营体系后，会深度接触集团中央的企业文化，要想让全球 CoE 大运营体系的员工均产生强大的向心力，这个阶段集团中央的企业文化建设就非常关键了。这部分内容将放在 9.2.6 节讲解。

变革后的全球 CoE 大运营体系的组织架构如图 9-1 所示，下面来解析一下。各地子公司除了企业项目 PMO、全球人力资源中心、全球流程及业务智能化中心、全球科技实施中心这 4 个组织仍然由集团中央运营中心直接管控外，CoE 大运营体系内其余组织均由子公司董事会领导。集团中央 CoE 大运营体系的商业成功中心里有一个集团全球业务商业成功中心，这个组织就是专门负责研究、制定集团全球战略，并监察推动其落地的。9.2.3 节中讲述的技术专利交换平台及开源基金会等事宜的筹建和运维由集团全球业务商业成功中心下属的全球科技发展中心负责，9.2.4 节中讲述的投资体系的运维则由集团全球业务商业成功中心下属的全球投资中心负责。

集团中央的集团全球业务商业成功中心不再需要设置战略落地执行组织，因为其全球战略的落地由各子公司去执行，集团全球业务商业成功中心只需辅助集团董事会和各子公司的股东会、董事会沟通好战略及进行协同即可。各子公司由于拥有较大自治权，同时也有自己的众多考量，所以集团的各种战略意图导入需要正式经过其最高权力机构研讨和审核才稳妥，不能再简单粗暴地直接把战略意图导入子公司的商业成功中心。

审计委员会

资产管理委员会

集团股东会
集团董事会

集团中央研发

全球ODM体系

全球OEM体系

全球集成供应链体系

企业管理变革分析会议

战略及创新发展分析会议

日常经营分析会议

CoE大运营体系
（由董事、各运营总监、常务专家
组成的股东联席会执掌）

秘书处　商业成功中心　企业项目PMO　运营分析中心　全球人力资源中心　采购中心　全球流程及业务智能化中心　全球科技实施中心　行政部　集团财务中心

集团自有业务子商业成功中心　集团全球业务商业成功中心

国内分中心　国际分中心　全球政治经济形势与机遇研究中心　全球投资中心　全球科技发展中心

A子公司股东会
A子公司董事会

三大会议　A子公司运营中心　A子公司业务体系

秘书处　商业成功中心　子PMO　运营分析中心　子人力资源部　采购中心　子流程及业务智能化组　子科技实施组　行政部　财务部

国内分中心　国际分中心　国际政治经济形势与机遇研究组　商务商业竞争研究组　战略执行及风控组　投资并购研究组　IPMT

海外1分总部运营中心　海外2分总部运营中心　国内分总部运营中心　A子公司总部编外团队

全球化战略规划与运维　各分总部战略规划与运维　各国合规及财税平衡设计　国际贸易设计及风控　国际金融风险对冲组　全球商业及公共关系组　1分总部IPMT　2分总部IPMT　行政部　采购中心　科技实施组　A国运营BP小组　B国运营BP小组　分总部编外团队

1分总部公共关系组　2分总部公共关系组

A国编外团队　B国编外团队

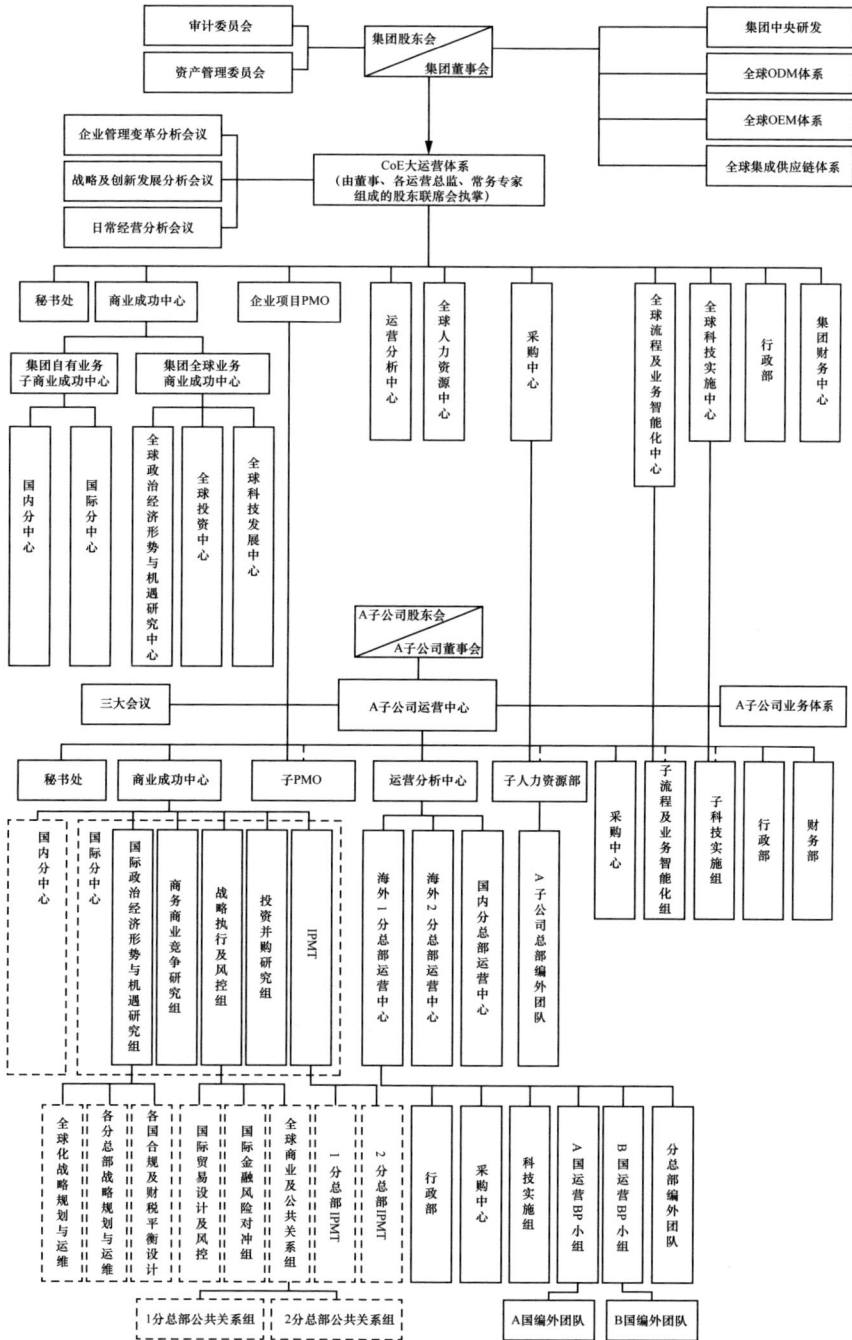

图 9-1　变革后的全球 CoE 大运营体系组织架构示意图

企业项目 PMO 必须由集团中央掌握，这是一个训战结合的组织，是全球 CoE 大运营体系当中可以完成人员临时流动的组织。进入企业项目 PMOCoE 专家池的内外部全球人才，理论上可以参与全球各地的项目，而且企业项目 PMO 当中的 KM 也会收集、精选集团全球各地的最佳理论和实践经验并教授给这些人才。集团中央的企业项目 PMO 会在各地子公司派遣分支组织，分支组织中的管理者和运维人员的组织关系都归属集团中央，集团会根据各地子公司的需要临时派遣集团中央的 CoE 专家去支持当地的项目。

人力资源组织也由集团中央掌握，全球人力资源中心会在各地子公司派遣分支组织，分支组织中的管理者和运维人员的组织关系都归属集团中央。这样做的目的是确保全球人力资源战略的协同、执行的高效、文化氛围政策执行的一体化。

全球流程及业务智能化中心、全球科技实施中心这两个组织事关集团核心机密与虚拟资产，是集团中央的核心组织，必须由集团中央掌握，而且从高层到基层的骨干必须全部是中国本土员工。各地子公司设立的分支组织当中，只允许招募少量外协人员或者使用当地外包商来做一些边角开发。集团的全球数字化、智能化建设必须是一体化的，各种主力科技工具也必须是全球通用的，这是加强集团中央集权的关键。

## 9.2.2　构建全球研发体系和分工体系

第 8 章建立的海外体系也要迎来变革了。变革的整体思路是按照业务种类或者产品来重新划分利益，而不再是按照区域来划分势力范围。集团中央会根据不同国家 / 地区业务收入结构的巨大差异，以及当地的资源条件、政策支持的差异，给各种子公司分工。这种划分对于各子公司的业务、团队转型也是贴合度最高的。

按照这样的变革思路，具备建立科研优势的国家 / 地区的子公司就可以选择适合自己的产品来承接研发了，中国的子公司也有自己承接研发的产品，这些产品将会销往全球。当然，集团中央研发体系不会将最新的研究成果和产品投放出来，会保持领先全球研发体系至少 1 ～ 2 代产品。

如图 9-2 所示，子公司承接了产品的研发后，相应的生产和供应链都会由其承接。在销售环节上，该子公司可以划分出自己擅长或者有能力覆盖的市场，一并承接；其余的市场则由其他没有承接这些产品的且不具备"研产供"职责的子公司们划分或者由优质生态合作伙伴覆盖，但是原则上每个子公司的产品对应一个销售子公司，不能使用一个综合型的销售子公司来包销各种子公司的产品。

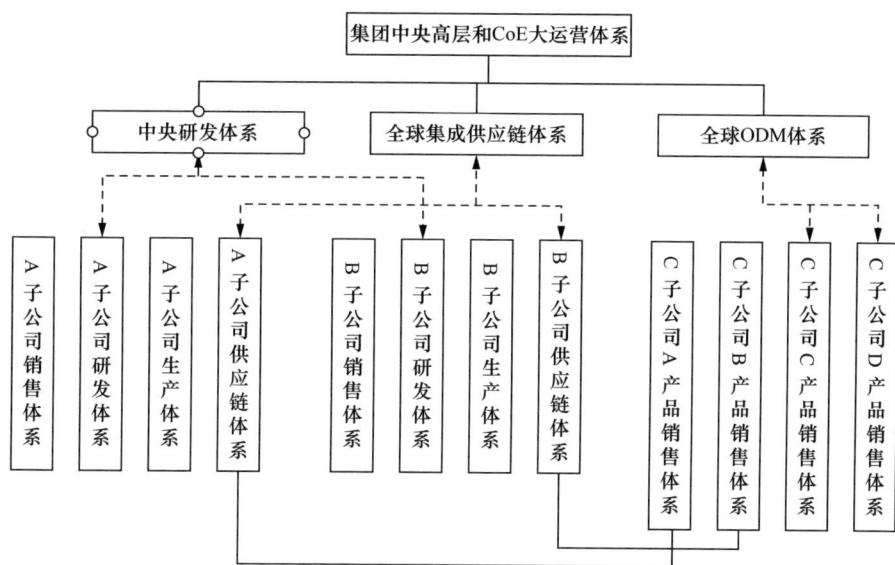

图 9-2　集团中央和子公司之间的交易示意图

对于一些各地子公司不愿承接或者没能力承接的产品，由集团中央提供 ODM 模式支持特定子公司销售，各地子公司可以获得自己的专属产品型号。集团中央的中央研发体系和全球集成供应链体系会作为平台，为各子公司的研发、供应链保驾护航。

全球各子公司的各级 CoE 大运营体系仍然隶属集团中央的 CoE 大运营体系，因为这是集团强化中央集权的实现机构，相应地，原则上每个子公司的 CoE 大运营体系中都会建立自己的商业成功中心。同样，按照新的企业运转模式，各子公司的股东会联席会与监察组织会继续作为第一执行体系，为子公司保驾护航。

对于一些集团中央希望分拆独立的业务，集团中央可以采用完全剥离，只保留控股 / 参股的形式。

各子公司不局限于承接以上提到的任何一种模式，其可以在自己的能力范围内承接多种业务或产品，各子公司的股东们也可以自由进行跨子公司参股／投资并购等。但是有一个原则是不能违背的，那就是全球只能使用一个品牌来销售各种产品和服务。

### 9.2.3 聚合子公司／股东设立技术专利交换平台及开源基金会

经过了上述这种继承式发展后（产品研发继承自集团，集团以资产注入形式获得股权），除了集团的中央研发体系会继续提供一些关键性基础研究成果或者核心零部件／技术，各子公司的研发体系承接的产品研发都会获得很大的发展，积累众多各国注册的专利。而集团的中央研发体系也不再以资产注入的方式来支持各子公司（因为中央研发体系的财务收入与支出无法平衡，尤其是无法快速获得收入去抵销高额的研发投入成本），这时候就需要构建一个内部的技术专利交换平台，通过技术专利交换来平衡内部关联交易以及促进全球研发体系研究成果流通。

该技术专利交换平台最好采用区块链技术来打造，未来还会进化成内部数据共享交易平台和科研 AI 培训平台，仅对与集团关联性强的子公司开放。这个技术专利交换平台可以由集团控股，各子公司参股。该平台的股权交易受到严格限制，仅限有权使用该平台的子公司或其股东进行受让，而且集团总部有优先购买权。该平台让各子公司和其股东参与持股，一方面是为了赋予先进概念、提高估值，另一方面是让他们拥有未来的大获利机会，因为当集团进化到下一形态，这些强大的科技平台将是集团主要盈利来源，这是为了后面的变革做准备。

此外，集团中央还会成立开源基金会，将集团和各子公司需要构建生态的各种关键技术进行开源运营。该基金会承接的各种开源项目由集团中央研发体系主导，从全球各地相应子公司研发组织抽调人才支持，利用集团的全球影响力在各种领域树立起很强的权威性和号召力。该基金会将联合集团牵头的各种创投资金、集团内部资源、贡献开源项目的各种优秀生态合作伙伴一起推动各种商业化应用。

这里讲的开源基金会，在当前阶段并不是类似于 Apache 软件基金会这种完全中立的非营利性组织，它仅接受集团和其子公司，以及其生态伙伴和客户这些非竞争对手加入会员。

开源基金会的建立是对集团全球研发体系的必要补充。因为经过第 9 章的改革，未来集团中央研发体系不再对各子公司研发体系具备约束力。那么通过开源共建模式，一可以指引各子公司的研发方向和进度；二可以督促和倒逼子公司的研发体系保持领先；三可以更紧密地联合更多优秀生态合作伙伴共同培养核心竞争力。

在企业的当前阶段，开源基金会还处于起步阶段，集团需要精心呵护，使其发展壮大，它将会在集团的下一个进化形态中发挥巨大作用。

## 9.2.4　设立投资体系推动科研和生态发展

除了设立开源基金会，集团中央还会牵头组建一个投资体系，用投资并购模式来补齐或强化集团科研能力，用风险投资模式来繁荣生态和加速生态合作伙伴成长。这个投资体系从纵向维度看可能会拥有多种投资基金。例如，天使投资基金、A/B 轮早期风险投资基金、C/D/E 轮 PE（Private Equity，私募股权投资）基金、LP 基金等（Limited Partner，有限合伙人。在金融投资领域，LP 通常是指为股权投资提供资金来源的群体），这些基金的合伙人不仅可以是集团中央和各子公司，还可以是各种非竞争对手。这个投资体系中的基金投资任何标的，原则上都必须让集团的全球 CoE 大运营体系在投资标的中进行变革并建立子 CoE 大运营体系来完成投后管理，这是降低风险、保护投资的必要手段，也是对集团强大公信力和品牌的有力保护。

投资体系从横向维度看，则是在全球每个自定义的业务区域可能每种基金都会有。这些重复的基金是以自定义的业务区域为业务边界的，目的是尽可能地吸纳各地的资本力量，对各子公司业务领域或者势力范围内的科研和生态伙伴进行支持。各路资本成体系、有组织地进行接力配合，这是整个集团能够实现终极进化的关键保障。作为组织牵头的集团中央，强大的研发、经营、品牌投射影响力是其号令群雄的底气所在。

这些基金的管理和运营工作都由其自身的 GP 团队和集团中央的商业成功中心联合完成，具体形式是集团中央的商业成功中心具备各种投资计划的最终审批权，当然也有投资计划发起权。

做好 9.2.3 节和 9.2.4 节所述的内容，第二阶段的核心业务回收就实现一半了。

### 9.2.5　构建全球 OEM、ODM 体系

核心业务回收的另一半的实现，就要靠全球 OEM 和 ODM 体系了。那为什么要在集团中央构建全球 OEM 和 ODM 体系？在第 8 章，集团把这些能力分散到了位于全球各分总部的多套销研产供一体化体系中，这个时候为何又要重新使其归属集团中央？

一方面，由于前面建立了大量的投资基金，当大量的风投项目孵化成功或者更多地被投资公司开启了投后管理，集团中央要充分发挥自身强大的销研产供一体化能力，帮助这些被投资公司全面提升产品竞争力。于是全球 OEM、ODM 体系就需要被构建出来，主要模式有以下几种。

（1）各子公司如果负荷过大或者能力欠缺，可以向集团中央委托研发任务、生产任务。

（2）集团中央站得高看得远，提前孵化长周期高收益产品 / 项目，向各子公司和生态合作伙伴投放。

（3）投资体系投资的项目孵化成功，但是无力打造产能或者配套产业链，可授权集团联合各种子公司、生态合作伙伴、LP 基金来打造，采用 OEM/ODM 模式合作，可冠以其他品牌。

另一方面，作为中国企业，完备的工业门类、先进的各种基础设施和强大的制造能力是构建全球 OEM、ODM 体系最好的条件。虽然由于国际政治经济形势的波诡云谲，不得不采用第 8 章中讲到的供应链全球化，但是随着中国的继续发展，当中国和各子公司所在国家 / 地区的各种差距拉大到一定程度，集团全球化体系中生产环节重新回归集团中央将是大势所趋——未来国内人工智能和机器人的不断应用，以及先进的无人工厂会让集团中央的生产力愈发强大，产品成本和售价愈发降低、功能愈强大。当这种差距变得非常大时，各国子公司的股东会做出明智的选择，主动与位于中国的母公司形成 OEM 或 ODM 关系，也会尽力游说所在地政府给予从中国母公司进口产品的政策支持。

所以集团中央应该明白这个趋势，并且为这一天的到来做准备。当集团构建全球 OEM、ODM 体系并成功实现了以上所述的集团全球中央集权，就意味着完全实现了第二阶段的核心业务回收。

## 9.2.6 建设科学客观、以人为本的包容性集团文化

本章开篇就讲到，这个阶段需要进行集团全球人才的文化融合了。于是，建设科学客观、以人为本的包容性集团文化，会贯穿整个第 9 章提到的企业进化过程。

集团文化代表着整个集团的精神内核、处世态度、经营前景预测、给全球员工的印象甚至是集团文化图腾等。这是由内而外散发的影响力，会长久地影响集团的业绩增长，最终影响集团的品牌文化和品牌力。例如，华为的品牌文化等。

首先，要确立整个集团的精神内核。精神内核是指个人或集体深层次的信念、价值观和人格特质，集团股东会、董事会尽量建立与"崇尚科技、抱负深远、客观守正、勤奋进取"等观念类似的精神内核。这一方面需要集团股东联席会成员、董事会成员以身作则，内部文化宣传部门要把他们打造成"大 IP"，使他们作为多位精神领袖存在；另一方面需要新的企业运转模式始终保障拥有这样精神内核的人不断接班成为股东会、股东联席会和董事会成员。

其次，集团高层需要确立集团在复杂的全球政治经济形势中的处世态度。集团不能一直唯利是图，始终只关注财报和股价，所以集团中央的法务实体在这个阶段肯定不能作为上市企业主体（让旗下子公司作为上市企业主体即可）。集团高层需要始终做好股东成员、董事成员的思想工作，秉持与各地客户、合作伙伴、政府互惠共赢的态度，不介入当地政治纷争、文化 / 种族冲突、商业竞争等事务。与此同时，集团应和中国政府及其海外各地派驻机构始终保持紧密沟通与协同，跟随国家外交政策与节奏，把控处事尺度，追求长期可持续性发展。

再次，集团中央要坚定贯彻以人为本的各种政策和规定，高度尊重各国各种专家人才，不过分关注人才的年龄（更重视有丰富的经历、成就和经历过岁月沉淀的人才，去训练人工智能并构建数智化体系；而不仅仅只是年轻的人才，因为人工智能和机器人正在越来越多的领域可以替代他们），尊重他们的创新劳动成果 / 贡献和长期利益。集团中央的人才战略就是聚合全球最顶尖的各种战力，始终保持集团各个方面的领先，所以集团中央需要的是以一抵百的人才，要让他们在年富力强时倾力贡献、年老智衰时体面有依 [ 可以参考前面章节讲到的项目长尾收益、股东联席会（获得股权激励即为股东）、专家待遇等办法，还可以对这

些办法做更多的升级〕。这样一来，集团中央会聚集大量的全球顶尖人才，形成智力优势，这点非常重要，这会让各地子公司人员保持对集团中央的信仰与信任，让他们始终感觉到集团中央强大的生命力，从而保持忠诚、尽职。

集团中央集合的大量顶尖人才要高效进行各种实质性的领先突破，吸引全球目光，打造集团良好经营前景，这是集团始终聚合大量资源并提振各地子公司股价的有效办法，更多内容在第 11 章会讲述。

以上这些指导思想都要记录进集团最根本的纲领文件，例如，华为有《华为基本法》文件。

最后，集团文化图腾其实并不是主动宣传引导出来的，而是外界感受出来的。企业给人的印象会逐渐在员工群体及外界形成口碑，经久流传，最终成为集团文化图腾。

集团文化，无法靠表面功夫做出来，只有在集团实质性地实现了很多变革和配套后，最终才能形成。

# 第10章

# 第九步：通过变革实现收缩与重组，避开衰退期

经过第 9 章的变革进化，企业已经脱胎换骨，变成了非常强壮稳重的跨国企业，蒸蒸日上，集团中央和各地子公司的股东们都对未来发展前景充满信心。

但是这个时候，集团中央的领导者需要清醒认识到很关键的一点：各子公司发展壮大了，之后可能不好管理了。尤其是很多子公司到了企业生命周期的第四阶段（上下游扩张阶段），需要大量的资金投入，这对子公司和集团中央来说都是很大的压力与风险，也需要集团中央大量让利给很多战投资本，合力完成第九步的变革。

因此，集团中央的力量是时候要进行战略撤退了，集团中央要有成人之美的心态，应该在各地子公司业务向顶峰发起冲锋的路上撤离，给它们更多的自主权和胜利奖励，让各地子公司各种利益干系人获得更大激励，从而让各地子公司业务继续做大做强。

所以，本章提及的相关内容，是集团中央收回拳头，蓄力走向最终状态的关键一步，也是企业最终逆转"盛极而衰"的生命周期的关键。企业生命周期的相关知识会在 10.1.2 节中讲述。

## 10.1 全球化资本运作

要回收拳头，集团中央首先就要将一些旗下组织和各地子公司资本化，就是让这些资产可独立估值、可独立交易；其次，集团中央和各种买家谈妥各种资产出售方式，尽可能实现双赢，然后逐渐退出；最后，集团中央将出售各种资产所得的财富再进行妥善的安置，为企业在第 11 章提及的终极进化形态做好铺垫。

### 10.1.1 将各种模块或子公司资本化

隶属集团中央的全球 OEM 体系、全球 ODM 体系、集成供应链体系、集团自有的业务、还在孵化的业务都是资本化的标的。这些模块或子公司可能处于各子公司或者生态合作伙伴产业链上下游的关键位置，其资本化和售卖不是简单的事情。

（1）全球 OEM 体系、全球 ODM 体系、集成供应链体系可能会先独立作为集团中央下属的高度自治的子公司运转。集团中央会逐步将自己的股份售卖给这些子公司的各种下游客户、非竞争对手投资基金、各地子公司等，保障它们的利益安全，还可以将这些资产 IPO 上市，在一级市场售卖，在二级市场逐步竞价减持所持股份（这是一个非常漫长的过程，需要配合证券市场的节奏进行），最终集团中央可能完全清零股份或者保留部分股份，其目标是获得接近的预期估值。

（2）集团中央持有的全球各地子公司的股份也会逐步售卖给这些子公司的股东或者非竞争对手投资基金，如果一些子公司是上市企业，集团中央还可以逐步竞价减持自己的股份（这也是一个非常漫长的过程，需要配合证券市场的节奏进行）。最终集团中央可能完全清零股份或者保留部分股份，其目标是和股东们实现双赢：股东们获得子公司的控制权及未来的高增长预期，集团中央获得一定的溢价套现。

这将是一场资本追逐的"盛宴"，因为集团中央是在优质资产价值上升趋势中售卖资产，资产仍然具有非常可观的增值空间，这会引起各路买家的抢购。

集团中央要准备好这些优质资产却不是一件容易的事情，需要做一些大的变革调整、资产和科技分离、人员宣贯安抚等工作，变革后的集团中央组织架构如图 10-1 所示。

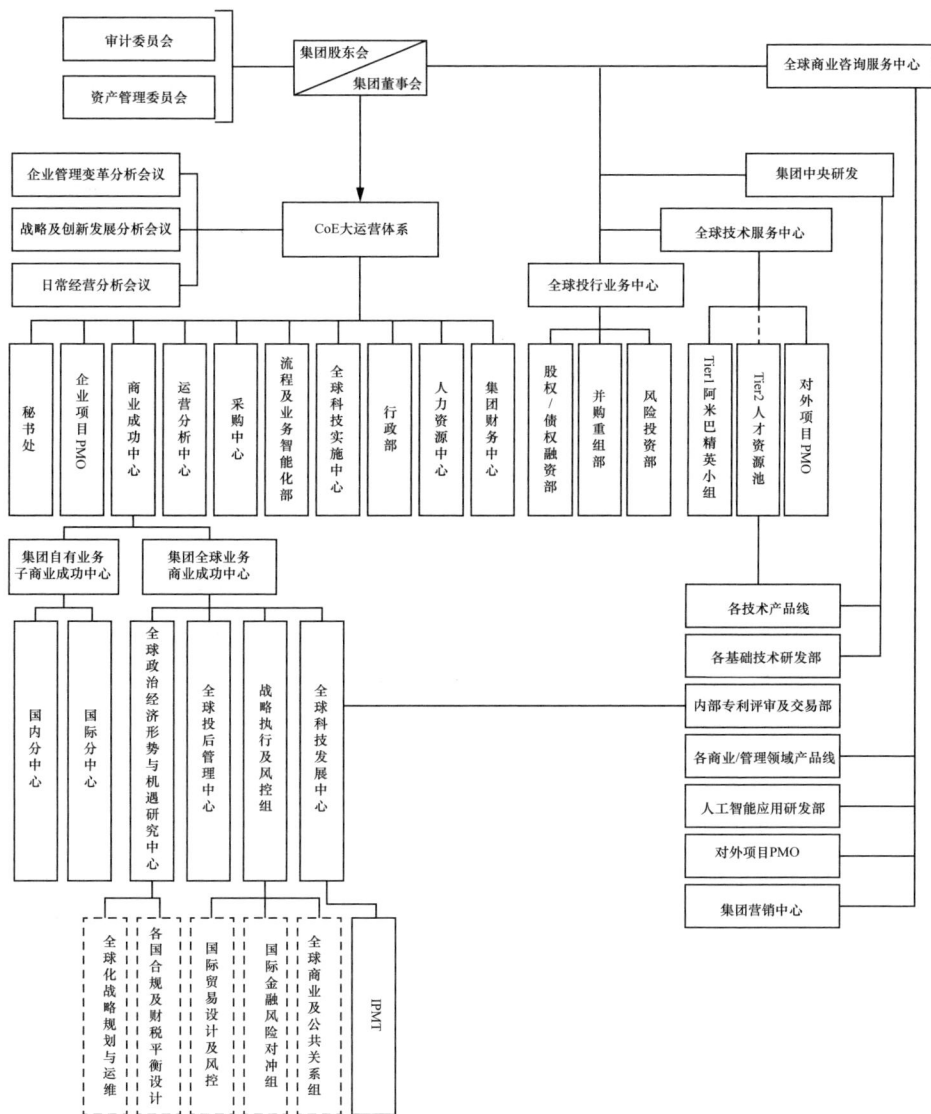

图 10-1　变革后的集团中央组织架构

集团中央的业务执行体系已经完全改变，之前的全球 OEM 体系、全球 ODM 体系、集成供应链体系等主力业务部门独立成子公司后，和各地子公司一起归 CoE 大运营体系的全球投后管理中心管理，该中心是专门为了和各子公司的股东会、董事会协同沟通而设立的，具有审计监察能力。

重新成为集团中央业务主体的是四大部门：全球投行业务中心、全球技术服务中心、集团中央研发、全球商业咨询服务中心。

全球投行业务中心，由 CoE 大运营体系原来的全球投资中心演化而来，承接以下业务。

（1）股权 / 债权融资：企业 IPO、增发、配股、GDR（Global Depositary Receipts，全球存托凭证）、可转债、企业债等。

（2）并购重组：收购与反收购、资产重组、债务重组、投资并购融资等。

（3）风险投资：直接投资、投资推介等。

（4）管理第 9 章提到的多只基金。

全球投行业务中心的基本盘客户是集团投资公司、各子公司、生态合作伙伴，集团中央的 CoE 大运营体系不再设立全球投资中心，集团的各种投资并购、金融事务都由该中心负责。

全球商业咨询服务中心具有 4 项关键职责：第一是持续服务好各子公司；第二是向外输出集团优秀的管理服务、商业运营服务；第三是不断培育顶尖人工智能并发布 SaaS 应用；第四是负责管理集团的营销中心。

全球商业咨询服务中心脱胎于集团的 CoE 大运营体系，当集团中央剥离了很多子公司后，许多原本在子公司 CoE 大运营体系工作的人才（关系属于集团中央）会被回收到集团中央，进入该组织。集团中央要想分拆出各种子公司，就要帮助各子公司完善其 CoE 大运营体系，尤其是将集团中央一直把持的企业项目 PMO、全球人力资源中心、全球流程及业务智能化中心、全球科技实施中心这 4 个组织分拆给子公司，并且将很多匹配的总部人才也划拨给子公司。同时，全球商业咨询服务中心会根据子公司的需要提供各种后续咨询服务，帮助子公司逐步掌握并建设好 CoE 大运营体系。

全球技术服务中心有两项关键职责：第一是持续服务好各子公司；第二是做好集团中央研发的各种技术成果面向客户的售后服务。因为集团中央要想分拆出各种子公司，除了帮助各子公司掌握并建设好 CoE 大运营体系，还要将科技体系分拆给各子公司。这是一项艰巨的工程，需要大量技术人才来完成。成立全球技术服务中心就是为了完成这项艰巨的工程，并且该组织会持续地帮助各地子公司运维这些科技体系，逐步培育人才。按照第 5 章讲述的，从长远来看，各子公司是不适合建立非常强大和先进的科技团队的，因为成本太高，所以这些科技体系的建设和运维，最经济的办法就是由集团的全球技术服务中心来做。

集团中央研发会接收来自两种渠道的研发任务：第一种任务来自集团的运营体系；第二种任务来自集团的各业务部门、各子公司、生态伙伴的委托研发任务（需要经过集团 CoE 大运营体系的全球科技发展中心评定审批）。集团中央研发接受的研发任务必须是站在行业（非缝隙行业）的前沿、高价值大前景、周期比较长的任务，这种任务一旦成功，将会具备巨大的商业价值，集团的投行业务中心马上会跟进研发成果转化，当然这种任务也存在高研发投入和高失败风险。

这样的变革，一方面是为了帮助待售资产真正独立运行，另一方面是为了让集团更加聚焦高价值大前景的研究，始终掌握尖端技术，并具备快速再造超级企业的能力。

这场变革对集团中央人员、子公司各级人员来说都是巨大的挑战，所以集团中央和各子公司必须要充分做好舆论引导和人员安置，具体如下。

（1）宣传强调集团中央需要大量的资金投入未来研发，确保集团在 30 年内保持行业领先。

（2）用更多战略合作、联合研发替代对子公司的控股，并且释放一些储备科研成果让这些合作快速见效，让子公司利好冲淡各界担忧。因此集团中央需要储备较多的强竞争力科研成果及把握好退出节奏。

（3）集团中央和子公司联合做出各种具有较强影响力的行动，造成强势布局 / 进攻的舆论印象。

（4）如果集团中央孵化 / 风投 / 持股的众多企业中出现了"明星"企业，应大力包装和宣传以宣扬集团战略的正确性。

（5）集团中央做好要划拨到子公司的专家人才的宣传教育，做好股权 / 期权转换或者保留设计，保障好他们的长远利益，让他们没有后顾之忧，能开启"二次创业"。

（6）培训好全球投行业务中心、全球技术服务中心、集团中央研发、全球商业咨询服务中心这些对外服务业务部门的服务意识，因为其中大多数成员都来自 CoE 大运营体系，服务意识有所欠缺。

## 10.1.2　售卖或上市并减持各种子公司，退出中阳行业

在讲述集团中央如何售卖或减持子公司之前，先来讲一下我们划分的企业生命周期。

我们将企业的生命周期划分为 5 个阶段。

（1）第一阶段是孵化阶段，又名初创期。这个阶段企业需要做大量的业务开展前期研究和设计，尤其在产品、商业模式、战略资源 BD 等关键要素上。企业在这个阶段如果就建立起新型顶层架构和管理体系（例如，优秀的股权设计或权益设计、高效的研发管理等），就能聚合优质资源发育，将会获得极大的先天优势，否则很可能会在下一阶段被卷得泯灭掉。

（2）第二阶段是破局阶段，又名求存期。企业在孵化阶段完成初步布局后，破局阶段就发力投入资源实现行业竞争格局的突破。此阶段需要快速迭代各种策略与方向，找到 / 形成出路，这个阶段决定着绝大多数中小型企业的生死，是竞争最卷的阶段。非常多的企业在孵化阶段，并没有建立新的管理体系和新型顶层架构，于是因为先天不足而导致卷不过别人。在这个阶段，企业是很难完成变革的，因为布局初成，资源已投入，企业停不下来了，等发现问题停下来时，已经受困于没有足够的能力和资源去承担变革的代价并再发起一次投入了，所以最终只能得过且过下去，等待大环境变好或者逐渐消亡。

（3）第三阶段是高速成长阶段，名为发展期。杀出第二阶段重围的好企业就能享受到这个难得的甜蜜期，企业会迎来一段短暂的业绩爆发（可能 1 ～ 2 年），但是这个阶段也许就是很多好企业的巅峰了，它们将止步于此。主要原因是这个阶段会走得很顺利，企业家和创业团队容易满足了，而且作为既得利益者的大家很可能不愿意进行新顶层架构变革，如改变权益分配方式、引入更多的人才和资源，自然就很难建设新型管理体系、充分激活组织并推动企业能力全面高效发育，很多在这个阶段的企业仍然沿用简单通用的顶层架构和管理体系。在今天的外部环境下，企业发展如"逆水行舟，不进则退"，这个阶段是企业最关键的变革时

机（或称转型升级时机），企业要有魄力、下决心去发育起很强的变革能力才能去完成企业变革，进而深度洞察行业及国内外政治经济形势，完成更具挑战性的战略规划和执行，精准地加大产能和研发投入，获得进一步融资等。

（4）第四阶段是上下游扩张阶段，又名成熟期，这个时期的企业正在快速变得组织复杂、人员众多和业务多样，是企业努力用巨量资源打造护城河的阶段，也是投资并购最频繁、面向未来研发投入最大的阶段，企业同时也在忙着投后管理、业务重整 / 资产整合、清理历史问题等。如果企业没有在第三阶段完成企业变革，在这个阶段企业各方面的能力就会捉襟见肘，出现大量的混乱和浪费，并且随着各种大企业病恶化，企业会出现"能力空心化"，导致核心竞争力不断衰落，变得大而不强。这个阶段企业进行顶层变革，难度已经很大，因为企业变得庞杂，很多事情已经超出企业家的掌控，要变革就必须依靠组织的力量，但是组织问题很大并不能胜任。大量处于这个阶段的大型企业就是因为变革难度大，所以一直在蹉跎，最终等时代红利吃完了就开始走下坡路了。本书讲述的变革内容，综合运用起来是可以解决这一阶段企业面临的变革难题的，华为也是从这一阶段开始艰难变革并最终登顶的。这个阶段是企业变革的第二最佳时期，因为业绩良好、资源众多、人才济济，企业家也是高瞻远瞩，只要找到好的变革办法，随时可以破局冲顶。

（5）第五阶段是第二增长曲线壮大阶段，又称为转型期，这个阶段主要是因为企业经营不善或者原有市场进入到了夕阳阶段或者出现了颠覆性的技术及商业模式，让强大的跨界对手进入，破坏了行业格局，企业原有主营业务下滑严重或者预期会出现断崖式下滑，企业急需找到新的增长点。造成这种后果的原因必定是企业在第四阶段浪费了大量的资源和时间，仍然没有完成变革，使得企业没能可持续性发展。那么在这个阶段想要变革及快速获得多条主线业务突围的难度变得很大，因为企业在这个阶段由于不断衰退和人才流失，整个组织都变得人心浮动和士气低迷，企业家和高层团队面对内外交困的局面和诸多化债事宜也分身乏术或无心变革。企业只能一边收缩，将无力重整的业务逐步剥离，把战略资源集中到有希望的业务；一边通过变革加速有希望的业务孵化。企业家和高层团队在这时必须进行破釜沉舟式的变革，才能稳住核心群体的人心，并把他们发展转变为变革力量。

在这五个阶段当中，前三个阶段主要靠创新发明来推动，第四阶段需要大量的资金投入来推动，第五阶段则需要更多的前期创新发明的积累和资金来挽救，企业应该尽量避免走到第五阶段，应按照第 10 章提及的内容去做，这样做的目的就是让自身尽量不走到第五阶段。

讲到售卖减持各种子公司，集团中央主要重视处于前三个阶段的各子企业的孵化，这些子企业是不售卖或者减持的，因为未来可以用很小的投入来博取大的收益；只有处于第四阶段的子企业可以售卖和减持，因为对这个阶段的子企业的支持，需要联合更多的资本来完成，为了减少集团中央的现金压力和投资风险，集团中央需要逐步减持或者卖掉一些和主营业务相关性弱的子公司去补贴那些和主营业务相关性强的子公司。

此外，集团中央如何减持各种子公司，还要根据宏观政治经济形势和行业发展预测来制定战略，并不是一股脑地全部剥离，总结起来通常需要遵循以下几条原则。

（1）子公司所处的行业（非缝隙行业）/市场正是中阳阶段早中期，需求旺盛，前景一片大好，此时就要启动剥离程序。

（2）子公司必须处于企业生命周期的高速成长阶段后期，才能启动剥离程序。如果在行业/市场步入夕阳阶段，集团中央所孵化的子公司仍然无法达到高速成长阶段后期，表明孵化已经失败，该子公司会被解散/回收注销；如果行业/市场处于中阳阶段，集团中央所孵化的子公司仍然无法达到高速成长后期，那么集团会继续孵化它，尽快达成目标。

（3）如果子公司在行业/市场起步阶段就达到了高速成长阶段，那也要等到行业/市场步入中阳阶段才能启动剥离程序。

（4）集团中央通常会在子公司上市之前的 N 轮融资或者引入战略投资中逐步减少持股比例，子公司上市后集团中央（可能是旗下子公司作为持股主体）通常是第二大股东，第一大股东为当地著名的大型企业。

（5）集团中央和子公司都会签署一些秘密协定，规定集团中央有义务维护子公司的利益，不会逆境减持或者恶意减持。子公司上市后集团中央还必须配合子公司做好市值管理。例如，只能在市值增长期间减持。

（6）集团中央还会和子公司签署竞业限制协议，限定竞业期和确定竞业期内子公司在集团中央生态中所占据的地位。例如，子公司是集团中央在某行业的唯一可选投资标的、唯一可选合伙企业及战略合作伙伴。

集团中央每一次对子公司的持股减持幅度或者完全出售，是根据多种因素变化（如行业和政策变化、企业经营状况、与意向购买者的谈判等）、金融市场变化和各种环境变化（如各地宏观政治经济形势变化、产业链变化、新科技发展趋势、优质资产和商业机遇等）来动态调整的。全球投行业务中心和集团中央 CoE 大运营体系的商业成功中心会联合负责这个长期而庞大的任务群。

此外，集团中央的组织架构也是在不断发生动态变化的，并不会如图 10-1 显示的如此纯粹，其业务执行体系可能会出现多个产业的全球 OEM 体系 / 全球 ODM 体系 / 全球供应链体系。这是因为一个非缝隙行业的中阳阶段时间跨度通常都很长（至少为 15 ～ 20 年），只要不出现颠覆性的技术打破该行业的竞争门槛和前景，中阳阶段就会一直存在。所以，往往集团中央会同时长期经营多种关联性很弱的行业的业务，可能每种业务都有对应的全球 OEM 体系 / 全球 ODM 体系 / 全球供应链体系和各种子公司，甚至每种业务都是独立的集团体系，集团中央对其持股并通过各种服务关系和其进行关联交易。

### 10.1.3　管理庞大的资金，实现资产增值

随着集团中央战略撤退的执行，集团中央账面上会积累大量的闲置资金，全球投行业务中心需要对这些闲置资金进行有效管理，实现其保值增值，管理的主要手段如下。

（1）固定收益投资。投资国债、企业债等固定收益类证券，获得稳定利息收入。

（2）不动产储备。可以通过购买地产、矿产等方式进行不动产储备。

（3）股票投资。投资强国的股票市场，标的通常是被严重低估但是前景光明的超级企业。

（4）发起组建多只产业投资基金或者引导基金，对处于高速成长阶段的优秀标的进行战投或者 IPO 投资。

对集团中央庞大资金的投资理财，需要非常专业的团队长期运作，否则损失会非常严重，甚至将集团中央整个第九步进化的成果毁于一旦，但是这样的团队

在国内很难打造，这是本节重点要讲的内容。那么集团中央如何去打造自己的投行团队？

针对集团中央的外币资金开设国际投行，注册地和总部位于中国的政治和军事影响力可以强力覆盖的国家 / 地区，保证国际投行可以自由地将大量资金转移至中国国内；国际投行的股东最好有多家，而且必须来自多个强势国家。（例如，中东大国、东南亚大国）的大型财团。这样做的根本目的是保障该国际投行在投资西方世界证券资产时，资金进入西方金融体系后不会被冻结甚至没收。该国际投行的骨干员工基本以高学历的华裔金融人才为主，给予他们广阔的职业上升通道和某些海外地区的永居权（如东南亚某些发达国家的永居权，这个需要作为国际投行股东的该国财团去向其政府要一些特殊移民政策），这些华裔金融人才在西方投行通常很难进入中高层，因为往往华裔在以美国为首的西方国家政治地位不高，所以他们是最合适的招募对象。此外，国际投行所在地的金融法律法规完善，能够保证国际投行业务和国际投行团队健康发展。

针对集团中央的人民币资金，在国内开设国际投行的分部，集团中央以国内VIP客户的身份将人民币资金委托给该分部管理，所以该国际投行无须进行大量的跨境资金转移。该国际投行在国内的分部，高层和骨干仍然是华裔金融人才，采用长期派驻方式，基层员工可以在国内招聘。这样做的目的是用国际投行所在地的成熟、完善的金融法律法规来震慑国际投行国内分部的高层和骨干（因为他们的劳动关系是隶属于国际投行总部的，所以国际投行总部所在地的严苛金融法律法规是适用于他们的），保障国内投行业务和国内投行团队的健康发展。

虽然国际投行内部设有审计部门，但是集团中央第一执行体系实际承担国际投行的审计工作，团队以中国籍人才为主，国际投行内部的审计部门隶属于第一执行体系。此外集团中央的全球法务组织也由第一执行体系掌控，只需向国际投行派出分支机构即可。

至于国际投行的运营体系，也是由集团中央的运营体系向国际投行派出分支机构（该分支机构的非核心人员可以在国际投行总部所在地招募），结算方式采用集团中央和国际投行之间的内部关联交易方式。集团中央是国际投行的控股股东，具有对国际投行股东会和董事会的主导权，国际投行的董事会通过对集团中央派驻的运营分支机构的虚线管理，会要求运营分支机构将集团的全球技术服务中心、全球商业咨询服务中心作为核心外包服务商引入进来，辅助运营分支机构发挥巨大作用（但是此运营分支机构不设置商业成功中心，因为国际投行的业务体系承担了商业成功中心的职责）。采用了这样的设计，国际投行内部就可以采用传统的旧企业运转模式构建，只保留业务体系，既快捷又能够让海外员工驾轻就熟地作业。

# 10.2　全球化生态运作

这里的全球化生态，泛指与集团中央所掌握的科技研发相关的生态、与集团国际投行业务相关的生态，而不再是制造业企业的上下游生态。

## 10.2.1　全球范围内大力孵化顶尖科技企业

集团中央需要通过风投孵化的方式切入很多顶尖科技赛道。集团为何不自己招募团队或者直接收购一家成熟的企业？因为顶尖科技赛道和普通行业不同。

（1）只有少数名人能成功。顶尖科技的研发成功，可不是随便哪家企业或团队就能做到的，物以稀为贵，就是因为低成功率和长研究周期，其才兼具高风险和高收益的魅力。这些全球顶级科技的领先知识与实践经验通常只被少数顶尖人才掌握，但是由于风口已经起来了，各界都在纷纷入场和宣传，一时之间各种科技 / 商界名人纷纷登台，让人眼花缭乱，但往往只有业内顶尖水平的专业人士才能预测鹿死谁手。以 Kimi 的创始人杨植麟为例，他本科毕业于清华大学，博士毕业于美国卡内基梅隆大学，师从苹果 AI 研究负责人鲁斯兰·萨杜赫丁诺夫、谷歌首席科学家威廉·科恩。这种履历的人才就可以被我们定义为名人，他们正在从事的研究或者创业工作就是集团中央的国际投行旗下风投基金的 GP（General Partner，普通合伙人，通常是股权投资基金的管理机构）需要重点跟踪分辨和预测的，这样对 GP 的要求就很高了，所以国际投行旗下的 VC（Venture Capital，风险投资）基金需要有丹华资本这样的 GP 团队来管理。下面来看一下丹华资本的例子。

丹华资本的 GP 团队管理总规模超 5 亿美元的 VC 基金，投资 100 多家早期科技企业，其中不乏诺贝尔级别的项目（项目主导者是诺贝尔奖获得者），是美国硅谷湾区最有影响力的华人风险投资基金之一。其 GP 团队主要成员均为全球顶级学府科研和工业背景出身（来自斯坦福大学、麻省理工学院等全球顶级高校的业界人才），他们奔赴在世界前沿科技发展的第一线，围绕着信息科技、生物医药等领域进行追踪投资。截至 2021 年年底，丹华资本所投项目中已有 5 家企业上市，3 家成员企业正在冲刺 IPO（Initial Public Offering，首次公开募股），并成功捕捉到了 Mammoth Biosciences 等 16 家独角兽企业。

丹华资本何以取得如此出色的成绩？归根结底是因为追本溯源和深谙技术。

追本溯源是第一性原理的核心〔第一性原理（the First Principle Thinking），指的是某些硬性规定或者由此推演得出的结论。也可以理解为指根据一些最基本的物理学理论，从头开始推导，进而形成一个完整的物理学体系。广义上来说，它也可以理解为每个领域或每个系统都存在一个本质上正确，无须证明的最底层的真理，也是演绎法的体现〕，包括两个部分：一部分是科学技术的追本溯源，另一部分是科学家的追本溯源。基于自身对科学技术的深入研究和前沿理解，GP 团队对于原始创新技术有高度的敏感性，这使得他们总能清晰地分辨同一赛道中细分技术的差别。同时，基于全球顶级高校的人才网络资源，这支团队又总能溯源到该技术的鼻祖级人物和科学家发明者，并在最早的时候抛出投资的橄榄枝，堪称雪中送炭。

能够追本溯源，还要能够深谙技术，这是该团队在实际操作过程中对第一性原理在实践中的发展。"去掉头上 VC 的帽子，始终与科学家站在同一频道上对话和讨论。"理解技术，理解科学家是这个团队的强项。学术和产业背景加上创业的经历让 GP 团队更懂得如何与科学家平等地互动。"我们非常理解科学家的思维和其所处的环境，他们顾虑的问题我们都一步步地帮忙解决，解除他们的后顾之忧，用工匠精神去打磨好产品，直到取得实际商业转化成果。"所以，该团队不只是投资人，还是一起创业的事业合作伙伴，如此他们才能与顶尖科学家共同孵化成功企业。

（2）只有新起炉灶才能同时满足风投 GP 和名人的要求。企业要想获得像丹华资本这样的 GP 团队和顶尖科学家，需要用他们希望的方式与他们合作，那就是与他们一起孵化企业，推动科学进步，获取巨额收益。集团中央的国际投行可以作为 LP（Limited Partener，有限合伙人）和这些厉害的 GP 团队合作，也可以招募这些 GP 团队并许以他们合伙人式的回报，并委托他们在企业与顶尖科学家合资的企业中行使股东权利。为何企业不能把顶尖科学家也招募了？首先，这些人才在赛道成为风口之前都是默默无闻的，提前招募他们却又无法用企业的各种管理规定约束他们，加上他们的薪酬待遇很高，企业无法控制过程和成本；其次，他们的研究成果往往都非常先进，大概率不能马上被大规模应用（例如，可能会受到工艺成本、配套生态等的影响），企业一直雇佣他们的成本是非常高的，而且未来的不确定性让双方都很难满意雇佣模式下的利益分配，这往往会导致这些人才"躺平"或者双方分道扬镳。

（3）成熟的企业难以收购。当一些科学家的企业成为风口时，往往都已经有风投资金成了其战略投资者，其他投资者再想入股就需要等下一轮融资了，而且还有各种配额限制。如果想要对一家经过几轮融资、前景很好的成熟企业进行收购，需要付出非常大的代价（可能 10 倍以上估值），这将急剧压缩未来的获益空间，同时风险倍增；此外，这样的购买思维完全违背了集团中央的战略思想。实际上，很少有顶尖科技成果是可以靠钱买到的，这里面存在着各种政治经济博弈、商战，唯有靠企业巧妙的自力更生才能获得。华为不就是靠着自己的自力更生才一步步积累下了如此多的顶尖科技成果吗？此外，就算华为拥有如此庞大的财富，在核心芯片制造上被西方世界制裁，它都无法通过收购成熟企业来解决这个棘手问题。

综上所述，集团中央拓展科研生态的正确做法仍然是打造像丹华资本一样的团队，在全球范围内大力孵化顶尖科技企业。不过为了配合这样的切入方式，集团中央研发的新产品线需要进行一些对应建设。

（1）招募二流或者三流人才成立对应的研究小组，跟踪验证各种最前沿的研究方向，做好风险评估及备份。不求领先一步，只求跟随顶尖人才的步伐领先竞争对手半步或者与竞争对手持平即可。

（2）成立各种配套研究小组，加快孵化的顶尖科技企业的研究成果大规模应用的速度并为集团中央带来利润和先发优势做好准备。配套研究小组研究特殊生产工艺和设备、特殊材料、特殊零部件（包括芯片、软件）等，这些配套研究难度通常都不高，当大规模应用的风口到来时，各种企业就会纷纷进场然后快速完成这些研究（通常会大量斥资并在 2 ～ 3 年内完成），但是集团中央研发仍然需要提前做好这些研究，主要原因如下：首先是做好知识储备，便于提前导入给核心供应商，让其配合建设产能，争夺先发优势；其次是便于企业分辨选择更好的供应商或者打造自己技术派系的产业链生态；最后是可以提前预判最终成品成本、性价比、市场反应、可能的应用场景等，提前做好营销战略布局和市场开发。

（3）建立孵化企业和集团现有在研科技的强关联性和整体优势。在以上两步没有取得一些实质性突破之前，这些都只是一些计划和预研；一旦以上两步取得实质性突破，这一步的研发工作就会启动。所以集团中央国际投行的各 GP 团队与集团中央的 IPMT 团队是紧密合作关系，很多 GP 团队成员、被孵化企业中的顶尖人才都可能是集团中央 CoE 大运营体系专家池的专家，享受外部专家的福利待遇。

## 10.2.2　大力投资各种科技公益开源项目

第 9 章讲述过集团建立和运营科技开源基金会，但是那个阶段的科技开源基金会主要是服务于集团和其生态成员的，具有一定的狭隘性。

到了第 10 章这个阶段，集团中央投资的科技公益开源项目则是对各种竞争对手和生态伙伴均一视同仁的广义开源项目了。

能够这样做源自集团中央对其掌握的科技先进程度的自信，但是根本目的有两个：第一，集团中央希望能够和最广泛的潜在用户、合作伙伴实现互联互通 / 兼容，如华为的鸿蒙操作系统；第二，引导某个行业或者某些技术发展趋势朝着集团中央希望的方向发展，如云计算中的 IaaS KVM 开源架构和 PaaS Cloud Foundry 开源架构。

当集团中央对一些顶尖科技达到了一定的垄断程度后，就必须考虑开源了。由于垄断，社会的发展、科技的发展、行业的发展已经给了集团足够的财富，如果集团再继续贪得无厌，那么社会各路力量就会加大研发投入，开辟新的科技方向 / 产品。从苹果的 iOS 和谷歌的 Android 移动设备操作系统之争、再到华为被迫自力更生打造鸿蒙操作系统，就很好地诠释了这个道理。

再来看看现在炙手可热的新能源汽车电池技术。在液态电池时代，除了比亚迪和宁德时代，各大整车厂都没有超前的眼光提前进行三元锂电池和磷酸铁锂电池的研发和产能布局，这导致其电动汽车产品的动力电池核心零部件严重依赖宁德时代和比亚迪。根据 SNE 机构统计，2023 年宁德时代动力电池全球使用量市场占有率达 36.8%，连续 7 年稳居全球榜首；储能电池全球出货量市场占有率达 40%，连续 3 年蝉联世界第一。根据中国汽车动力电池产业创新联盟公布的最新数据，2024 年 2 月，宁德时代国内动力电池市场占有率为 55.16%，稳居国内榜首。

在这样的情况下，汽车动力电池上下游厂商、竞争对手纷纷布局固态电池这样的新技术路线，从锂矿和锂电池原料的上游企业赣锋锂业布局固态电池，到 2024 年下游整车品牌智己汽车率先使用清陶能源的半固态电池，都昭示着各路力量想要瓦解领先垄断者的技术优势。

此外，集团中央投资的科技公益开源项目还有针对自己内部的意图。当集团的某些科技优势转化为强大的市场竞争力后，产生了大量的垄断业务，也造就了集团内部最大的既得利益群体：和该科技方向及产业相关的研发、销售、生产及供应链人员 / 部门 / 子公司，甚至生态。他们的考核和绩效收益都与现有的垄断业务相关，甚至很多股东、董事也倾向于维持这种垄断业务，因为这样确实能让大家获得很高利益，威睿（VMware）公司、甲骨文（Oracle）公司就是这么做的。

在这样的内部氛围当中，集团中央很难投入重金，另外进行颠覆当前技术优势的研发和商业布局，或者这些颠覆性技术的应用一直被延后，这很容易为竞争对手创造先手机会。集团中央为了让自己始终立于不败之地，防止竞争对手抢夺先机，要主动推动一些颠覆性技术的应用，那么重要的措施就是对当前优势技术的落后版本进行开源，让大量的社会力量站在巨人的肩膀上快速获得优势。这一方面能阻止更先进竞争对手的优势扩大，另一方面能破坏其垄断趋势形成，例如，Kubernetes "反杀" Cloud Foundry 的过程。

最惨烈的情况甚至是两败俱伤，就是集团中央在该赛道上的技术优势和竞争对手的技术优势抵消了：集团中央阻止了竞争对手超越自己，但是自己也没得到收益。如果出现了这种情况，那么集团中央只能把资源投入对这些技术的应用上，利用自身对技术的深度理解、强大的研发能力和商业化能力争取快速再次获得优势。

当然，技术开源这个措施并不适用于所有情况，但是集团中央为了让自己始终立于不败之地，必须保有并且善用这个措施。

## 10.2.3　大力投资重点扎根国家／地区的高等教育

投资完广义开源项目，集团中央还要大力投资目标国家／地区的高等教育，其方式有以下几种。

（1）成立联合研究所。

（2）授权高校考试和颁发技术等级资格证书。

（3）捐赠设备、技术、集团中央授权的相关技术书籍。

（4）提供就业或实习机会。

（5）举办高校巡回讲座和进行招聘。

这些方式能进一步让社会各方的后备力量更加倾向于学习和使用集团中央掌握的科技和产品。配合技术开源措施，集团中央在高校的品牌和技术影响力的扩散速度会很快，很多高校人才在走向社会之前就能掌握集团中央派系的科技和产品。当他们走向社会之后，一方面会降低社会各种力量使用集团中央派系科技／产品的难度（因为人才特别容易招聘），另一方面会逐步影响这些社会力量对科技方向／产品的选择（因为企业的研发等技术部门有广泛的群众基础）。

当然，这些方式在以美国为首的西方发达国家没有太大作用。首先，其政府对中国企业有很强的防范和敌视心理；其次，它们的优秀企业自身的科技、技能也非常先进，并且一直在自己国家使用这些方式，而且高等教育水平和中国相仿，人才能力水平和分辨能力都很强。除非中国企业愿意向它们开放自己最先进的科技、技能，否则这样做的收效不大。但是，中国的优秀企业和以美国为首的西方发达国家的优秀企业往往都是强竞争关系，是不适合轻易开放自己最先进的科技、技能给它们的高等教育领域的。然而在非发达国家，这些方式就是非常必要的，其能够让集团中央派系的较先进科技／产品在当地逐步占据主流地位，甚至催化出一系列配套产业，这会让集团中央非常容易在当地建立子公司、研发分支机构、生产中心等。这是因为非发达国家的高等教育水平比中国低、社会科技水平也比中国低，当地政府、人才迫切希望可以掌握相对先进的科技。

## 10.2.4　大力培育全球政商关系

在第 9 章提及的阶段，企业全球各地的政商关系主要靠各地子公司的股东们帮忙协调和维护，主要目的是保障子公司在当地的业务正常运转。

到了第 10 章提及的阶段，集团中央会直接出面发展全球政商关系，接触的政商人物层级会极大地提高，因为集团中央当前的业务布局和掌握的科技已经进入各国 / 地区事关国计民生的敏感区，集团中央希望通过高级政商关系获得协商和许可，甚至获得特殊政策支持。当然，这个阶段的集团中央已经在国内 / 行业中有着举足轻重的地位，在全球政商关系的发展上既要考虑符合国家的一些意志，也要考虑利用好国家在各国地区的影响力来帮助自身协调和维护高级政商关系。

除此之外，集团中央也会和各种全球性的行业组织、协会、商会建立紧密关系，甚至成为它们的成员，制定很多国际性的标准；集团中央还会和很多全球跨国巨头企业、各国数一数二的垄断性企业建立各种战略合作关系或者达成共同维护的行业生存共识。这些对于真正立足全球的顶级跨国企业来说都是至关重要的工作。

为了做好这些工作，图 8-1 当中集团中央的 CoE 大运营体系旗下的全球商业及公共关系组需要升级，扩大规模，升级后的组织架构如图 10-2 所示。

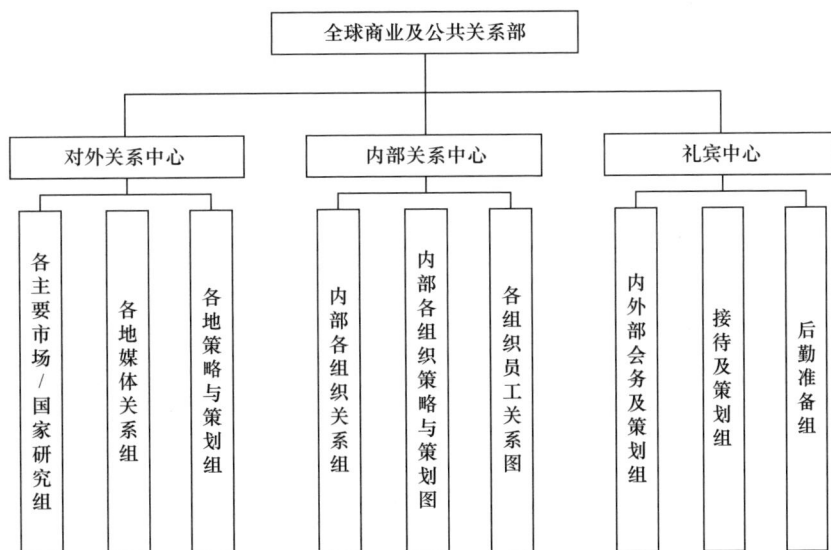

图 10-2　全球商业及公共关系部组织架构

这时的全球商业及公共关系部已经具备小型国家外交部门的规模，其对外关系中心必须和国际分中心各组织紧密配合以开展工作，甚至还要和国家的外交组织紧密沟通配合。因为到了这个阶段的企业，往往是国家之间经贸关系的主要体现力量，也是国家之间关系的缓冲器或者利益交锋的主要参与者，所以需要紧跟时政外交，提前知道很多大事件或趋势，早做应对；而内部关系中心需要配合总部董事会、股东会、股东联席会全球 CoE 大运营体系做好工作。

同时，为了开展好集团总部的对外公关活动，需要在集团中央的股东、董事、联席会成员、众多高层主管中物色并培养合适的企业外交人才，让他们作为企业重要对外大 IP 开展各种公关活动，另外，集团中央应增加企业关键生存空间拓展会议，将"三大会议"变成"四大会议"。

这样的设置会让众多的企业外交人才共同出击，出现多个企业形象 IP，一方面能降低单一企业形象 IP 被抹黑或者人设崩塌的风险，以免影响企业形象；另一方面能负载均衡，避免全部对外形象和关系的压力集中在某个企业领袖身上。人无完人，全能企业家少之又少，所以集团中央尽可能地对每个高层量才适用，并发挥群体协力的效果。

# 第11章

## 第十步：一切企业的尽头是顶尖科技企业

当企业走完了第10章提及的变革进化路程，并经过长期积累，掌握了大量先进的科技和庞大的用户数据，甚至很多科技已经走在了科学界的前沿，这些覆盖广泛并高度关联的先进科技让企业具备了深厚的科研底蕴、研发优势甚至产业优势，这就是企业吸引全球大量科学界顶级人才合作的筹码，也是企业进入顶级资源界的底气。

科学界的顶级人才在企业达到这种形态时，会主动寻求与企业合作，希望可以站在巨人的肩膀上获取优势资源，然后做出举世瞩目的成就。这一切也让企业具备了完全掌控顶尖科技的条件。但是一切企业的尽头为什么只能是顶尖科技企业？为什么企业只有成为顶尖科技企业才能从根本上避免盛极而衰的命运？

因为只有成为顶尖科技企业，企业才能进入影响国家实力的顶级资源界。企业在其中一旦和顶级资源结合，就会跳出传统经济规则的束缚。

## 11.1 为了"商业帝国"的长青，科技必须保持领先

发展到这个阶段的企业，往往能充分掌控其有优势的领域整个上下游产业链各环节的核心科技，加上其对资本强大的号召力，随时可以对优势领域形成绝对垄断。许多企业并没有对这些领域实施绝对垄断，而是采用了控制生态的方式，这一方面是因为产业链很多环节投入产出比不高，另一方面是因为覆盖面太广导致管理难度高。此外还有很多国际 / 国内政治和利益博弈导致企业无法实施绝对垄断，所以不断掌控和发展产业链核心科技是性价比最高的办法。

如果要切入其他行业，哪怕是发展到接近终极形态的企业也无法随心所欲，它们往往需要长期跟踪尝试，并且投入大量的资金去研发，获得超越该行业头部企业的整体科技优势（或者利用自身科技优势逐步发展出颠覆性的商业模式）后，最终才能成功形成压制性生态布局，切入该行业。例如，"互联网 +"模式颠覆了零售和餐饮传统模式，百度和华为的智能网联无人驾驶汽车解决方案让中国汽车制造行业格局发生了重大变化。

总而言之，这个阶段企业的生存需求决定了其对利润的庞大需要，它需要从3处出击：切入 / 颠覆成熟行业、引领新兴行业、开创全新行业。这3种做法采用的策略各不相同。

（1）切入 / 颠覆成熟行业。成熟行业往往都是竞争充分或者市场规模已经发展到了"天花板"的行业。如果接近终极形态的企业强势切入成熟行业，只能进行存量博弈，被迫灭杀大量竞争对手、吞噬大量市场份额和利润，这会引起行业既得利益者的联合抗衡，甚至引发政治上的阻挠（执政当局考虑到反垄断或者大量失业 / 物价上涨现象影响社会稳定），因此接近终极形态的企业应该尽量避免强势切入成熟行业，而应该尽量采用控制并繁荣生态的模式。以零售行业为例，互联网巨头们成功颠覆了旧的零售模式，将零售业从高实体店租金、多层无效营销 / 供应链环节等不正常现象中解救了出来，做出了贡献也获得了很高的平台性

收益，但是如果再进一步去灭杀 /"奴役"大量产品生产商，就会遭到政府的阻挠了。那么企业如果想在这个方向上继续增长，只能在全球范围内灭杀同级竞争对手。

（2）引领新兴行业。接近终极形态的企业的主力战场应该在此，即通过科技保持领先、推动行业发展，灭杀落后产能 / 行业，从而持续为社会提供物美价廉的先进产品 / 服务。这是各国 / 地区执政当局都希望看到的也鼓励的，没有企业能够在新兴行业形成绝对垄断，即便能够形成垄断也是暂时的，所以各国 / 地区执政当局并不会太在意接近终极形态的企业在自己领土的全力施为，也能够容忍它们暂时攫取超额利润，例如，宁德时代暂时在全球的动力电池领域形成了垄断态势，获得大量归母净利润。

（3）开创全新行业。接近终极形态的企业最大的危机就是安于现状，通过切入 / 颠覆成熟行业、暂时引领新兴行业等方式获得了优势，便不再锐意进取地去开创全新行业，这样很容易被其他企业打败，也没有很好地承担起作为支柱性企业的社会责任（为国家和民众的政治经济独立、社会生产力和文明的发展做出重大贡献）。所以接近终极形态的企业需要强势开创全新行业，例如，马斯克带领 SpaceX 开创商业航天和卫星互联网行业，陶氏化学、巴斯夫开创超材料行业。但是这个方向充满挑战和风险，企业需要获得政府的长期大力支持，并且有足够的战略定力才能坚持下来。企业一旦在这个方向上取得突破，政府、军队和顶尖大企业往往就是最大的长期 VIP 客户，可以获得超长的垄断期，企业也会成为"国宝"级企业，其市场覆盖范围会随着国家政治、经济、军事影响力的扩散而扩散（国家会将其产品 / 服务作为外交筹码之一）。

## 11.1.1　科技领先是维持最强企业生态的唯一筹码

无论能否成为顶尖科技企业，企业都必须奋力保持巅峰状态。企业生态如果不能维持最强，就是企业盛极而衰的信号。

生态合作伙伴都会依附强者生存，宿主越强它们的忠诚度越高。既然科技领先就能使企业成为强者，那么科技领先就是维持最强企业生态的唯一筹码，其唯一性具体体现在以下几个方面。

（1）生态合作伙伴也会根据宿主的前途来押注。生态伙伴干得多挣得少，并且帮助企业分担风险。例如，很多西方企业和不少中国企业形成了代工关系，中国企业代工生产其产品，西方企业再以成本 3 ~ 10 倍的价格售卖。西方企业对中国企业进行了一些技术指导、管理提升，或者售卖了一些特殊设备，风险比较低；但是中国企业投入重金租赁土地、搭建工厂和生产线（购买大量设备）、招募人员等，承担较高风险。难道中国企业很笨吗？其实并不是，这些中国企业看重的是西方企业（宿主）的市场地位、长久不衰的生命力、始终领先竞争对手的科研能力，因此虽然觉得风险高，但是实质回本盈利的可行性还是很强的，还能够向西方企业学习先进技术、管理经验。如果不满足这些条件，哪怕西方企业给出很丰厚的利润，中国企业也是不会去冒险投资的。

（2）持续的科技突破和保持领先会让生态合作伙伴持续"下注"。生态合作伙伴的"下注"并不是一步到位的，就像任何投资一样，都会把握好节奏以控制风险。宿主需要及时用实质性的行动来证明自己仍然强大，值得生态合作伙伴继续投资跟随。实质性行动包括充足的订单、大比例的预付款、领先科技按时突破并发布，其中性价比最高的就是领先科技按时突破并发布，这是消灭企业与生态合作伙伴这个联盟面临的风险的最大武器。优秀的生态合作伙伴抗风险能力比较强，并不会太过计较短期的产能利用率和收入过低。它们最关注的就是领先科技的突破，因为这意味着合约能够被继续履行。快节奏的商业竞争残酷无情，每一个优秀企业都对风险非常敏感。所以，一旦领先科技无法实现突破，企业与生态合作伙伴的联盟瞬间就会土崩瓦解，生态合作伙伴为了自救很快就会转向竞争对手。企业不要误认为生态合作伙伴对领先科技是否能突破在信息获取上延迟，在联合生态研发这样的模式下，生态合作伙伴对领先科技的研发进度感知几乎没有多少延迟。

（3）生态合作伙伴只打顺风仗，最好的生态合作伙伴只依附最强者。如果企业的科技不能保持领先和持续获得突破，就要面临残酷的同质化市场竞争，利润空间被大幅压缩。这时候企业只能向生态合作伙伴施压，要求其逐年降低供货价格，这样企业与生态合作伙伴的联盟就破裂了，生态合作伙伴无法陪企业渡过难关。因为企业衰亡之前会先榨干生态合作伙伴的价值，所以生态伙伴只打顺风仗。鉴于这个原则，最优秀的生态合作伙伴永远只会选择与最强者合作，因为这样可以降低风险，轻易获得利润。例如，苹果在中国的几十家供应商中，有 10 家 A

股上市公司（如立讯精密），过去 10 年作为苹果的供应商，股价涨了 10 倍。这些供应商基本上只服务于苹果，而它们的能力也是有目共睹的，基本代表了中国消费电子制造的最高水平。

## 11.1.2　把钱转换成科技优势才是进阶的终极密钥

至此，企业家应该都明白了企业发展和掌控顶级科技对自身保持"盛而不衰"的必要性和重要性，但是应该以何种程度去投入资源？如何进行风险控制？追求顶级科技的过程中，企业该如何管理和运用庞大的财富和资产？

企业发展到了这个阶段，相信各位股东、高管、骨干员工获得的财富已经很多了，企业的财富也很可观，企业的发展和资产增值思路需要发生很大转变，要将大量财富转换成大量科技优势，努力成为国家和社会发展的中流砥柱企业。国家往往会保护这种中流砥柱企业，甚至会助力其发展，因为它的发展已经和国家的发展融合——各种代表财富的流通物（金钱）实质上只是国家制造的经济循环的血液。这些血液再多，如果不能转变成强大的生产力、军事实力，那么国家仍然是虚弱的。所以，作为中流砥柱的企业，对国家的强大生产力、军事实力负有责任。

因此，其财富的表现方式除了货币、固定资产、大宗商品、证券等，还应加上一种隐性估值：国家实力影响估值。这种隐性估值对中国企业尤为重要，因为这样中国政府才有更强的能力和更高的效率去落实对企业的保护 / 助力。企业的国家实力影响估值应该表现为：企业参与了哪些国家的重大科技项目的研发、其科技成果成了哪些国家重大工程的首选、国家政策开启的那些大前景市场中企业占据了哪些先发优势、企业拥有多少有价值的国家订单、哪些和中国关系紧密的最强大企业是企业的 VIP 客户、哪些国家政府或国际客户由于与中国的关系给予了大量订单等。美国的波音公司、欧洲的空中客车公司就是这样的典型代表。

故此，终极状态的企业应该紧跟国家的迫切需要，在国家指示的关键方向上全力投入对顶尖科技的研发，主要要控制的风险就是研发和管理失败的风险，其余的风险都基本能够在国家的资源协调下解决。企业一旦走上了这条道路，高层思想、内部顶层架构、利益分配原则等都要发生根本性改变，这就是终极的第十步变革。

（1）股东、董事们的思想必须彻底改变。企业发展到了这个阶段，股东、董事们早已经积累了庞大的财富，他们中的大部分人掌握着集团中央之上的伞形公司的股权，可以自由变现更多的财富。不过此后，企业的增长将会停止甚至出现负增长，他们的财富也停止增长或出现负增长，甚至无法大量地自由变现了，这是一个个人利益服从国家利益的转变过程，可能有人无法理解或者做出改变，那么新的最高权力机构（伞形公司）就要将其排除在外。

（2）内部顶层架构要让股东、董事们有退路，让后继者有激情和追求。既然集团中央要跟着国家走，那么可以将无关的资产抽取出来，让有抱负的股东、董事们继续经营壮大，实现财富增值或者可以继续股权自由变现。虽然集团中央的股东、董事们的财富很长时间不能再增长及不能自由变现了（因为集团中央不再追求财富增长，而追求科技实力和国家实力影响估值增长），但是还是要保持对人才财富增长的激励。

企业新内部顶层架构如图11-1所示，原集团中央被分成了3个部分，其中集团中央剥离的业务继承了原集团中央最多的"遗产"——顶尖科技和资产。其运营和营销职能委托给新集团中央旗下的全球商业咨询服务中心，新集团中央可以作为上市主体，持有部分集团中央剥离的业务的股份（但是两者不并表），所以其既能够长久享受顶尖科技突破获得的收益（营收和利润），又不用受庞大研发、生产投入长期无法收回的负面影响。原集团中央的各独立子公司分离出来，直接隶属伞形公司，方便伞形公司股东和董事自由变现财富。

同时，新集团中央的全球商业咨询服务中心继续服务于各独立子公司，作为它们的CoE大运营体系存在；其非顶尖科技研发也会继续服务于各独立子公司，可作为它们的委外研发对象。但是原集团中央的全球技术服务中心被划拨到了集团中央剥离的业务，其也继续服务于新的集团中央和各独立子公司，新的顶尖科技突破后的应用交付或者建立广泛共享平台（类似谷歌云服务）也都由全球技术服务中心负责（运营可以委托给新集团中央）。同理，全球投行业务中心也继续服务于各独立子公司。

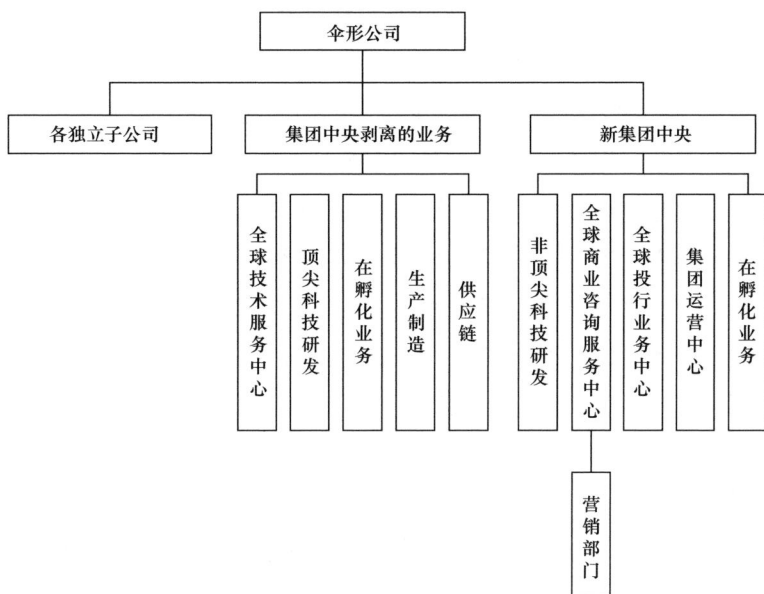

图 11-1 企业新内部顶层架构

原则上，原集团中央的股东持有的股份应转入伞形公司，也可以根据个人意愿或者伞形公司的意志，将个人股份分散到各独立子公司、伞形公司和新集团中央，但是不能影响伞形公司对这些公司的控制权。原集团中央的董事会一分为二，进入新集团中央和集团中央剥离的业务（下文称其核心业务公司），组建两个新的董事会。核心业务公司的股东成分比较单纯，所以股东会可以设置得精简一些，直接将股东会权力交给伞形公司，由伞形公司来组建第一执行体系（该执行体系核心人员必须深谙技术）。员工股权激励结构如图 11-2 所示。

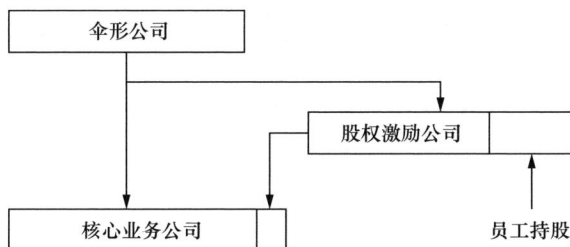

图 11-2 员工股权激励结构

但是核心业务公司的董事会和 CoE 大运营体系需要做一些特殊设计，具体如下。

（1）董事长必须是深谙技术的 GP 出身，而不必是核心业务公司或伞形公司的股东，董事长负责维持董事会运转，以及领导 CoE 大运营体系；再设两名副董事长，一名必须是伞形公司股东（由伞形公司选派，负责主持配合第一执行体系的风控工作），另一名必须是核心业务公司的顶级科技人才之一。任何董事会决议都必须由这 3 名董事长全票通过才能执行（不能弃权），3 名董事长都必须由股东会任命或者裁撤，原则上董事会决议必须报股东会终审，股东会对董事会决议具有一票否决权，股东会可以授权那名身为伞形公司股东的副董事长代为执行该权力，但是第一执行体系每季度应定期审计其权力使用情况。

（2）董事会其他成员除了 CEO（负责业务执行），都必须是公司的顶级科技人才，董事会取代 CoE 大运营体系中的 IPMT，采用投票制来决定决议是否通过，每人只有一票，只有票数过半并且 3 名董事长均投赞成票，决议才能通过。

（3）顶尖科技研发体系的顶级科技人才、学术研究带头人等科学家型人才，不参加业务执行体系和 CoE 大运营体系的人才循环，但是他们可以成为董事会成员候选人，董事会成员及候选人都会享受非常高的待遇。具体如何招募这些顶级科技人才、学术研究带头人（顶级资源），会在 11.2 节讲述。

（4）独立董事必须由国家最高级别高校、科研机构、核心部委的退休领导担任。这是为了让核心业务公司变成一家由顶级科学家参与管理的公司，其使命就是把钱转换成科技优势。

### 11.1.3 大量的科技优势会催生高级科技文明

按照当前的人类社会科技水平，我们对资源（包含能源）的利用效率还是太过低下，导致人类社会无法公平分配资源，进而人类社会国家之间、种族之间为了抢夺生存发展的资源的斗争和冲突仍然会延续下去，尽管这些斗争和冲突已经贯穿了我们整个人类的历史。第二次世界大战之后，我们深切感受了以美国为首的西方世界（尤其是美国）作为高级科技文明的优越感，也深切体会了低级科技文明备受打压的遭遇。

　　因此核心业务公司必须要把钱换成科技优势，众多企业都这样做就能提升国家实力，然后单个企业再反过来背靠国家实力在全球引领新兴行业、开创全新行业、入侵 / 颠覆成熟行业。当众多的大型顶尖科技企业诞生，国家实力会达到极高的威慑状态，高级科技文明就会成型，国家基于综合实力制定的金融规则就能够外扩并促成人民币高度国际化，为我们的国家和民族带来大量的发展保障，更加为我们的企业在全球市场上带来无与伦比的权势。这已经是第二次世界大战之后以美国为首的西方世界国家给我们完美演示过的标准套路。

　　也许有人觉得我们没必要绕这么大一个弯：先发展企业挣钱；然后把钱转换成科技优势，增强国家实力；再利用这样的优势挣钱和可持续发展。

　　我们直接加入以美国为首的西方国家，马上就能融入高级科技文明，马上就可以利用这样的优势挣钱和发展了。这样的捷径为何我们不用？在过去的几十年间，很多华人已经为我们实践过了去走这条捷径，能走通，但是也有代价，那就是必须抛弃自己的原有文明，并且因为基因而长期遭受歧视。

　　过去我们还是低级科技文明的时候，少数人选择抛弃自己的原有文明另谋出路，我们可以理解。选择不抛弃不放弃的大多数人在经历了苦苦挣扎、艰苦奋斗后，跟随着国家建成了我们自己的高级科技文明之时，建议无论之前选择了哪条路的中华民族子孙，都可以明里暗里汇聚力量助推一把或者积极参与进来去继往开来，毕竟多了一条出路。

　　经营企业不是只有为了挣钱享乐守成，还有回归自己的高级科技文明去制霸全球的伟大向往。

## 11.2　和顶级资源结合，研发顶尖科技

　　方向和道理都明白，但是顶尖科技的研究却不是这么容易实现的，全球无数富可敌国的企业，也没有多少家实现。其实这件事情的关键在于和顶级资源的结合，经过 11.1.2 节，企业已经为各种顶级资源的加盟、结合进行了全力的变革，接下来介绍几个超级企业的故事，它们代表着企业与顶级资源结合的各种不同方式，具有很好的参考意义。

## 11.2.1　微软与 OpenAI

近 20 年的人类科技大爆发历史中，曾经有许多赫赫有名的公司，最终却像流星一样消失在时间的长河里。多年前的 Sun Microsystems，曾经的公司园区已经成为 Facebook 的地盘。曾经的手机巨头诺基亚、IT 领袖 IBM、数据库领导者 Oracle、网络领袖 Cisco 等企业，也都销声匿迹或者无人问津。

微软，这家伟大的企业走到今天，愈发强大，其给世人最深的印象或许是"战略稳健，踩准了每一个爆发点"。其经历了 3 个大发展时期。一是比尔·盖茨时期，它引领个人计算机浪潮，奠定了微软 Windows 操作系统和 Office 办公软件两大王牌产品的垄断地位。二是鲍尔默时期，它收购诺基亚，在硬件领域发力，尝试产品多元化，推出了 Windows Phone、音乐播放器 Zune 等产品，但是因没有及时响应移动手机时代的软件需求，导致在和安卓、iOS 的竞争中出局，错失了"互联网终端移动化大浪潮"。三是纳德拉时期，纳德拉上任后调整组织架构，带领微软全面转型云计算。纳德拉在推动微软向云计算转型方面做了非凡的工作——尤其是 Office 365 和 Azure。根据 Gartner 2017 年的数据，Azure 排名第二，拥有 13% 的云计算份额，仅次于占 52% 的 Amazon.com（AMZN），并且两者的差距在缩小。Office 365 的订阅版本更是重新激活了微软的办公软件收入高增长，并且为微软的 SaaS 业务找到了突破口（Office 365 把微软的许多产品转为 SaaS 模式）。

有了这些雄厚顶尖科技，微软在 2016 年开始布局第四个大发展时期。根据一份微软内部备忘录，微软在 2019 年注资 OpenAI（当时还名不见经传）之前，比尔·盖茨于 2017 年牵头召开了高层会议，首席执行官萨蒂亚·纳德拉和一小群公司高管出席。比尔·盖茨在会议中预测 AI Agents 将成为数字个人助理，并认为其将很快带来一种新的世界秩序，这些 AI Agents 将比 Siri 和 Alexa 更强大，它们拥有海量的知识和超自然的直觉。而且比尔·盖茨自 2016 年以来一直关注和参与 OpenAI 的会议，也正是在他的强烈要求下，微软和 OpenAI 达成了合作。2019 年，微软向 OpenAI 投资 10 亿美元，2021 年追加投资 100 亿美元。从此，OpenAI 花微软的钱、用微软的算力（微软是 OpenAI 的独家云供应商）做研究。OpenAI 能训练出 GPT-3 以及之后推出的为 ChatGPT 提供强竞争力的 GPT-3.5、GPT-4，都离不开微软的支持，两家公司在金钱、算力、数据、数字化等方面深度捆绑。

尽管微软先后向 OpenAI 投入了巨额资金，但其并不持有 OpenAI 的任何所有权。相反，它有权从特定的 OpenAI 子公司获得一定数额的利润分成（例如，微软买断 GPT-3 基础技术独家许可，OpenAI 大部分技术优先授权给微软产品）。

OpenAI 创始人山姆·阿尔特曼尽管和 OpenAI 的董事会闹分裂，也毫不犹豫地投入了微软的怀抱。2023 年 11 月 19 日，OpenAI 创始人山姆·阿尔特曼、总裁格雷格·布罗克曼和跟随他们离职的 OpenAI 前员工们宣布加入微软，他们组成并领导一个新的高级 AI 研究团队。虽然几天后，可能迫于微软的压力，OpenAI 的董事会屈服了，山姆·阿尔特曼重回 OpenAI 执掌大权，但是从这一事件让外界看到了微软对 OpenAI 强大的影响力，也许 OpenAI 已经不可能和微软分割了。

2024 年 4 月 23 日，微软首席执行官纳德拉在接受采访时，强调了微软在 OpenAI 的发展中发挥的"关键作用"。他说："如果没有我们的早期支持，OpenAI 就不会存在。如今，它已成为一家令人难以置信的公司，能参与它的发展历程也使我们与有荣焉。"至此，微软完成了其第四个大发展时期的布局。

微软和 OpenAI 的这段关系中存在着 3 个奇怪的地方：微软前后投了这么多钱，现在竟然没有 OpenAI 的任何股权；OpenAI 创始人山姆·阿尔特曼在 OpenAI 持有零股权；OpenAI 的首批投资者中就有大名鼎鼎的埃隆·马斯克，为何最终它却被微软控制了？

网络上给出的解释是 OpenAI 独创了特殊股权模式。山姆·阿尔特曼此前解释 OpenAI 股权架构时称："我们有一个奇怪的结构，称为'利润上限'（Capped-profit）。"该结构指的是允许公司筹集外部资金，但公司对其可以赚取的利润金额设置了限制或上限，旨在确保公司的重点是服务客户和为更大的利益做出贡献，而不是利润最大化。

OpenAI 的利润分配可以被划分为 4 个阶段：先让以马斯克为首的首批投资者收回 10 亿美元投资后退出；后续利润的 75% 分配给微软，直到微软收回其 130 亿美元的投资；在利润达到 920 亿美元之后，微软的持股比例下降到 49%，剩余部分利润由其他风险投资者和 OpenAI 的员工分享；当利润达到 1 500

亿美元之后，微软和其他风险投资者的股权将无偿转让给 OpenAI 的非营利基金。

2019 年，OpenAI 成立了新的营利性子公司 OpenAI Global，该公司获得了微软投资。由于微软的加入，OpenAI 的产品与属性逐渐变化。如 GPT-1 是开源的，GPT-2 后微软获得了对 OpenAI 软件的优先访问权，GPT-3 带有明显的商业色彩，并彻底闭源，虽然山姆·阿尔特曼对闭源的解释是"出于安全考虑"。

马斯克此前在推文中表示，OpenAI 是一个开源、非营利性质的公司，以作为对抗谷歌的力量，但现在它已经成为一个闭源、被微软有效控制、利润最大化的营利性公司。尽管这样的说法有失偏颇，OpenAI 仍然是一个非营利组织，对其营利性子公司 OpenAI Global 拥有完全控制权，但是也说明了 OpenAI 把最先进的 AI 版本独家授权给了自己的营利性子公司 OpenAI Globa，只是把落后的 AI 版本进行了开源。

另外需要注意的是，作为"利润上限"结构的制定者，以及 OpenAI 的 CEO 与创始人，山姆·阿尔特曼在公司内部是不持有股权的。此前在美国国会参议院出席听证会时，当被问及"是否赚了很多钱"，山姆·阿尔特曼表示自己"没有任何 OpenAI 股权，做这件事只因热爱"。

一切看起来是那么的合理，完全规避了美国政府对微软和 OpenAI 的反垄断监管，也成功地在早期就把马斯克剔除出局。这背后的深层次原因，我们认为有以下 3 点。

（1）在 OpenAI 发展的早期，微软有着山姆·阿尔特曼这名顶尖科学人才不能拒绝并且还会使其主动寻求合作的科技筹码，而马斯克这些首批投资人除了钱却没有这些科技筹码。

（2）比尔·盖茨身上有着丹华资本成功的两个关键要素：追根溯源和深谙技术。他能够和山姆·阿尔特曼同频合拍，他们的合作始终是愉快的，并且在关键时刻仍然紧密协同，共同进退。马斯克也有这两个关键要素，可惜他的技术领域和山姆·阿尔特曼不重合。

（3）当 OpenAI 深深扎根微软庞大的科技土壤快速发展后，已经无法脱离了，这种技术上的深度捆绑是无法轻易挣脱的。

所以，最终的结果就是微软再次自研顶尖科技成功。这让对抗谷歌的联盟者们非常气愤，也有着巨大的压力，因为输掉了 AI 的布局，它们可能无缘下一次科技革命，这也是企业发展进化到第十步形态后最大的争夺点和危机。联盟者们仍然在继续努力，但是以后它们需要同时对抗谷歌和微软了。

微软和 OpenAI 两者的结合模式是风投模式，即有些潜力巨大的顶级资源（早期的 OpenAI 值钱的不是企业，而是山姆·阿尔特曼和他的团队）被立志要终极转型的顶级企业看上了，顶级企业投入大量资源提前对其进行扶持。

## 11.2.2　中芯国际与纳米制程

相较前面 3 个故事，中芯国际的故事可能会让人感觉到异常沉重，也让人认识到最顶尖和最难掌握的科技是在尖端制造领域，因为其不断的进步突破需要依靠整条产业链同步实现进步突破。

1985 年，时任德州仪器资深副总裁，已是公司第三号人物的张忠谋，与公司总裁理念不和，回到中国台湾省后创办了台积电。与此同时，美国在与日本的激烈竞争中，半导体产业落入下风，整个行业的不景气也使得一大批在美的工程师回到了中国台湾省，其中就包括了下面这个故事最早的主人公——张汝京。

张汝京先是加入了台积电，但是随后想要去大陆建厂，张忠谋威胁他如果去大陆就不能拿台积电的股票，最终张汝京还是选择放弃了台积电的股票，踏上大陆建厂之路。在后来《财经人物专刊》对他的采访中，他公开表示："以做中国人为荣，如果不够好的话，我们努力让中国变得更好。""帮我们中国做一些事情，我在向这个方向做，遇到什么困难挫折，没关系，克服；遇到什么难处，忍耐，挺过去，然后东山再起。"

张汝京的强韧与努力，得到了中国大陆的回应。2001 年 4 月，张汝京一手创立的中芯国际在上海张江科技园成立，并迅速建成了 3 座晶圆厂，又于 2003 年在北京新建了 2 座晶圆厂。

2004 年，中芯国际首次实现盈利，并于港交所与纽交所上市。此时，中芯国际已经是国际晶圆代工市场不可忽视的力量。到了 2005 年，中芯国际就已经成为全球第三大代工巨头。

取得成绩的同时，专利诉讼也随之而来。2003 年 12 月，台积电提起诉讼，称中芯国际侵犯其若干专利。2005 年 1 月，中芯国际与台积电达成和解。

此后，中芯国际发展势头不减。2005 年，台积电试产 65 纳米制程，2006 年第四季度开始量产；中芯国际也于 2007 年掌握了 65 纳米制程，并迅速布局 45 纳米制程；2007 年 12 月，中芯国际与 IBM 签订 45 纳米 Bulk COMS 技术许可协定。

2006 年 8 月，台积电再度发起诉讼，理由是中芯国际违反和解协议。2009 年，中芯国际与台积电达成和解，但是中芯国际要向台积电支付 2 亿美元，台积电获得中芯国际 10% 的股份，成为其第二大股东（大唐电信科技产业控股有限公司是其第一大股东），张汝京辞职离开并且 3 年不得从事芯片相关行业。张汝京在临别之际说道："不要认为这是人生中的很大失败，不要被打趴下。"当时的中芯国际以为欧美大客户代工生产为主营业务（因为国内的相关产业还没发展起来，暂时用不到如此先进的制程产品），严重依赖海外欧美市场，所以不得不服从美国的司法判决。

虽然专利诉讼纠纷告一段落，但这客观上也导致了中芯国际管理团队分崩离析。对中芯国际而言，张汝京是创始人，同时也是灵魂人物。2009 年，张汝京离开后，王宁国接任了董事长，后来杨士宁也加入了中芯国际。但是很快中芯国际内部矛盾爆发，发生了著名的"王杨之争"，加上老董事长江上舟离世，群龙无首，最终王宁国和杨士宁相继离开了中芯国际，并带走了大量宝贵的人才。此后，中芯国际由于持续管理不善，人才不断流失，最终与台积电在制程上的差距越来越大。90 纳米工艺中芯国际落后台积电 1 年，65 纳米落后 2 年，40 纳米落后 3 年，28 纳米整整落后 6 年。直到 2017 年 10 月梁孟松加入后，中芯国际追赶台积电的进程才迎来转机，中芯国际的迎来工艺制程"跳代"式发展。例如越过 22 纳米，从 28 纳米直接进入 14 纳米。2019 年，中芯国际的研究取得重大进展，实现 14 纳米 FinFET 量产，迈入了 FinFET 时代。彼时，中芯国际的研究进一步"跳代"，跳过 10 纳米，直接进入 8 纳米、7 纳米。此前，有行业人士在接受《每日经济新闻》记者采访时曾透露，中芯国际的 N+1、N+2 就相当于 8 纳米、7 纳米。

然而好景不长，自 2020 年 10 月以来，中芯国际遭遇美国多轮所谓"制裁"，尤其是对光刻机等尖端设备的禁运，直接打断了中芯国际"跳代"发展的进程。为此，中芯国际基本上失去了欧美大客户的代工订单，战略方向迫不得已从先进工艺制程转向成熟工艺、特色工艺，走国产替代的路线，陆续在北京、上海、深圳、天津兴建 12 英寸晶圆工厂。这些工厂的工艺制程均对准 28 纳米及以上，并不在美国所谓的"制裁"范围内，能够获得 ASML 性能落后的光刻机设备来组建生产线。

虽然 2023 年中芯国际和华为密切配合，最终恢复了 7 纳米工艺的华为麒麟芯片的生产，但是其向更先进的制程挺进，需要等到国产高精度光刻机和配套设备等整条产业链取得突破才能实现了。

从中芯国际的故事中，我们能够发现其每一次高速发展，都是因为其能够获得顶级资源加盟，所以它采用的结合模式是"船长招募"。这种情况往往是因为在某些尖端领域，中芯国际实在无法获得丰厚的资源去独立发展，需要先招募一名强大的"船长"，来指挥整个企业前进。

### 11.2.3　华为与赛力斯

说到华为 2024 年"王者归来"的耀眼成绩，当属华为手机和"赛力斯汽车"，本节我们就分析一下华为与赛力斯的合作。

2018 年之后，华为确定汽车智能化成为其战略方向之一，开始在国内到处找车厂合作。但彼时，国内汽车行业还未感受到汽车智能化的威力，对于华为主动抛出的橄榄枝，没几家车企理会。

也就是在此时，赛力斯董事长张兴海得知华为要找合作伙伴的消息，但华为当时没考虑过赛力斯。不过，张兴海并没有放弃这次机会，因为赛力斯在过去的几年已经投入了 100 亿元人民币在新能源汽车这个赛道，储备了一定的人才和技术，还设计了几款原型车，包括后来的赛力斯 SF5。张兴海直接让集团的首席技术官，从重庆开着一台 SF5 送到了华为东莞松山湖基地，厚着脸请余承东下楼试车，他们的热情让余承东都不好意思拒绝。于是，余承东喊上管理团队对这台车展开了评估，得出的结论是，质量过关，设计一般，智能化基本为零。

但这些弱点全是华为智能汽车解决方案的优势，就此，双方开始了合作。2020 年 4 月，推出首款合作车型"赛力斯华为智选 SF5"，但市场反响平平。于是外界普遍质疑华为"造车"能力，认为其缺乏整车制造经验。

双方合作的转折出现在 2021 年春天，华为与赛力斯正式签署深度合作协议，在造车过程中的绝大部分方案由华为团队决定。余承东回忆称"当时只有赛力斯愿意全力支持华为"。2021 年底，AITO 问界 M5 上市，搭载华为鸿蒙座舱、DriveONE 电驱系统，销量迅速攀升。2022 年，问界 M7 推出，赛力斯营收同比增长 104%。2023 年问界 M9 问世，M9 定位 50 万＋豪华市场，上市后连续多月销量超越奔驰 GLS，成为中国高端 SUV 标杆。

2024 年，赛力斯用一份炸裂的财报打破了"造车新势力必亏"的魔咒。这家曾连续 4 年累计亏损近百亿元人民币的车企，在 2024 年不仅实现营收 1 451.76 亿元人民币的惊人突破，更斩获 59.46 亿元人民币的净利润，毛利率飙升至 26.21%，而且这家"华为概念股"正悄然启动赴港上市计划。

回顾这段合作历程，我们不禁为华为和赛力斯的战略眼光所折服。它们的合作体现了创新精神与务实态度的完美结合。在合作过程中，双方不断探索新的技术应用和市场机会，积极应对市场变化和挑战。这种勇于创新、务实进取的精神，正是华为与赛力斯合作取得成功的关键所在。张兴海曾表示："跟华为这个事儿我一定要干，为什么这么讲？因为它是 ICT（Information and Communications Technology，信息与通信技术）企业，世界级的通信企业，它对消费品、对用户的理解，对用户场景的理解，可以说我们车企根本就不可比的。"

反观那些之前拒绝与华为合作的头部汽车制造企业，当华为去找其商讨深度合作，提出在造车过程中的绝大部分方案由华为团队决定时，它们没有足够的创新和务实精神，看不到自己的产品和团队的短板，认识不到华为的价值，于是双方最终也无法谈妥合作模式与利益分配。

值得注意的是，当时不少头部汽车制造企业也在积极打造自己的智能化汽车生态闭环，上汽集团董事长陈虹曾经说过，上汽很难接受单一一家供应商为我们提供整体方案，这样会变成"他是灵魂，我是躯体"，我们不能接受，我们的灵魂一定要掌握在自己手中。

华为与"赛力斯汽车"的故事，让我们看到了很多优秀企业在遇见顶级资源的时候，并没有充分意识到和顶级资源合作的重要性，也不愿意采取务实的态度合作，更没有微软对 OpenAI 的耐心和投入（早期的华为车 BU 就如同当年的 OpenAI 一样弱小），反而错过和顶级资源合作这种难得的机遇。

# 结　语

　　"常变常青，十步关键变革铸就一流企业"至此已经讲述完了，尽管并不是每家企业都会按照这十步进行变革和进化，但是我们仍然希望企业在遇到各种相似难题时有某一步变革内容是可以参考的。每家企业都是企业家、股东心血的凝结，甚至毕生奋斗的成果，如果不是实在无可奈何，企业家、股东断然不会放弃重振的机会，本书的写作目的正在于提供解决难题的参考办法，为中国企业发育壮大、纵横四海做出贡献。

# 参考文献

[1] Chitra Madhwacharyula, Shreesha Ramdas. Scaling customer success: Building the customer success center of excellence [M]. California: Apress，2023.

[2] Darrel W Staat. Centers of excellence niche methods to improve higher education in the 21st Century[M]. Washington：Rowman & Littlefield Publishers，2022.

[3] 叶凡. 新旧动能如何平稳接续？——详解地产转型后的财政、金融以及新质生产力 [R]. 西南证券，2024.

[4] 郭平. 常变与长青：通过变革构建华为组织级能力 [M]. 深圳：深圳出版社，2024.

[5] 汤献华，刘宏基. 华为熵战：中国式现代化企业管理探索 [M]. 北京：东方出版社，2023.